我在颐和园修钟表

故宫与颐和园古钟表联合修复室 著

图书在版编目（CIP）数据

我在颐和园修钟表 / 故宫与颐和园古钟表联合修复室著. – 北京：企业管理出版社，2023.7

ISBN 978-7-5164-2734-7

Ⅰ.①我… Ⅱ.①故… Ⅲ.①颐和园－钟表－文物－器物修复 Ⅳ.①G264.3

中国版本图书馆CIP数据核字(2022)第199123号

书　　名	我在颐和园修钟表
书　　号	ISBN 978-7-5164-2734-7
作　　者	故宫与颐和园古钟表联合修复室
责任编辑	于湘怡
出版发行	企业管理出版社
经　　销	新华书店
地　　址	北京市海淀区紫竹院南路17号　　邮　编：100048
网　　址	http://www.emph.cn　　电子信箱：1502219688@qq.com
电　　话	编辑部（010）68701661　　发行部（010）68701816
印　　刷	北京联兴盛业印刷股份有限公司
版　　次	2023年7月 第1版
印　　次	2023年7月 第1次印刷
规　　格	787毫米 × 1092毫米　　开　本：1/16
印　　张	20.25印张
字　　数	238千字
定　　价	158.00元

版权所有　翻印必究　·　印装有误　负责调换

目录

第一章　颐和园钟表概述

2　第一节　清代清漪园时期钟表陈设情况

8　第二节　清代清漪园至颐和园过渡阶段钟表陈设情况

10　第三节　清代颐和园时期钟表陈设和收藏情况

16　第四节　中华民国时期颐和园钟表收藏情况

19　第五节　中华人民共和国成立后颐和园钟表收藏情况

21　第六节　钟表发展与颐和园钟表收藏

第二章　颐和园博物馆馆藏钟表简介

34　英国十八世纪铜镀金水法转花大象钟

36　英国十八世纪铜镀金匣式钟

38　英国十八世纪铜镀金四象驮厢匣式嵌水藻玛瑙八音座表

40　英国十八世纪铜镀金宫殿式象鸟座表

42　英国十八世纪铜镀金四柱八音水法座表

44　法国十九世纪轮船式风雨寒暑表

46　法国十九世纪火车头式风雨寒暑表

48　法国十九世纪铜镀金嵌珐琅水钻八柱围屏式钟

50　法国十九世纪铜镀金画珐琅八柱围屏式钟

52　法国十九世纪铜镀金嵌珐琅彩石八柱围屏式钟

54　法国十九世纪铜镀金嵌珐琅水钻六柱座钟

56　法国十九世纪铜镀金嵌珐琅六柱座钟

58	法国十九世纪铜镀金嵌珐琅亭式四明钟
60	法国十九世纪铜镀金嵌珐琅两柱四明钟
62	法国十九世纪铜镀金嵌珐琅圆亭式钟
64	法国十九世纪铜镀金嵌珐琅六柱圆亭式钟
66	法国十九世纪塔式座钟
68	法国十九世纪铜镀金锚架玻璃球挂表
70	法国十九世纪石座飞鹰风雨寒暑表
72	美国十九世纪末至二十世纪初铜镀金亭式座表
74	美国十九世纪末至二十世纪初铜镀金两柱亭式座表
76	美国十九世纪末至二十世纪初铜镀金瓶式座表
78	美国十九世纪末至二十世纪初铜镀金少年持扇表
80	美国十九世纪末至二十世纪初铜镀金天使座钟
82	美国十九世纪末至二十世纪初铜镀金三枪挂表
84	德国十九世纪末至二十世纪初黑漆木楼式镶铜饰座钟
86	十九世纪末自鸣鸟八音座钟
88	十九世纪末绿色箱式挂表
90	十九世纪末铜镀银月份牌式表
92	十九世纪末玻璃海棠叶式座表

第三章　颐和园博物馆馆藏钟表修复

96　铜镀金匣式钟

98　玻璃海棠叶式座表

100　轮船式风雨寒暑表

102　珐琅四柱方钟

104　红釉洋瓷座钟（一式两件）

106　两柱雕花座钟（一式两件）

108　木边镶铜花八音座钟

110　木壳方钟

112　自鸣鸟八音座钟

114　铜镀金瓶式座表

116　铜人小座表

117　铜镀金少年持扇表

118　铜镀金四柱八音水法座表

119　铜镀金水法转花大象钟

120　铜镀金宫殿式象鸟座表

121　珐琅四柱小圆座钟

122　木制嵌铜花山石人物楼阁座钟

124　红釉洋瓷座钟

125　铜珐琅方钟

126　铜镀金四象驮厢匣式嵌水藻玛瑙八音座表

127　铜镀金锚架玻璃球挂表

128　铜柱珐琅连二方钟

129　铜镀银月份牌式表

130　黑漆木楼式镶铜饰座钟

131　铜镀金方座钟

133　楠木镶铜花大座钟

134　木壳楼式雕花座钟

135　塔式座钟

137　铜架二柱方钟

138　铜镀金八宝纹座表

第四章　故宫博物院与颐和园古钟表联合修复室合作修复铜镀金升降塔钟纪实

142　第一节　铜镀金升降塔钟合作项目纪实

160　第二节　故宫博物院升降塔钟修复纪实

182　第三节　升降塔钟复现纪实

188　第四节　升降塔钟的艺术研究

200　第五节　升降塔钟的宝石镶嵌工艺

附录　中国文物学会钟表专业委员会文物修复学术论文汇编

- 208　音乐表相关研究
- 213　广州钟表发展与清代十三行关系探微
- 225　避暑山庄博物馆馆藏双面木楼钟的修复研究
- 229　记德国荣汉斯皮套钟纸表盘复现步骤
- 234　清宫藏广州钟表中金属胎画珐琅复制方式初探——以"彩绘珐琅"为中心
- 240　为爱而生的西班牙国王特别定制怀表考
- 247　关于陶瓷珐琅彩、洋彩、粉彩名称的文献学简析
- 256　三维数字化技术在文物保护修复中的应用——以养心殿紫檀木七层八角无量寿佛宝塔为例
- 263　浅析绢本画心补缀方法的选择和运用——以烟台市博物馆馆藏《明代无款青绿山水图轴》的修复过程为例
- 274　故宫钟表类文物的数字化文物修复档案
- 279　可持续保护前沿技术综述
- 289　思想空间与物的探究
- 294　含商咀徵——古代器乐之美
- 301　浅谈中西方钟表修复技艺中行话的翻译——从清宫做钟处到故宫博物院文保科技部钟表修复组

第一章

颐和园钟表概述

  颐和园是中国著名的皇家园林，其前身是始建于乾隆十五年（1750年）的清漪园。清代皇家宫苑中的钟表等陈设统归内务府管理，因此颐和园旧藏的一百余块钟表实际上与故宫收藏的钟表基本同源，主要来源为进贡、定制和调拨。这些钟表主要制作于十八世纪中后期至二十世纪初期，跨越百余年时间，制作国包括中国、英国、法国、美国等。

  就颐和园收藏的钟表而言，外国钟表多于国产钟表，钟表体量大小不一，功能多样，装饰华丽，形式丰富。钟表指针和齿轮转动间，时光流转，颐和园收藏的钟表不仅见证了清代皇家园林的兴衰，也见证了工业革命后钟表一百余年的发展历程。

第一节

清代清漪园时期钟表陈设情况

清漪园是清代"三山五园"中最晚修建的一座园林，完全按照乾隆皇帝的喜好设计建造。清漪园建成后，乾隆、嘉庆、道光、咸丰等几代皇帝都曾来此拈香礼佛、祀神祈雨、观阅水操，但更多是来观景散心。乾隆帝在《御制清漪园记》中曾提及园林修建的目的，"然而畅春以奉东朝，圆明以恒莅政，清漪、静明一水可通，以为敕几清暇散志澄怀之所"。

清漪园在掇山理水、建筑布局、花木配置等方面都有极高成就，与园林、建筑相互依存的陈设同样琳琅满目，精美绝伦。钟表因其独特的功能和精美的工艺成为园林陈设的重要组成部分。清宫档案记载，园内陈设钟表主要有三个来源，一是内务府造办处做钟处按照皇帝旨意的定制品；二是宫廷、皇家园囿之间陈设的调拨、库贮钟表添补收拾后重新陈设；三是王公大臣的进贡。

造办处是清宫内务府所属负责制造皇家御用品的专门机构，下属六十余个专业作坊，自鸣钟处专司钟表制造、修缮、收藏，后改名做钟处。由于国力变化，殿座建筑风格与功能各异，帝后喜好不同，清漪园时期园内陈设钟表的数量、种类和位置也略有变化。

一、清查制度

清漪园时期，朝廷非常重视对陈设的清查和管理，制定了严密的定期查核制度并建立了完备的陈设档册。清查工作由内务府负责，每年年终派主管官员一人查核园内陈设，并将清查数目汇总呈览；每五年由总管内务府大臣带人清查一次。内务府和清漪园分别留有一份清册互为印证，清查前内务府须报皇帝批准。

……查得嘉庆五年八月内，经管三山事务大臣奏派静明园，该管官员眼同总管太监等接收,得陈设等项造具印册二分,存贮本园一分,送内务府一分,互相稽核,仍请照静宜园之例,每年专派司官一员查核一次,每遇五年,奏派内务府大臣清查一次等因……续经嘉庆十年十二月内,经管理清漪园事务大臣奏准清漪园内外各路宫殿并船只,所有陈设物件、奁案、供器、铺垫、帘幔、毡毯等项,造具印册二分,存贮本园一分,送内务府一分,互相存查,仍请照静明园、静宜园之例,每年专派司官一员查核一次,每遇五年,奏派内务府大臣清查一次等因,奏准亦在案,除每年派司官一员查核外,今已届五年,应请奏派清查之期……[1]

二、陈设地点

造办处档案中记录了乾隆朝清漪园制作、调拨、陈设钟表的情况。如乾隆十五年(1750年)三月二十七日,乾隆帝谕旨着造办处为万寿山做大五更钟一座,先画样呈览,准时再做。四月初八日,首领孙祥画得五更钟并时刻钟纸样呈览,乾隆帝对钟表样式并不满意,令其照延爽楼钟式样铸,同时将现有钟一件,做时钟用,再铸刻钟一件。十二月初五日,孙祥画得万寿山大五更钟并刻钟纸样呈览,初七日奉旨交铸炉处照样铸造更钟一件,刻钟一件。[2]

也有将旧藏钟表修缮后重新陈设的情况。如乾隆十六年(1751年)五月初七日,"太监胡世杰传旨万寿山乐寿堂寝宫楼上或钟或表安一分"。五月十一日,"首领孙祥将库贮旧坏不全钟表二分呈览"。五月十二日,"奉旨将此钟穰二分应添补之处添补收拾见新,得时安在乐寿堂一分"。[3]

清漪园钟表陈设始于乾隆十五年(1750年),并于乾隆二十一年(1756年)左右形成较为固定的陈设模式。做钟处的陈设钟表档案中详细记载了乾隆时清漪园各殿座陈设钟表的名称、种类、位置和历次调拨情况,这也是目前能看到的有关清漪园藏钟表最早、最翔实的记录。如乾隆二十一年(1756年)十一月清漪园等处陈设钟表二十一件的情况。

鉴远堂陈设雕花紫檀木架珐琅字表盘时钟一座。

望蟾阁陈设镶嵌玻璃塔玻璃条乌木架时乐钟一座。

文昌阁陈设大五更钟一座。

玉兰(澜)堂陈设玻璃球顶乌木架

两截黄杨木柱有玩意时刻钟一座。此钟于二十五年十一月初七日胡世杰传旨着陈设在玉澜堂西暖阁钦此。此钟于二十五年八月十七日胡世杰传旨着将慎修思永陈设钟持出钦此。此钟于二十三年十月十二日移在圆明园慎修思永陈设。东书房陈设黑漆架面悠子上带人形时刻钟一座。西书房陈设紫檀木雕花插屏架时刻钟一座,紫檀木镶嵌玻璃条架时乐钟一座。近西轩陈设木表穰一分。

乐寿堂陈设铜塔乌木架有人形日月球时刻钟一座。西近间陈设紫檀木雕花架过十二相风琴钟楼一座。此钟于四十一年正月二十四日小俗传旨移在宁寿宫陈设钦此。东暖阁楼上陈设镶嵌黄杨木架珐琅字表盘时挂钟一座。

乐安和垂露陈设雕花紫檀木架时刻钟一座。

养云轩得佳趣陈设铜塔乌木架时乐钟一座,此钟移在……旷观斋陈设。

无尽意轩东近间陈设黑彩漆架玻璃球顶时问钟一座。

听鹂馆东二间陈设紫檀木架黄珐琅顶镶嵌黄珐琅条时乐钟一座。

石丈亭陈设紫檀木架时刻钟一座。

明月湖西近间陈设擦漆架有戏舞二人玩意时刻乐钟一座,此钟于二十四年闰六月二十四日陈设在互妙楼上讫。

清可轩陈设紫檀木架铜针时乐钟一座。

云绘轩得佳趣陈设四角荔芝形铜顶擦漆架有拉琴玩意时刻乐钟一座。

明月湖澹宁堂陈设葫芦形黑彩漆架天球人形顶珐琅字表盘时钟一座。

惠山园澄华殿陈设西洋木架镶嵌铜透花顶铜透花条四角贴金塔时刻钟一座。[4]

未陈设三十八件内紫檀木镶嵌珐琅条架时乐钟一座,此钟于乾隆二十二年(1757年)三月三十日陈设在清漪园岫岚书屋。[5]

内务府在建立陈设清册时以建筑为单位,对陈设钟表的名称、种类、数量、具体摆放位置、当时状况进行详细记录以便查核。以嘉庆十二年(1807年)的陈设清册记载为例,陈设殿堂包括乐寿堂、玉澜堂、宜芸馆等帝后游园、祭祀的区域,望蟾阁、构虚轩、石舫等欣赏美景的地点,以及澹宁堂、无尽意轩、石丈亭等地,共记录十四处殿座陈设二十件钟表。(如表1-1所示)

这一时期,陈设清册中对于在陈钟表的记载非常简单,一般为"自鸣钟一件"或"自鸣钟一对"的简略记录，偶有"紫檀架座自鸣钟一架"或"自鸣钟一架（牙子不全玻璃顶破坏二个）"标明附件或状况的记录。

嘉庆十五年（1810年）十一月二十七日，内务府循例对清漪园陈设进行清点，清单中记载"自鸣钟容镜犀角蜜蜡等器六十五件"，[6]其中钟表仅有六件，都在玉澜堂区域。道光五年（1825年）十一月七日，内务府上奏"清漪园现存陈设"中记载"自鸣钟容镜犀角蜜蜡等器六十四件"[7]，其中钟表减至五件，从这一年至咸丰朝，玉澜堂钟表陈设未发生变化。

玉澜堂是清漪园唯一一处始终有钟表陈设的区域，这与它一直作为皇帝在园中的办事殿有关，嘉庆帝曾在这里办公、用膳、召见大臣；道光帝虽为了节省开支，撤销了一些陈设，但依旧会在这里赐宴有功的大臣。（如表1-2所示）

三、陈设变化

清漪园中陈设的钟表会根据皇帝的旨意进行调整甚至拆毁，如道光五年（1845年）十二月四日的奏折中提到清漪园撤去一件钟表至做钟处，拆卸以后用于以后的钟表制作。

清漪园撤去陈设字画二百十六件内，懋勤殿撤去御笔字六张字对一副……做钟处撤去自鸣钟一件，随工拆用……[8]

意外事故也造成了清漪园钟表陈设的减少，如道光二十四年（1844年）怡春堂（光绪时在原怡春堂遗址上建德和园）失火，堂内陈设付之一炬。

怡春堂火毁陈设一万三百四十七件内，玉佛一尊、松石佛七尊、催生石佛九尊、白石佛十四尊、铜佛三十九尊、挂轴图像九百二十三件、铁镀金银佛冠二件、玉垂恩香筒二件、紫檀黄杨木八宝香筒香幢香牌螺钿轮三十一件、玻璃菓供瓶盖十一件、铜镀金七珍八宝五供海螺宝瓶塔轮八百八十三件、磁七珍八宝供养塔轮瓶碗凉枕六百十五件、自鸣钟容镜刀剑冠架痰盆扇子玻璃三百四十三件、臣工画五件、书籍册页手卷墨刻字笔筒石砚一千四百三十七件、纸绢围屏炕屏床张二十五件、漆木柜龛坛城匣盒文具三百五十八件、漆木竹炉瓶盒盘碗碟一百二十件、漆木插挂屏匾

表1-1　嘉庆十二年（1807年）清漪园藏钟表一览表

陈设区域	陈设地点	名称	数量	时间
惠山园	岑华室	自鸣钟	1架	嘉庆十二年
鑑远堂	鑑远堂	紫檀架座自鸣钟	1架	
	望蟾阁	自鸣钟（牙子不全玻璃顶破坏二个）	1架	
构虚轩	构虚轩	自鸣钟	1架	
	袖岚书屋	自鸣钟	1架	
云绘轩	云绘轩	自鸣钟	1架	
	澹宁堂	自鸣钟	1架	
玉澜堂	玉澜堂	自鸣钟	1架	
		自鸣钟	1架	
		五更钟	1座	
		自鸣钟	1架	
		自鸣钟	1架	
	宜芸馆	自鸣钟	1架	
无尽意轩	无尽意轩	自鸣钟	1架	
乐安和	乐安和	自鸣钟	1架	
乐寿堂	乐寿堂	自鸣钟	1架	
	乐寿堂	自鸣钟	1对	
石丈亭	石丈亭	自鸣钟	1架	
石舫	石舫	自鸣钟	1架	

表1-2　嘉庆、道光年间玉澜堂陈设钟表一览表

陈设区域	陈设地点	名称	数量	时间
玉澜堂	玉澜堂东书房	自鸣钟	1架	嘉庆十五年
	玉澜堂西书房	自鸣钟	1架	
		五更钟	1架	
		自鸣钟	1架	
		自鸣钟	1架	
	宜芸馆	自鸣钟	1架	
玉澜堂	玉澜堂明间	自鸣钟	1件	道光二十六年
	玉澜堂西书房	五更钟	1座	
		自鸣钟（随紫檀几）	1架	
	宜芸馆	素玻璃腰圆镜自鸣钟	2件	

对香几四百十九件、坐褥靠背迎手垫子二千三百十四件、红黄白绿毡毯凉席一千六十四件、绸帘幔围桌椅搭毡竹帘一千三百七十八件、欢门旛伞哈达袍带灯二百五十四件、经八件、盆景八十五件。

咸丰七年（1857年）的档案记载，清漪园尚有五件钟表陈设在玉澜堂区域，此次记录是现有资料中关于清漪园时期钟表类陈设的最后一次档案记录。（如表1-3所示）

表1-3 咸丰七年（1857年）玉澜堂陈设钟表一览表

陈设区域	陈设地点	名称	数量	时间
玉澜堂	玉澜堂明间	自鸣钟	1架	咸丰七年
	玉澜堂西书房	五更钟	1座	
		自鸣钟（随紫檀几）	1架	
	宜芸馆后抱厦	素玻璃腰圆镜自鸣钟	2件	

参考资料

[1] 中国第一历史档案馆，北京市颐和园管理处. 清宫颐和园档案·陈设收藏卷（六）[M]. 北京：中华书局，2017：2557.

[2] 中国第一历史档案馆，香港中文大学文物馆. 清宫内务府造办处档案总汇（第17册）[M]. 北京：人民出版社，2005：340.

[3] 中国第一历史档案馆，香港中文大学文物馆. 清宫内务府造办处档案总汇（第18册）[M]. 北京：人民出版社，2005：61-62.

[4] 中国第一历史档案馆，香港中文大学文物馆. 清宫内务府造办处档案总汇（第22册）[M]. 北京：人民出版社，2005：340-343.

[5] 中国第一历史档案馆，香港中文大学文物馆. 清宫内务府造办处档案总汇（第22册）[M]. 北京：人民出版社，2005：352.

[6] 中国第一历史档案馆，北京市颐和园管理处. 清宫颐和园档案·陈设收藏卷（六）[M]. 北京：中华书局，2017：2775.

[7] 中国第一历史档案馆，北京市颐和园管理处. 清宫颐和园档案·陈设收藏卷（六）[M]. 北京：中华书局，2017：2777.

[8] 中国第一历史档案馆，北京市颐和园管理处. 清宫颐和园档案·陈设收藏卷（六）[M]. 北京：中华书局，2017：2779.

第二节

清代清漪园至颐和园过渡阶段钟表陈设情况

咸丰十年（1860年）至光绪十二年（1886年）为清漪园至颐和园的过渡阶段。咸丰十年（1860年）英法联军的入侵对清漪园造成了毁灭性伤害，园内陈设几乎被毁夺一空，殿宇大量焚毁，整座园林由此变得破败和荒芜。受此影响，内务府每五年一次的陈设核查被迫停止，清漪园仅立两本清册，即《清漪园山前、山后、南湖、河道、功德寺等处陈设清册》及《清漪园山前、山后、南湖、南湖、功德寺破坏不全陈设清册》。经查阅，咸丰十年（1860年）、同治二年（1863年）的内务府堂清册中都没有关于钟表陈设的记载。同治四年（1865年）十一月九日，内务府大臣崇纶奉旨清查清漪园、静明园、静宜园陈设数目，其中仍未出现钟表的相关记载。

清漪园现存完整陈设四千七百三十五件内，御笔字画臣工字画匾对墨刻书籍册页手卷三十三件、铜瓷佛镶胎增胎画像佛四千四百五十三件、玻璃铜漆木供器一百五十三件、玉铜瓷器二十件、如意痰盆三件、漆木宝座龛案椅机插屏挂屏七十三件。破坏不齐陈设五百三十件内，御笔字画臣工字画匾对墨刻书籍册页手卷六十一件、铜瓷石佛镶胎增胎画像佛八十二件、玉铜玻璃漆木绢供器九十五件、铜石瓷器二百七十七件、毡片竹帘凉席十五件。[1]

光绪元年（1875年）十一月七日，总管内务府大臣恩承上奏关于清查清漪园静明园、静宜园陈设事宜，其中关于陈设品调拨、收存及从坍塌殿宇中找出的陈设的记录中未出现钟表类相关记载。

奏为遵旨清查陈设恭折覆奏事，窃查清漪园等处陈设物件，每遇五年奏请钦派总管内务府大臣一员前往查核，本年又届清查之期，经内务府奏请钦派，奉旨著派恩承钦此。奴才遵即带领堂主事文瑛、广敏，堂笔帖式双惠、松荫携带堂存印册前往清漪园、静明园、静宜园等处详查三园各处所存齐整并破坏佛像字画书籍册页陈设什物等项,上届印册供系一万二千八十九件,自上届同治四年清查后,复于五年十二月,经管理清漪园等处事务大臣奏明,将各园铜佛三百九十八尊交弘仁寺供奉,铜陈设铜锡供器二百八十八件交广储司瓷库收存,又木床一百二十四张均系糟朽不堪应用,于印册内开除。并由各园坍塌殿宇房间内陆续寻出陈设什物二百九十八件归入印册,共实存齐整并破坏佛像字画书籍册页陈设什物等项一万一千五百七十七件,另造新册二分,交内务府堂一分存案,该园存留一分备查在案。此次清查奴才眼同该管官员等,将各款陈设逐件敬谨查照,均与堂存印册数目相符,唯齐整陈设什物内,间有酥散及镶嵌油漆迸裂之件,印册内均已详细注明。谨将实存佛像字画书籍册页陈设什物等项数目另缮清单,恭呈御览,再每届五年清查后应由该园造具新册二分,交内务府堂一分,该园存留一分。现在该园并无添撤陈设等件,似应毋庸另造新册合并声明,为此恭折奏闻,谨奏。[2]

同日,恩承还整理了清漪园、静明园、静宜园陈设数目清单,其中记载清漪园现存完整陈设四千六百一十八件,破坏陈设五百零六件,未出现钟表类陈设记载。

查得清漪园现存齐整佛像字画册页陈设什物四千六百十八件内,御笔字臣工字画匾对墨刻心经塔册页五十六件、铜胎镶胎增胎画像佛四千三百九十五件、玻璃铜漆木供器六十九件、玉瓷填漆器五件、紫檀漆木宝座龛案椅机插屏挂屏九十三件。破坏佛像字画陈设什物五百六件内,御笔字臣工字画匾对手卷七十六件、铜石镶胎增胎画像佛八十二件、同玻璃漆木供器瓷器九十五件、紫檀漆木龛案宝座供桌铜龛插屏床张二百二十四件、寿牌扬幡毡片竹帘凉席二十八件、镜水宝座船一只。[3]

根据以上档案资料的记载,基本可以认为清漪园时期藏钟表类陈设因抢夺或损毁,无一保留。

参考资料

[1] 中国第一历史档案馆,北京市颐和园管理处.清宫颐和园档案·陈设收藏卷(十八)[M].北京:中华书局,2017:8228.

[2] 中国第一历史档案馆,北京市颐和园管理处.清宫颐和园档案·陈设收藏卷(十八)[M].北京:中华书局,2017:8268.

[3] 中国第一历史档案馆,北京市颐和园管理处.清宫颐和园档案·陈设收藏卷(十八)[M].北京:中华书局,2017:8274.

第三节

清代颐和园时期钟表陈设和收藏情况

光绪十二年（1886年）清漪园重修，工程于光绪二十一年（1895年）全部完成。此次修复恢复了部分主要景观，新建排云殿、德和园等建筑区域，作为慈禧太后"颐养冲和"的居所。光绪十四年（1888年）二月初一日，光绪帝颁布上谕如下。

> 万寿山大报恩延寿寺，为高宗纯皇帝侍奉孝圣宪皇后三次祝嘏之所，敬踵前规尤征祥洽，其清漪园旧名，谨拟改为颐和园，殿宇一切亦量为葺治，以备慈舆临幸。恭逢大庆之年，朕躬率群臣同申祝悃，稍尽区区尊养微忱。[1]

清漪园从此改名为颐和园。光绪十八年（1892年）至光绪三十四年（1908年），由于慈禧太后多次驻跸，颐和园成为紫禁城之外的另一个政治中心。重修后园内的陈设及生活用品得到了补充，虽比不上乾隆、嘉庆时的盛况，但比道光、咸丰时期丰富了许多，器物来源主要为宫苑调拨或万寿庆典陈设及寿礼。

一、清查及陈设

颐和园时期延续了之前的陈设清查制度。光绪三十二年（1906年）十二月一日，总管内务府大臣上奏，请钦点大臣清查颐和园等三园陈设。

> 总管内务府谨奏，为奏请清查三园陈设事，窃查颐和园等处陈设物件向造印册二分，存收园内一分，送交内务府一分，以备查点陈设之年互相稽核，历年由臣等拣派司员查核一次，每遇五年奏派总管内务府大臣查核一次，均经遵办在案。本年现届五年清查之期，奏派查核，臣等除将管理颐和园等处事务大臣继禄照例不开外，谨将总管内务府大臣衔名开列名单恭呈御览，伏候钦点一员清查，为此谨奏请旨。[2]

根据档案记载，此时的陈设清册记载格式与咸丰时不同，对殿宇及殿内方位的记载变得模糊，因此很难确定光绪时钟表陈设的具体位置。但仍能从一些记载中找到蛛丝马迹。如光绪二十六年（1900年）八国联军入侵，一名俄国记者记录了他跟随军队进入仁寿殿时所见的景象。

我们走进殿内（门已经被砸开了），整个殿是一个厅堂。中央设置着紫檀木的宝座，宝座上有黄色坐垫……两侧有两面豪华的立镜，陈设着玉石镶画、花瓶和匾额，还有各种各样的时钟，钟上有鸟、铃和各种杂耍。杂耍最精彩的时钟是摆在宝座左右两侧的两台，一台钟上有一少女在走绳索，脸含微笑还会频频点头，另一台上面是一个魔术师在耍戏法，玩杂耍的同时会奏出音乐，鸟会啼叫，时钟就报时间。[3]

乐寿堂作为慈禧太后驻跸颐和园时的寝宫，同样摆有钟表。据清宫太监回忆，慈禧太后对丈许高的穿衣镜、自鸣钟偏嗜，她寝宫内这两样东西特别多。[4]美国女画师凯瑟琳·卡尔为了给慈禧太后绘制画像，曾在颐和园居住，她的回忆录中提到慈禧太后的卧室里，床周围的架子上竟摆设着十五座钟表，而且每座都在滴滴答答地走动，报时又各有差异。这些声音组合起来，足以让一个神经衰弱的欧洲妇女发疯。太后可能是每日坚持户外活动的缘故，神经似乎并没有那么紧张，所以每天都能安然入睡。[5]

一份没有明确纪年的《颐和园各殿座安设钟座清单》中记录了园内陈设钟表的情况。

颐和园乐寿堂明间前檐安设铜楼四面盘生长玲珑宝塔洋座钟一对，后抱厦东次间安设铜楼五塔小座钟一架，西次间安设铜楼五塔小座钟一架，后殿东西次间安设珐琅铜转花转柱自开门献太平有象洋座钟一对，西里间安设玳瑁楼嵌铜活三套打乐洋座钟一架，西里间后檐安设木楼五塔古泡子小广座钟一架，前面东配殿南北进间安设铜楼顶上转梅花三套打乐洋座钟一对，前面西配殿南次间安设木楼花瓶式嵌铜活五彩花大桶子挂钟一架，南北进间安设白石楼嵌铜活打时洋座钟一对，北进间前檐安设白石楼嵌铜活打时洋座钟一架，北进间床炕桌安设御制木楼嵌瓷铜活打时小座钟一架，北进间前檐安设木楼五塔三套打乐大桶子挂钟一架。

对鸥舫东西次间安设铜楼金鱼戏水顶上洋人弹琵琶打乐洋座钟一对。

石丈亭南进间安设木楼嵌铜活古泡子打条广座钟一对，北殿西次间安设铜楼亭式顶上卷帘献三阳开泰广座钟一对，西进间安设木楼五塔嵌铜活打三刻广座钟一架。

涵虚堂前檐东西次间安设木楼五塔嵌铜活打条广座钟一对，西进间前后檐安设铜楼嵌银花扣珠马驼座钟一对。

澹会轩东进间安设珐琅铜楼转花转柱自开门转水洋座钟一对。

鉴远堂明间安设铜楼开花献鸟转葵花卷帘转水洋座钟一对。

玉澜堂明间安设珐琅楼洋人顶上开花转蝴蝶洋座钟一对，两旁安设铜楼亭式琵琶摆打时洋座钟一对，前檐安设木楼嵌铜活牛顶三套打乐洋座钟一对，东次间安设御制木楼嵌瓷铜活三套座钟一架，东进间安设四方铜楼顶上开花蝴蝶洋座钟一对，西进间安设御制木楼嵌瓷铜活三套小座钟一架，西次进间安设木楼车棚式嵌铜活三套打乐洋座钟一对。

宜芸馆东次间安设铜楼车棚式打三刻小座钟一架，东配殿南北次间安设四方铜楼顶上转螺蛳花洋座钟一对，西配殿南次间安设珐琅铜楼盆景式转花斗鸟音打乐座钟一架。[6]

可以看出，园内各殿座中尤以慈禧太后的寝宫乐寿堂及光绪帝的寝宫玉澜堂的钟表陈设数量为多，在数量上已远超清漪园时期的二十余件，也可见园林地位的改变。

二、"万寿庆典"寿礼

庚子之变后，清政府对西方国家的重视程度大为增加，改变了既往的外交方针，慈禧太后及光绪帝常常在颐和园接见外国使节，并允许外国使节在觐见结束后于园内"游谳宴饮"，以求交好"与国"。为照顾外国人的生活习惯，颐和园内准备了各式西洋陈设，同时，在政治交往活动中，太后及皇帝常收到各种西洋新奇"玩意儿"并对之产生了很大兴趣。大臣们为迎合太后、皇帝的喜好，便在"万寿庆典"时进贡各种各样的西洋工艺品，其中包括大量钟表，这也成为颐和园藏钟表的主要来源。光绪二十五年（1899年），慈禧太后六十五岁"万寿庆典"时，王公贵胄、太监匠役等共进贡钟表七十九件。（如表1-4所示）[7]

光绪三十一年（1905年）光绪帝三十五岁"万寿庆典"时，共进贡钟表37件（其中奎顺所进钟表数量未知，不计在内）。（如表1-5所示）[8]

这两次"万寿庆典"的贡品中，总计钟表一百一十六件，其中一部分保存至今，另一部分历经清朝灭亡及之后长期的战乱，已不知所踪。

表1-4　光绪二十五年（1899年）慈禧太后"万寿庆典"进贡钟表一览表

进贡人	进贡物品	数量
庄山	铜表	1座
弈洵夫人	文钟	1架
海军衙门	洋钟	1对
奕谟	木楼广钟	1对
多罗特色楞	洋铜人表	1座
照都特地那木济勒	铜葫芦珐琅楼广钟	1架
写字人等	洋铜楼小钟	1对
	洋铁楼小钟	1对
荣寿固伦公主	洋铁珐琅小钟	1对
祥霖	圆玻璃罩洋铜海马座钟	1对
麟光	硬木镶嵌铜花楼打条文钟	1对
谭鑫培、田际云	木楼琵琶摆筒子钟	1架
	洋铁小钟	2架
松森等	铜洋楼式座表	1件
	洋铁楼方广钟	1对
茶房苏拉	洋人表	1对
	硬木嵌螺钿广钟	1对
联凯	洋人铁座表	1对
	洋人小卒钟	1对
	木楼洋铁表	1对
御膳房首领太监	木楼嵌螺钿广钟	1对
宁寿宫苏拉	洋铁小钟	1件
司房首领太监	木楼嵌螺钿广钟	1对
小太监等	洋铁马蹄表	6个
钦安殿	木楼厢铜广钟	1架
总管何庆喜	铜楼广钟	1对
松椿	洋铜问钟	9件
顺承郡王	洋铜八足双耳仰面表	1件

(续表)

进贡人	进贡物品	数量
郭宝臣	木楼琵琶摆筒子钟	1对
	木楼嵌螺钿广钟	1架
连重	木楼打条钟	1对
张长保、陈德林	木楼嵌螺钿广钟	1架
印启、崇勋	圆玻璃人拉风箱表	1架
	洋铁小架表	1件
岳梁等匠役	洋铁圆楼座表	1件
	洋铁表盘	1对
銮仪卫官员等	洋铁表盘	1件
	洋铁圆楼座表	1件
苏拉等	洋铁表盘	1对
苏拉常山等	木楼小洋钟	1架
庆亲王	太平有象镜表	1对
	铜楼方小座钟	1架
总管莲英	铜镀金珐琅六方亭式座钟	1对

表1-5 光绪三十一年（1905年）光绪帝"万寿庆典"进贡钟表一览表

进贡人	进贡物品	数量
周馥	轮船式洋钟	1对
	铜珐琅元盆荷莲盆景座钟	1对
	铜镀金珐琅亭式转花座钟	1件
奎顺	铜珐琅六柱洋钟	未记录
端方	铜珐琅围屏式洋钟	1对
	铁甲船式转表	1对
	铜珐琅转机器带函数表塔式座表	1对
恩寿	铜珐琅座钟	1对
郭殿邦	铜镀金洋人座钟	1对
赵尔巽	铜珐琅代寒暑表转机汽炉塔式座表	1对
宝口	铜楼方钟	1对
总管莲英	铜珐琅玲珑透体洋钟	1对
	铜珐琅玲珑透体洋钟	1件
四事春喜	铜元球表	1对
	自行小表	1件
庄健	铜六柱鸟音笼座表	1对

(续表)

进贡人	进贡物品	数量
张勋	洋镀金小座表	2对
唐绍仪	铜珐琅围屏式洋钟	1对
总管莲英喜寿	铜镀金珐琅月宫式洋钟	1对
总管首领回事小太监各首领等	铜镀金珐琅六柱洋钟	1对

参考资料

[1] 北京市地方志编纂委员会. 北京志·颐和园志[M]. 北京：北京出版社，2004：22.

[2] 中国第一历史档案馆，北京市颐和园管理处. 清宫颐和园档案·陈设收藏卷（十八）[M]. 北京：中华书局，2017：8356.

[3] 北京市地方志编纂委员会. 北京志·颐和园志[M]. 北京：北京出版社，2004：208.

[4] 北京市地方志编纂委员会. 北京志·颐和园志[M]. 北京：北京出版社，2004：346.

[5] 凯瑟琳·卡尔. 美国女画师的清宫回忆[M]. 王和平，译. 2版. 北京：故宫出版社，2011：135.

[6] 中国第一历史档案馆，北京市颐和园管理处. 清宫颐和园档案·营造制作卷（八）[M]. 北京：中华书局，2015：3774-3777.

[7] 北京市地方志编纂委员会. 北京志·颐和园志[M]. 北京：北京出版社，2004：202.

[8] 北京市地方志编纂委员会. 北京志·颐和园志[M]. 北京：北京出版社，2004：205.

第四节

中华民国时期颐和园钟表收藏情况

宣统三年（1911年），依照清政府与中华民国临时政府拟定的《关于大清皇帝辞位之后优待条件》，颐和园的文物陈设作为溥仪的私产受民国政府保护。1916年，内务府对颐和园陈设再次清点，并立《颐和园天字号陈设册》，册中陈设品编号均以"天"字开头，其中钟表陈设七十九件。（如表1-6所示）

1928年7月1日，南京国民政府接收颐和园。1928年8月15日，北平市政府接收颐和园，并成立管理颐和园事务所负责颐和园及附近静宜园、圆明园等处一切事宜，开启了近代化公园管理和建设。1929年，为筹办颐和园陈列馆、图书馆，市政府指令组织两馆筹备委员会对园中陈设进行清查，并请专家对文物进行鉴定。此次清查形成了《北平特别市颐和园陈列馆陈列物品登录簿》一本，《陈列物品影片粘存簿》十三本，其中第四本录有钟表八十三件，第十三本中录有钟表七件。[1]

1933年3月底至4月底，为防止日本侵略者的掠夺，全力保护园藏文物，以故宫为首的几家单位开始挑选文物南迁。颐和园挑选的文物分三批南运，其中第二、三批中共有三十一件钟表装箱，其余钟表仍留颐和园。

表1-6　1916年颐和园陈设钟表一览表

天字号	名称	数量
十七号	铜珐琅亭式座钟（圆玻璃罩）	1对
十八号	铜珐琅圆亭式座钟（圆玻璃罩）	1对
十九号	铜珐琅方亭式座钟（圆玻璃罩）	1对
四十八号	铜珐琅四柱方钟	1件
四十九号	铜镀金楼鸟音方座钟	1对
五十号	铜珐琅六方楼座钟	1对

(续表)

天字号	名称	数量
七十三号	红洋瓷小座表	1对
九十六号	水法音乐洋人击钟大钟	1件
九十七号	洋铁小座表	2件
九十八号	镀金方楼小座表	1件
九十九号	镀金洋人品箫座表	1件
一百号	镀金洋楼座表	2件
一百一号	铜珐琅方座钟（圆玻璃罩）	2件
一百二号	铜珐琅亭式座钟	1件
一百三号	镀金点蓝小座表	2件
一百四号	铜镀金双龙葵花小座表	2件
一百五号	铜珐琅四柱方钟	1件
一百六号	铜珐琅四柱座钟	1件
一百七号	铜珐琅六方玻璃楼洋钟	1件
一百八号	铜珐琅四方玻璃楼洋钟	1件
三百八十二号	鸟音笼	1对
三百八十三号	铜楼太平有象水法座表	2件
三百八十五号	铜楼翠鸟座钟	1件
三百八十六号	珐琅铜楼座钟	1件
三百八十七号	铜楼座钟	1对
三百八十八号	轿车式座钟	1件
三百八十九号	转花流水座钟	2件
三百九十号	轮船式座钟	1件
三百九十二号	铜珐琅围屏式座钟	1对
三百九十三号	珐琅方钟	1对
三百九十四号	轮船式座表	1对
三百九十五号	镀金铜楼四面圆座表	1对
三百九十六号	镀金二面座钟	1件
三百九十七号	铜珐琅四柱方钟	1对
三百九十八号	铜镀金厢西洋玉四柱方钟	1对
三百九十九号	铜珐琅六柱洋钟（玻璃门有伤）	1对
四百号	英国锚链球表	1对
四百一号	围屏式洋钟	1对
四百六十三号	白玻璃小座表	1对
四百六十四号	葵花小座表	1件
四百九十二号	木楼代问长方座钟	1对

(续表)

天字号	名称	数量
四百九十三号	铜珐琅围屏式洋钟	1对
四百九十四号	轮船式转表	1对
五百六十六号	木楼挂钟	1对
七百十二号	洋铜鹿车小座表	1对
七百十九号	铜楼水法小座钟	2件
八百四十八号	洋石寒暑表	1对

参考资料

[1] 北京市地方志编纂委员会. 北京志·颐和园志[M]. 北京：北京出版社，2004：262.

第五节

中华人民共和国成立后颐和园钟表收藏情况

1949年年底，南迁文物北返的工作开始筹措，1950年1月，正式启动。1950年5月，北京市文物局召开的第一次会议初步确定了颐和园北返文物的分配原则："（甲）有关清代艺术品，如慈禧生活有关之器物，尽量分配颐和园；（乙）有关历史考古器物，可分配故宫方面，补充有系统的陈列品。"[1] 文化部、北京市人民政府给颐和园的复函中提到了分配原则"钟表插屏全部拨归颐和园"。根据北返清单中所记名称，从颐和园现藏钟表中对比出十二件（如表1-7所示）。在后续统计中发现颐和园南迁文物仍有部分留在南京，未能北返，但没有确切数量，是否有钟表也不明确。此后颐和园钟表类文物保藏趋于稳定。

表1-7　颐和园现藏曾南迁钟表一览表

名称	南迁批次	南迁箱号	南迁时名称
英国十八世纪铜镀金绘贵妇像匣式钟	三	351	代八音匣铜方钟
法国十九世纪轮船式风雨寒暑表	二	198	铜轮船座钟代西洋大理石座
英国十八世纪铜镀金四象驮厢匣式嵌水藻玛瑙八音座表	二	200	铜架嵌宝石大座表
法国十九世纪铜镀金锚架玻璃球挂表	三	345	玻璃球形小挂钟代西洋大理石座
法国十九世纪火车头式风雨寒暑表	二	197	铜火车头架座钟
英国十八世纪铜镀金宫殿式象鸟座表	三	354	铜质八音大座表
法国十九世纪铜镀金嵌珐琅水钻六柱座钟	三	349	珐琅架六角座钟
法国十九世纪铜镀金蝴蝶摆鸟音钟	三	347	洋铜雕花四柱方钟
英国十八世纪铜镀金嵌珐琅八音转花钟	二	200	铜架嵌宝石座表
法国十九世纪铜镀金嵌珐琅亭式四明钟	三	348	珐琅镶磁小座钟
法国十九世纪铜镀金嵌珐琅六柱座钟	三	358	铜珐琅六柱方钟
法国十九世纪铜镀金嵌珐琅彩石八柱围屏式钟	三	359	铜珐琅四柱方钟

颐和园现藏钟表一百一十一件，以法国制造的钟表为主，另有少量美国、英国、德国制造钟表以及十余件国产钟表（包括进口外国机芯在国内组装），此外有十余件钟表产地暂未确定。从时代上看，少量英国钟表制造于十八世纪，其余多集中在十九世纪末至二十世纪初。钟表造型多样，题材广泛，既有规整的四明钟，也有轮船、火车、火枪、飞鹰、女神等造型的钟表。

颐和园藏钟表是晚清统治者文化生活及晚清时期中外交流的有力见证，也是研究晚清时期生活、科技、工艺等方面历史的重要资料。

参考资料

[1] 北京市颐和园管理处. 传奇·见证颐和园南迁文物 [M]. 北京：五洲传播出版社，2016：21-35.

第六节

钟表发展与颐和园钟表收藏

几千年来，人类一直在尝试以各种方式测量时间，如根据太阳的移动变化，使用水、蜡烛和沙漏等测量时间。现代钟表使用基准为60个单位的时间系统，即60分钟和60秒的增量，这种测量时间的方法可以追溯到公元前2000年的古代苏美尔文明。从"土圭""日晷"和滴漏计时，到水运仪象台，再到常用的日晷仪，漫长的岁月里，中国古代人民从未间断对记录时间的工具和方法的探索。十三世纪七十年代前后，意大利北部和德国南部一带出现了早期机械式时钟。英语单词"clock（钟表）"取代了古英语单词"daegmael"（意思是"day measure"，即"天衡"）。1336年，第一座时钟被安装于意大利米兰一所教堂内。之后，时钟传至欧洲各国，法国、德国、意大利的教堂纷纷建起钟楼或钟塔，欧洲各国钟表业逐渐发展起来。1510年，德国人首次制造出怀表。明代万历年间（1573—1620年），意大利传教士利玛窦来到中国传教，将西洋钟表带到中国，进献给皇帝，由此开启了中国引进和制作西洋式钟表的历史。十九世纪早期，拿破仑的妹妹那不勒斯皇后向宝玑定制了世界上第一枚手镯形式腕表。1885年，德国海军向瑞士的钟表商定制大量手表，手表的实用性获得世人的肯定，逐渐普及开来。二十世纪初，各大钟表厂商竞相研制腕表，以怀表技艺闻名世界的瑞士，在手表制作方面也一马当先，历经一百余年的跌宕，至今仍是世界腕表最重要的制作中心。

一、英国钟表

颐和园收藏年代最早的钟表是英国钟表。欧洲大陆钟表在十六世纪下半叶传入英国，英国钟表的沉浮历史就此开始。现存最早的英国表制造于十六世纪，1566年苏格兰玛丽女王赠给她的丈夫达恩利公爵一块表，十六世纪七十年代伊丽莎白一世女王也获赠过一块表。这一时期，欧洲大陆钟表业的快速发展，促使制表技术传入英国，英国钟表深受意、法、德等国影响，意大利文艺复兴风格的装饰图案，阿拉伯式几何图案、奇异花纹被装饰在表壳、表盘和机芯上，形成了早期英国表的外部装饰特征。

十七世纪早期，英国社会的动荡造成刚刚起步的制表业发展缓慢，钟表设计主要参考法国，装饰纹样多为花卉、缠枝，神话人物和宗教题材被广泛运用于钟表装饰上。十七世纪六十年代前后，英国人罗伯特·胡克（Robert Hooke，1635—1703年）宣称发明了钟表中的重要部件游丝。1675年，英国人威廉·克莱门特（William Clement）制成了简单的锚式擒纵机构。1695年，被誉为"英国钟表之父"的英国人托马斯·汤皮翁（Thomas Tompion，1639—1713年）发明了工字擒纵机构，提高了钟表的准确性。

十八世纪早期，英国人乔治·格林汉姆（George Graham，1673—1751年）发明了水银摆和跳秒擒纵机构，改进了筒状擒纵机构。十八世纪六十年代，英国工业革命开始，促使英国制表技术不断发展，超越法、德等国。1765年，英国人托马斯·马奇（Thomas Mudge，1715—1794年）发明自由锚式擒纵机构，即现在钟表叉瓦式擒纵机构的前身。十八世纪晚期，在大航海的影响下，英国人约翰·哈里森（John Harrison，1693—1776年）发明了高精度的航海时钟。这一时期，英国人在钟表技术方面的诸多发明创造，提高了钟表走时的准确性，涌现了考克斯、威廉森等一批钟表制作大师，促使英国钟表制造走向高峰，为钟表业逐步向工业化迈进奠定了坚实基础，也为中英两国的瓷器与钟表双向贸易交流开启了新的历史篇章。

十九世纪中后期，法国、瑞士的制表技术和制表工业迅速发展，规模化生产逐渐替代了英国传统的制表作坊模式。英国钟表仍因循传统的制作和销售方式，虽质优但价高，加之当时英国产业结构调整，在竞争激烈的市场环境压力下，英国钟表业不惜以"代工"、拼装等方式降低成本，加快了英国钟表业的衰落。

颐和园收藏的英国钟表主要制作于十八世纪中后期，少部分制作于十九世纪，不乏英国制表大师威廉森（Williamson）和詹姆斯·考克斯（James Cox，1723—1800年）的作品。颐和园收藏的铜镀金珐琅女王像八音匣座表和铜镀金宫殿式象鸟座钟就是威廉森的作品。威廉森是英国伦敦著名的钟表制作世家,家族中两位著名的制表师为安妮王朝时期的御用钟表匠约瑟夫·威廉森(Joseph Williamson)和十八世纪末的蒂莫西·威廉森(Timothy Williamson),故宫博物院那件著名的写字人钟就是威廉森为清宫定制的钟表。另一位重要的钟表大师詹姆斯·考克斯是享有盛誉的商人,也是富有创新精神的钟表制作师,他却乐意自称珠宝匠。他于1723年左右出生于伦敦,学习过金匠手艺,1745年出师后自己开设了店铺,后以失败告终。1756年后,考克斯在金匠协会注册成为一名金匠手艺人,开始了钟表与自动机械玩偶之类产品的制作,逐渐组建了较大规模的工作团队,雇用工人多达800至1000人,同时又代理了瑞士著名钟表制作师雅克德罗等人的钟表制品,通过东印度公司将钟表和机械玩偶销售到远东地区。进而,考克斯的钟表进入了清宫,成为乾隆皇帝案头的奇巧玩具。十八世纪七十年代初期,英国政府发出了针对中国的出口禁令,为了提高自己的钟表与机械动偶的知名度,考克斯于1772年2月在伦敦Charing Cross开设了春天花园博物馆(Spring Gardens Museum),展出他最好的装置作品与首饰,时为伦敦一景,成功获得了上流社会和文化名人的关注与认可,此时考克斯的盛名在英国本土和欧洲也达到了巅峰。1778年,他终因出口禁令及资金困难再度破产,此后仍然不忘远东市场的发展机遇,于十八世纪八十年代初派遣儿子前往广州设立商铺,这是考克斯在十八世纪下半叶成为中国市场上销售钟表最多的英国制表商且有很高知名度的重要原因。颐和园收藏的铜镀金象足嵌水藻玛瑙八音匣座表就是考克斯的作品。

颐和园收藏的英国钟表,总体来说大件钟表少,小件钟表多,绝大部分为复杂功能钟表。这些英国钟表更多体现古典主义和浪漫主义,装饰上多为巴洛克和洛可可艺术风格,外观高贵典雅、富丽堂皇,钟表外壳铜质镀金、金碧辉煌,钟表装饰镶嵌各类宝石、玛瑙、玻璃水钻、珐琅彩画,绚烂夺目。颐和园收藏的英国钟表主要有以下几个特点:一是整体西洋建筑造型钟表较多,三角形尖顶,镀金或镶嵌彩石花草、象鸟、青金石等,钟表单层或双层常装饰四个圆柱;二是钟表四足多为兽形(狮子、大象)或卷草形;三是表身多为箱匣式或方形台座式，有八音盒功能，常带有动态的西洋景观场景；四是一些钟表上的水法柱和彩色石镶嵌的转花、花柱可以随钟表八音盒音乐旋转，气氛绝妙非凡；五是个别大型钟表装饰华丽，机械结构复杂，钟表机械运作时场面宏大，如大象钟和升降塔钟。总之，这些英国钟表反映出了英国古典和浪漫的气息，富于想象的创造力，自然景物、动物、植物、人、神之间的和谐之美，既有英国式的田园烂漫，也有英国贵族的豪华瑰丽，更有神秘祥和的氛围，是当时英国精湛的钟表制作技艺、装饰艺术和人文精神的一种集中展现。

二、法国钟表

法国有着悠久的制表历史，可谓欧洲钟表的摇篮，从钟楼上的大钟、桌台上的座钟到腕表，法国钟表制作在各方面都为钟表历史做出过杰出的贡献。世界上现存最古老的报时钟表是1305年制造安装在博韦大教堂上的一台法国钟。这类钟表的表盘上只有时针，只能粗略地显示时间，从十四世纪开始流行在钟楼等处安装此类时钟。1370年，查理四世国王发布命令，要求法国的所有钟表都必须按照巴黎王宫的钟表调整时间。1396年，法国人发明了钟表的冠式擒纵机构。1459年，钟表匠为法国国王制作了第一座发条钟。1518年，钟表匠朱利安·库德雷（Julien Coudray）为国王弗朗索瓦一世制造了两只小型镀金机械表，嵌在两把短刃剑的剑柄上，法国第一只可佩戴的表诞生。国王和贵族的青睐及大量定制促进了法国制表技术的提高与发展，法国制精美绝伦的钟表享誉欧洲。此后由于宗教信仰问题，很多异教徒钟表匠纷纷离开法国，法国钟表业日渐衰落，英国、德国、瑞士钟表制作逐渐兴起。十八世纪，法国一些天才钟表大师的出现，促使法国的钟表业经历了一次新的飞跃。其中钟表大师阿拉伯汗·路易·宝玑（Abraham Louis Breguet，1747—1823年）以其在钟表制作上的发明创造被誉为"现代制表之父"，他制作了世界上第一只腕表，发明了包括陀飞轮在内的多项制表技术，对现代腕表制作影响深远。这些钟表大师很多都曾为皇家制作过钟表，他们的创造力也推动了世界钟表业向前发展。十八世纪末至十九世纪，法国工业革命促进了机械化规模生产逐步取代手工作坊，提高了生产效率。在制表方面表现为钟表零件的标准化，钟表机芯零件也不断得到新的改进，促进了法国钟表业的迅速发展。此时期，中法贸易交流的频繁也促使法国钟表在中国市场的占有率不断攀升，清代皇家收藏的这一时期的法国钟表也相应较多。

颐和园收藏的钟表以十九世纪法国钟表数量最多，这些钟表风格多样，工业气息浓重，科技感较强，装饰华丽，多用铜镀金、珐琅彩绘、铜胎珐琅工艺装饰，常用大理石台座，表盘上常有"P. KIERULFF & CO PEKING""MADE IN FRANCE""SENNET FRERES""PARIS-CHINE""J.ULLMANN & CO"与"HONGKONG SHANGHAI TIENTSIN"等字样。

祁罗弗洋行（P. Kierulff & Co）最早是一家由丹麦商人彼得·基鲁尔夫（Peter A. Kierulff，1838—1909年）于1874年开设于北京东交民巷二十八号的百货公司，是北京第一家西方贸易公司，以售卖外国商品闻名于京城，颇受在京外国人和中国权贵富豪的追捧。1893年，基鲁尔夫将公司转卖给德国人，后称德商祁罗弗洋行，销售钟表等各国商品，庚子事变中洋行建筑被毁。SENNET FRERES公司是十九世纪末至二十世纪初，经营钟表、珠宝的贸易公司，在中国设有分公司，代理在中国销售法国AD. MOUGIN钟表产品。乌利文公司（J. ULLMANN & CO）也是法国钟表在华代理销售商，现今中国第二历史档案馆藏有清政府颁给法商乌利文的执照，可见带有这一标识的法国钟表是通过乌利文公司销售到中国的，也从侧面反映了法国钟表销售到中国的途径。

颐和园收藏的法国钟表大致分为两个类型。一种是较为传统的西方建筑造型的钟表，四柱、六柱、八柱等西洋建筑特征鲜明。四明钟是此时期法国钟表的典型，此类钟表多为铜镀金材质，常装饰珐琅花卉和宗教人物纹样，顶部奖杯形，水银摆，因四面为玻璃而被称为四明钟。第二种是受工业革命影响，体现时代科技发展的钟表，如火车头形钟表、战船形钟表、灯塔形钟表、锚形钟表等。这类钟表的科技性不只体现在外形上，也体现在功能上，如火车头形钟表往往不只有钟表功能，钟表上有指示时间的表盘，还有温度计、指南针、风雨寒暑表，上弦后能响又能动，具有令人感到新奇的时代科技感。

从颐和园藏品看，使用水银摆是法

国钟表的标志性特点之一。摆钟钟摆作为钟表的一个部件，利用摆锤的周期性振动（摆动）计量时间，由于金属钟摆易受温度变化影响，进而影响钟表走时的准确性，英国人格林汉姆于十八世纪发明了水银摆，但是此时擒纵机构还不够完善，温度对钟表的走时还不足以产生突出的影响。随着钟表机芯和擒纵系统的不断完善，人们才开始注意温度变化对摆钟走时的影响，因此十九世纪法国人将水银摆运用到钟表中，利用水银摆温度补偿减少钟表走时误差。

颐和园收藏的法国钟表另一个特点是钟表机芯小型化。无论钟表风格和体量有多大差异，机芯大小基本相同或类似，多数机芯标注"MADE IN FRANCE""L.R""BREVETE S.G.D.G""AD. MOUGIN"和"JAPY FRERES"字样。从这些统一化钟表机芯可以看出，此时法国钟表机芯已经实现量产化了，将统一机芯装配到不同造型的钟表上，提高了钟表的制作效率，很大程度降低了钟表装配、维修和制造的成本。

摩京（AD. MOUGIN）是十九世纪末法国最优秀的钟表制造商之一，公司位于蒙贝利亚尔地区，这是法国的一个重要的制表中心。从1860年到1900年，摩京钟表处于顶峰时期，其作品为钟表收藏家竞相收藏。热佩兄弟公司（Japy Frères）也是法国著名钟表制造商，由制表师弗雷德里克·热佩（Frédéric Japy et Cie，1749—1812年）于1777年创建于法国杜省。弗雷德里克出身于手艺匠人世家，父亲雅克·热佩（Jacques Japy，1724—1797年）是博库尔市长兼五金制品制造商。1772年，弗雷德里克结束在瑞士的钟表学徒生涯，返回家乡开设了一家小型作坊，为他人代工制作钟表机芯。1777年，弗雷德里克与他人合作发明并改良了制表机床，建立了一家制表工厂，同时也开始生产钟表机芯和计数器等机械装置。此后，他的工厂进一步扩大规模，实现了钟表机械化生产，生产效率大幅提高，降低了生产的成本。其产品在贝桑松（Besançon）、蒙贝利亚尔（Montbéliard）和瑞士汝拉（Jura）等钟表产业中心获得了好评。1801年，公司产品获得巴黎工艺美术博览会铜牌，弗雷德里克也以其在钟表业的杰出成就成为贝尔福（Belfort）地区获颁法国荣誉军团骑士勋章的第一人。1806年，其子弗里茨（Fritz Japy，1774—1854年）、路易

（Louis-Frédéric Japy，1777—1852年）和皮埃尔（Pierre Japy，1785—1863年）接手公司经营，将公司更名为热佩兄弟公司，业务逐渐发展壮大，从钟表制作发展到钟表周边产品经营，十九世纪二十年代，公司已经成为以铸铁、五金、钟芯三大产业为支柱的综合性企业。1855年，热佩兄弟获得巴黎世博会金奖，此后公司出品钟芯都会标注其获奖荣誉。十九世纪六十年代，公司与文森蒂公司（Vincenti et Cie）和塞缪尔·马蒂（Samuel Marti）在生产和销售方面展开紧密合作，几乎垄断了当时的钟表机芯市场。1867年，拥有6000名员工的热佩兄弟公司已发展为全法第三大工业集团。经过两次世界大战，经历大萧条时期，热佩兄弟公司逐渐衰落，热佩家族也丧失了公司掌控权，1979年，热佩兄弟公司最后一家工厂关闭。1986年，在博库尔工厂旧址建立了热佩博物馆（Musée Japy），通过千余件钟表藏品向人们讲述热佩时代法国钟表的辉煌。

颐和园收藏的摩京和热佩兄弟公司等法国钟表，反映了以法国为代表的十九世纪钟表发展的杰出成就，也是此时期中法贸易交流的历史缩影。

三、美国钟表

十七世纪英国人开始移民北美大陆，十八世纪三十年代，英国移民已经在北美建立了十三个殖民地，十八世纪中期，北美殖民地经济迅速发展，越来越多的欧洲人移民到北美，其中不乏工匠，北美的钟表制作作坊也应运而生。此时北美的钟表制作主要以装配欧洲机芯零件为主，因循着英法等国的钟表制作传统和技艺因地制宜地发展起来。美国独立战争爆发对北美的手工制造业产生了巨大影响，战前英国在殖民地的高额征税和对钟表制作的限制，很大程度上制约了北美钟表业的发展。美国独立以后，钟表业迎来了新的发展时期。1787年，美国新罕布什尔州康科德市的利瓦伊·哈钦斯（Levi Hutchins）发明了世界上第一个机械闹钟。美国第一任总统乔治·华盛顿曾拥有三枚欧洲制作的怀表，美国第二任总统约翰·亚当斯、第三任总统托马斯·杰斐逊、第五任总统詹姆斯·门罗、第七任总统安德鲁·杰克逊使用的都是欧洲制作的怀表，由此可见美国此时的怀表制作还未有起色。十九世纪上半叶，受美国整体工业水平较低的影响，钟表业发展缓慢。

十九世纪三四十年代出现了第一批美国制表公司，虽然当时还有部分零件需从欧洲进口，但它们被认为是美国第一批独立钟表制造商。十九世纪中期开始，美国钟表制造业开始进入黄金时期。

1851年，美国钟表历史上举足轻重的制表厂商瓦伦制造公司（Warren Manufacturing Company）成立，也有资料称之为美国钟表公司（American Horologe Company），它是美国著名钟表品牌华生制表公司（Waltham Watch Company）的前身。借鉴欧洲怀表制造业和美国本土小型军火制造商的技术革新理念，该公司成为以机械生产理念为基础进行金属工艺产品制造的第一家美国怀表厂商。短短十几年时间，美国钟表制造业发展起来，美国著名钟表厂商埃尔金（Elgin）、E. 霍华德（E. Howard）、伊利诺伊表业（Illinois）等巨头纷纷登上美国制表历史舞台，在世界钟表历史发展上写下绚烂的一笔。美国工业的发展带动了钟表制造业迅速发展，特别是将钟表机芯制作机械化和小型化，提升了美国钟表的质量、标准和工艺，怀表制作水平大幅度提高，摆脱了生产不出质量优秀怀表的窘境，并实现了弯道超车。十九世纪七十年代，以华生为代表的美国钟表在国际上获得了诸多奖项，美国钟表真正进入黄金时代，此后英国怀表基本被赶出美国市场。美国第十六任总统亚伯拉罕·林肯曾拥有四块怀表，其中就有一块是制作于1863年的华生怀表。十九世纪末，美国铁路怀表出现，再一次提高了美国怀表的制作水平。十九世纪末至二十世纪初，美国钟表制作逐渐进入量产化时代，瑞士等欧洲国家开始向美国钟表业学习，甚至引进美国钟表技术。二十世纪二三十年代，随着腕表的普及和经济大萧条到来，美国老牌厂商未能跟上历史的脚步而逐渐衰败，埃尔金、汉密尔顿（Hamilton）成为为数不多生存下来的品牌。美国钟表经历了二十世纪三十年代和六十年代两次经济大萧条，加之钟表业未能及时转型和革新技术等问题，被瑞士等国钟表业赶超，最终走向衰落。曾经美国最大的钟表公司埃尔金公司于1968年破产，华生、汉密尔顿等曾经辉煌的著名钟表公司最终将品牌出售，成为瑞士制造。现今美国已经没有拿得出手的钟表品牌，美国钟表的辉煌已经成为历史。

颐和园收藏的美国钟表主要是十九世纪末至二十世纪初生产的钟表，此时期美国钟表业正值发展高峰，量产化、机芯小型化、低成本、高质量的特点在美国钟表上突显，这些钟表绝大多数由美国安索尼亚（Ansonia）钟表公司制造。安索尼亚钟表公司成立于十九世纪五十年代，1879年曾在纽约开设厂房，是美国老牌钟表厂商，经历了美国钟表业的黄金时代，标有英文纽约字样的钟表为1879年以后制造，至二十世纪初设计了400余种不同型号的钟表，生产总值过千万美元。颐和园藏安索尼亚生产的钟表表盘或机芯外壳后面有"Man'fd by Ansonia Clock Co. New York. U.S.A""Manufactured by Ansonia Clock Company, New-York, United States of America"或"Ansonia Clock Co."等标识。

颐和园藏美国钟表有其自身特点，它们没有英国钟表的复杂功能和豪华镶嵌装饰，也没有法国钟表绚丽的珐琅镶嵌，这些美国钟表一部分承袭了欧洲钟表的设计风格，钟表外壳多镀金装饰，特别是带有法国钟表洛可可式装饰风格和奖杯顶，一部分具有美国的地域性和时代性，有陶瓷或玻璃外壳，个别造型借鉴了伊斯兰式亭顶。颐和园收藏的美国钟表机芯统一性较强，普遍机芯较小，怀表大小相近，也突显出机械工业化钟表的特征，百变造型，统一机芯。颐和园收藏的美国钟表见证了美国钟表业的辉煌，是美国钟表黄金时代的缩影。

四、其他国别钟表

德国、意大利、法国等国是欧洲最早制作机械钟表的国家。欧洲文艺复兴的几个世纪里，德国南部巴伐利亚和巴登州兴起钟表制作，十五世纪末，奥格斯堡和纽伦堡逐渐成为德国钟表制作中心。十六世纪末，纽伦堡锁匠彼得·亨莱因（Peter Henlein，约1479—1542年）制作出欧洲最早的便携式钟表——香薰球表（Bisamapfeluhr），也被称为"梅兰希顿表"，原因是纽伦堡议会于1530年从亨莱因那里定制此表作为礼物送给宗教改革家菲利普·梅兰希顿。此表现藏美国马里兰州巴尔的摩市的沃尔特博物馆（Walters Art Museum），表径48毫米，铁质机芯，带有擒纵器和发条装置，在不打开表盖的情况下可以透过表盖上的孔洞查看时间，表底部刻有"PHIL. MELA. GOTT. ALEIN. DIE. EHR. 1530"（菲利普·梅兰希顿，荣耀唯独归于上帝，1530）。这枚香薰球形钟表后来被习惯称为"纽伦堡蛋"，成为欧洲便携式钟表的重要见证。十七世纪上半叶的战争洗礼使德国钟表业遭受破坏，错过了由钟到表的发展阶段。1730年，德国黑森林地区制造出世界上第一台布谷鸟钟，激发了很多制表师的灵感，发展出一个新的钟表类别，布谷鸟钟现在仍是德国的代表性传承钟表。1845年，朗格（Fernand A. Lange）游历欧洲学成归来，在德国萨克森州格拉苏蒂小镇创立朗格品牌，吸引和培养钟表人才，小镇形成钟表制作产业链，渐渐成为德国怀表制作中心。第一次世界大战使格拉苏蒂钟表业受到重创，但经过短暂休养生息又继续焕发活力，在第二次世界大战时为德军生产怀表和手表。第二次世界大战严重影响了格拉苏蒂制表业，朗格等制表企业被没收充公，战略物资运往苏联。民主德国时期，表厂收归国有，钟表制造进入计划经济和工业化阶段，钟表业发展进入寒冬，错过了怀表向腕表发展的重要历史机遇。二十世纪九十年代，格拉苏蒂钟表业复苏，恢复腕表制作生产，进入二十一世纪，以继承德国优秀制表传统、工艺和创新的全新形象展现在世界表坛。

十五世纪末，最早的机械表出现在意大利等欧洲国家。1550年左右，法国、意大利等国的大批新教徒逃往瑞士，其中的制表师带来了制表技术，带动了瑞士钟表业的发展。1601年，瑞士日内瓦成立了表匠工会，一百年后，瑞士钟表业由日内瓦流向汝拉山区。十九世纪五十年代以前，英国钟表处于世界领先地位，瑞士则在怀表和腕表制造领域默默耕耘；美国钟表异军突起时，瑞士又向美国学习，逐渐赢得市场；第二次世界大战后瑞士钟表业奋发进取，历经二十世纪七十年代石英表和日本钟表的冲击，最终重新定义机械表概念。瑞士表坚持传统与科技结合，延续钟表制作技艺，不断创新，至今仍屹立在钟表业发展的潮头。

十七世纪以来，西方传教士将钟表带进中国皇宫，深受中国皇家、权贵追捧，两百多年间，英、法、瑞士、德、美等西方国家制作的钟表源源不断进入中国，形成了中西方钟表和瓷器的双向流通，即西方钟表大量进入中国，中国瓷器大量外销西方。明末清初，随着钟表进入中国，广州、佛山、漳州、苏州、南京等东南沿海城市初步发展起钟表手工业。1840年以后，欧洲各国纷纷在华设立钟表公司，出售成品钟表和半成品钟表零件，并为迎合中国市场制作各式钟表，钟表业在中国繁盛一时。清宫造办处是较大规模的制表机构，于康熙十九年（1680年）设立，负责御用器物的制造、修复及保管，初在养心殿，后移至慈宁宫茶膳坊及白虎殿，雍正时部分迁移至圆明园，设有做钟处（前身自鸣钟处）承担宫廷钟表的维修和制作，后来做钟处和自鸣钟处并列分设，各负其责。乾隆时期是造办处钟表制作的繁盛时期，生产的钟表数量多、质量高；嘉庆以后做钟处日渐衰落；光绪时做钟处仅有两位师傅；1924年溥仪出宫后，做钟处使命终结，但仍有人在宫中从事钟表保养、修复工作。明清以来中国的制表业更多依托西方技术，借用或仿制西方钟表机芯、零件制作钟表，受到历史条件、科技和工业发展制约，未能形成独立自主的真正意义的中国制表业，因此也无从谈及生产具有知识产权和自主技术的中国钟表。中华人民共和国成立后，中国自主的制表业才逐渐发展起来，但与瑞士、日本等制表业发达国家相比仍有很大的上升空间。

颐和园收藏的瑞士、德国钟表非常稀少，可能与钟表发展、贸易往来及颐和园的历史、功能有关。颐和园的前身清漪园始建于乾隆十五年（1750年），1860年被英法联军焚毁，光绪十二年（1886年）开始修缮，光绪十四年（1888年）正式更名颐和园，以供慈禧太后"颐养冲和"之用，园内陈设大多来自晚清内务府调拨、采办、寿礼等。十九世纪晚期，瑞士和德国怀表制作发展兴盛，皇家园林陈设并不需要怀表，更多为座表或座钟，因此皇家收藏的怀表更多收藏于故宫。颐和园收藏的钟表有少数德国座钟，带有德国传统钟表特色，中规中矩，一般为长方体，采用深色硬木钟壳，镶嵌镀金装饰，古朴中带有镀金装饰的华美。园中另一些钟表带有中西合璧风格，用欧洲钟表机芯制作中国传统造型、纹饰的钟表，一部分广作钟表，有机械动偶、转动水法功能；另一部分钟表较小，是将怀表嵌置在座架上的座表，怀表可以拆卸下来，也体现出中国这一时代的钟表特点。

颐和园收藏的一百余件钟表，包括五十余个样式，有英、法、美、德等外国钟表和少数国产钟表，种类并不齐全，数量也不算多，但是这些钟表足可作为十八世纪后期至十九世纪末世界钟表发展的历史缩影，也是中国宫廷生活、社会风尚、经济贸易、科技制造等方面的时代剪影。这些钟表成为宝贵的物质文化遗存和重要的历史见证。

参考资料

[1] 陈茫. 英国制表五百年. 中国钟表协会收藏研究委员会，2014.

[2] 徐莹:时过境迁——颐和园藏西洋钟表[J]. 收藏家，2015，（10）.

[3] 亓昊楠，王津. 我在故宫修钟表·瑞士钟表[M]. 故宫出版社，2018：30-31.

第二章

颐和园博物馆馆藏钟表简介

英国十八世纪铜镀金水法转花大象钟

  此钟长76厘米，宽50厘米，高140厘米，英国生产制造，共分三层。顶部装饰花插，嵌各式彩色水钻的带状铜饰塑造成瓶子的造型，中间嵌二针表盘，以罗马数字及阿拉伯数字标示时间。中部为铜镀金大象，装饰华丽，一印度风格人像单膝跪于大象头顶，大象四周有菠萝及旋转风车水钻装饰。底座以一圈红白水钻形成开光，内有自开门，上绘百姓生活场景，从画中的内框可看出门后藏有另一幅画；底座四角各饰一少年造型人像；四只铜镀金雄狮为底足，充满异域风情。此钟可奏乐，同时象眼、耳、鼻、尾均可活动，象身周围装饰亦可旋转。此钟为颐和园该类文物的典型代表，具有十八世纪英国钟表典型风格，装饰华丽，机械结构复杂，功能繁多，将科技与装饰艺术完美结合。

英国十八世纪铜镀金匣式钟

  此钟长20.5厘米，宽14厘米，高36.5厘米，由英国伦敦威廉姆森家族制作。外观整体似方匣，边框为铜镀金装饰，有四柱和四个洛可可卷草风格腿脚。上部略呈三角形，是哥特式建筑风格，方角处和顶尖装饰青金石圆珠，钟表顶盖可以向后开启，内置香水瓶、刀、剪、夹等化妆工具；前后两面嵌画珐琅女王头像，左右两侧嵌金星石圆片。钟表背部装合页，开启可见内部钟表，表盘用罗马数字标注，有"WILLIAMSON"及"LONDON"字样。钟表身呈方形，正面上半部分铜架间嵌椭圆形珐琅彩绘母鸡和小鸡风景画，珐琅画可向右打开，里面是一面镜子。钟表身下半部是玻璃面人物建筑风景画，绘画手法及题材富有浓郁的欧洲风情。钟表背面有双开门，内置机芯。此钟表上弦后有八音盒功能，钟表下半部分画面中人物可随音乐移动。威廉姆森（Williamson）是英国伦敦著名的制钟世家，该家族最为著名的是安妮女王时期的御用钟表匠约瑟夫·威廉姆森（Joseph Williamson）及十八世纪末的蒂莫西·威廉姆森（Timothy Williamson）。此钟颐和园收藏有一对。

英国十八世纪铜镀金四象驮厢匣式嵌水藻玛瑙八音座表

  此座表长19厘米，宽15厘米，高30.5厘米，由英国著名钟表世家詹姆斯·考克斯（James Cox）家族制造。座表整体铜镀金，呈方形台座式，分为上、中、下三部分，通体嵌水藻纹玛瑙。顶部盆栽形装饰，下方嵌有两针圆形表盘，用罗马数字标示时间，表盘可见"JAS. COX"及"LONDON"字样，外侧装饰有一圈水钻。中部柜式部分双开门可打开，内有水法玻璃柱及八音盒装置；两侧共四根带转花柱头、嵌彩色水钻支柱，另有镂雕金属花板与下部相连。下部四根支柱与中部相同，外部缀有五彩花形玻璃装饰，内有机芯，四只有头饰的大象托起座表四个底角。此座表颐和园收藏有一对。

英国十八世纪铜镀金宫殿式象鸟座表

　　此座表长24厘米，宽22厘米，高52厘米，由英国威廉姆森家族制作。座表整体铜镀金，西洋建筑式。顶部为一象鸟站立于似行星的球体之上。前后两面都有表盘，用罗马数字标示小时，用阿拉伯数字标示分钟，有制作者名款"WILLIAMSON"及"LONDON"字样。表盘下方有嵌彩色水钻的装饰。上部四角各有一女性上身铜像，面部表情略有不同，人像胸部向下以苕茛叶作为装饰，所塑形象似跪坐斜靠。中层为方形阁，装饰有西洋风景和驾驭大象的图案，左右两侧立有缀满水晶玻璃的象鸟，内有机芯。底座仿岩石结构，嵌有彩石，下方四脚为卷草形。

英国十八世纪铜镀金四柱八音水法座表

　　此座表长22厘米，宽15厘米，高42厘米，英国生产制造。座表整体铜镀金，台座式。顶部有花篮形装饰，周围四铜柱上方装饰铜鸟展翅欲飞。表盘位于中心，用罗马数字及阿拉伯数字标注时间。顶部与底座间装饰多条繁花铜饰。平台栏杆中心可见围攒一圈的水法柱。底座八边形开光内装饰乐器及花卉图案。底座四脚为兽爪形，以动物或动物爪子作为底足是英式钟表常采用的形式。此表颐和园收藏有一对。

法国十九世纪轮船式风雨寒暑表

  此表长45厘米，宽19.5厘米，高39厘米，法国生产制造，乌利文公司销售。此件钟表外观为汽船造型，甲板上有舵轮、烟囱、指挥炮塔等舰船部件。两个圆筒状可转动炮塔分别嵌有圆形两针报时表和风雨寒暑表；炮塔之间的烟筒嵌温度计，顶部有指南针。开动船尾舵，圆筒状炮塔按顺时针方向转动，船尾的驱动轮转动。船体两侧各垂有两条锚链和五个炮管，船舵前树有龙纹铜旗。底座由绿色大理石制成。这类钟表可能是专为宫廷定制的礼物。此类钟表颐和园收藏有五件。

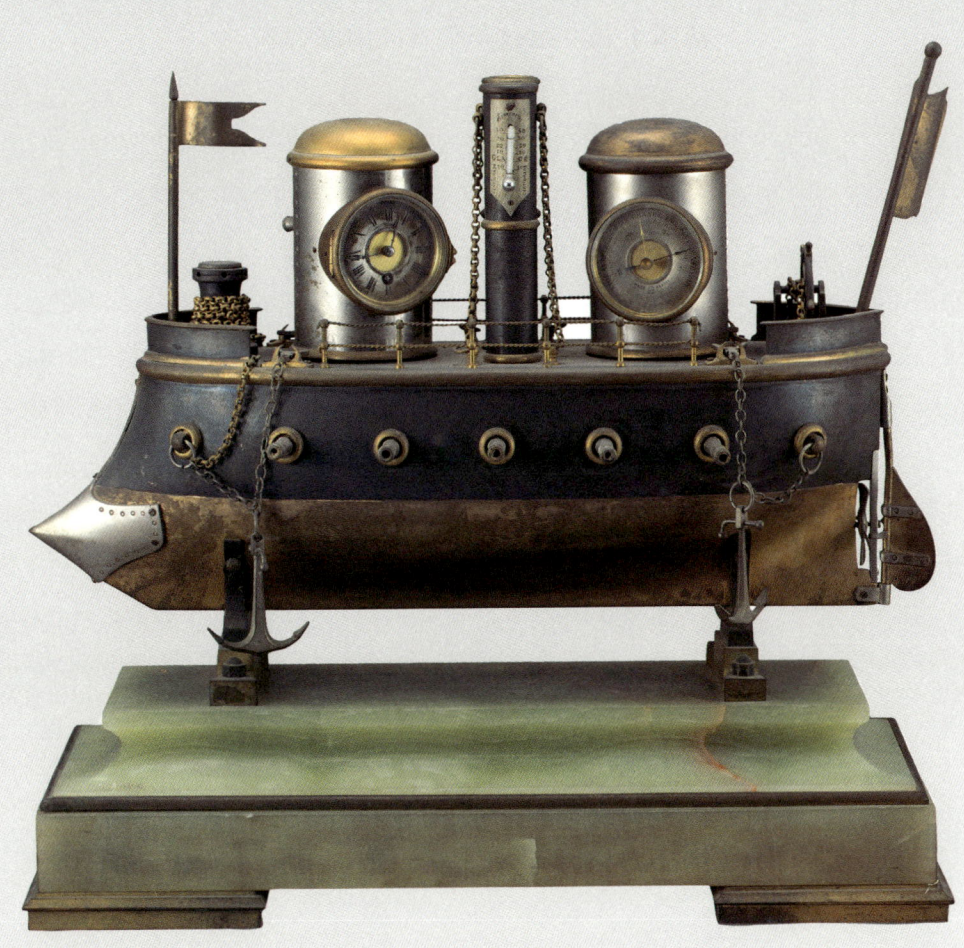

法国十九世纪火车头式风雨寒暑表

　　此表长51.9厘米，宽21.3厘米，高44厘米，法国生产制造，乌利文公司销售。此件钟表采用火车头造型，烟囱上嵌水银温度计，单位为华氏度；锅炉一侧嵌风雨寒暑表，用阿拉伯数字标注时间，有刻度线，下方有"ANEROID BAROMETER"及"MADE IN FRANCE"字样；驾驶室部分一侧嵌两针报时表，用罗马数字标注时间，有刻度线，表盘上有"J. ULLMANN & CO."及"HONG KONG SHANGHAI"字样；表底座为黑色大理石，设有铁轨。车头内有控制车轮转动的机械系统，上弦启动后，驱动杆带动车轮转动。此件钟表颇具法国工业革命风格，时代科技感十足。

法国十九世纪铜镀金嵌珐琅水钻八柱围屏式钟

　　此钟长45.5厘米,宽16.8厘米,高53厘米,由法国生产制造,乌利文公司销售。钟表整体为西洋建筑造型。顶部呈奖杯形,中部为亭式方钟,四面玻璃,两侧各有四根铜镀金嵌珐琅立柱,弧形展开呈围廊状,表盘悬于其中。表盘心蓝色珐琅之中饰几何及花卉纹。表盘用罗马数字标注时间,有时针和分针;正面有"J. ULLMANN & CO."与"HONG·KONG. SHANGHAI. TIENTSIN"字样。表盘外周一圈嵌白色水钻。背板有圆形商标,商标下方为"MADE IN FRANCE"字样。陀螺形六足。此钟颐和园藏有一对。

法国十九世纪铜镀金画珐琅八柱围屏式钟

此钟长45.5厘米,宽17厘米,高52厘米,法国生产制造,乌利文公司销售。钟表整体为西洋建筑造型。顶部呈奖杯形,中部为亭式方钟,四面玻璃,两侧各有四根铜镀金嵌珐琅立柱弧形展开呈围廊状,表盘悬于其中。表盘心蓝色珐琅之中饰几何及花卉纹,表盘以罗马数字标注小时,以阿拉伯数字标注分钟,设有时针和分针,有"J. ULLMANN & CO."与"HONG KONG SHANGHAI"字样,附水银摆,陀螺形六足。

法国十九世纪铜镀金嵌珐琅彩石八柱围屏式钟

此钟长44厘米，宽14厘米，高54厘米，法国生产制造。钟表整体为西洋建筑造型。顶部呈奖杯形，中部为亭式方钟，四面玻璃，两侧各有四根铜镀金嵌珐琅立柱弧形展开呈围廊状，表盘悬于其中。表盘心蓝色珐琅饰几何及花卉纹。表盘用罗马数字标注时间，无刻度，标有"SENNET FRERES"与"PARIS-CHINE"字样。附圆形珐琅摆，绘有女士头像。钟表整体多处嵌红白两色水钻。背面印有圆形商标，商标下方为"MADE IN FRANCE"字样，陀螺形六足。此钟颐和园藏有一对。"SENNET FRERES"是十九世纪末到二十世纪初在中国经营钟表、珠宝的贸易公司。

法国十九世纪铜镀金嵌珐琅水钻六柱座钟

此件座钟长25厘米，宽17厘米，高40厘米，法国生产制造。座钟整体铜镀金嵌珐琅装饰，西洋建筑造型。顶部呈奖杯状。顶部、表盘、钟摆、立柱、底座皆嵌珐琅为装饰。共六柱，其中四柱柱头为花篮形状。上下两处带状珐琅面绘有造型不一、两两相对的天使图案。表盘悬于中上部，用罗马数字标注时间，有"SENNET FRERES"及"PARIS. CHINE"字样。表盘等处所嵌装饰物均为料石所制，仿钻石样式。钟体左右两侧有女子画像，画中女子立于亭中，神态自然。背板有圆形商标，商标下方为"MADE IN FRANCE"字样。此钟颐和园藏有一对。

法国十九世纪铜镀金嵌珐琅六柱座钟

此件座钟长26.9厘米,宽16.5厘米,高45厘米,法国生产制造,乌利文公司销售。整体铜镀金嵌珐琅装饰,西洋建筑造型。顶部呈奖杯状。顶部、表盘、钟摆、立柱、底座皆嵌珐琅为装饰。共六柱,皆装有花卉形柱头。表盘悬于上部,用罗马数字标注时间,有刻度线,表盘上有"J. ULLMANN & CO." "HONG·KONG. SHANGHAI. TIENTSIN"字样。下方悬挂水银平衡摆。背面印有圆形商标,商标下方为"MADE IN FRANCE"字样,陀螺形六足。此钟颐和园藏有一对。

法国十九世纪铜镀金嵌珐琅亭式四明钟

此钟长23厘米,宽16厘米,高43厘米,法国生产制造,乌利文公司销售。整体为四柱亭式造型,四面透明玻璃,顶部呈奖杯状。奖杯顶部、表盘面及两立柱以画珐琅装饰,绘有天使、花卉等图案。钟表上部顶盖、表盘四周、底座上部为錾胎珐琅装饰。表盘位于中上部,用罗马数字标注时间,数字四周有描金纹饰,表盘上有"J. ULLMANN & Co""HONG·KONG. SHANGHAI. TIENTSIN"字样。表盘后挂画珐琅天使图案圆形摆。背面圆形商标,有"MEDAILLE D'ARGENT L Marti et Cie 1889"字样,下方为"MADE IN FRANCE"字样。此钟颐和园藏有一对。

法国十九世纪铜镀金嵌珐琅两柱四明钟

此钟长19厘米,宽14厘米,高35厘米,法国生产制造。整体铜镀金嵌珐琅。顶部呈长方形,中心微凸,随形装饰花卉纹珐琅。两柱、表盘外围、钟摆、底座装饰花卉纹珐琅面。表盘白底,以罗马数字标注时间,附水银摆。底座微收后呈不规则阶梯状逐渐变宽,增强视觉上的立体感。前后两扇玻璃门皆可打开。背板上有圆形商标,下方为"MADE IN FRANCE"字样。此钟颐和园藏有一对。

法国十九世纪铜镀金嵌珐琅圆亭式钟

　　此钟直径18厘米,高28.5厘米,法国生产制造。整体铜镀金嵌珐琅,圆亭造型。顶部呈圆盘形,圆圈纹逐渐向外扩散,似水纹波动。上顶、亭柱、表盘、钟摆等部位皆装饰錾胎珐琅。表盘两针,内外圈皆用阿拉伯数字标注时间。附水银摆。背面有圆形商标,下方为"MADE IN FRANCE"字样。

法国十九世纪铜镀金嵌珐琅六柱圆亭式钟

此钟直径17.7厘米，高39厘米，法国生产制造。整体铜镀金嵌珐琅，圆亭造型。顶部似穹顶，顶尖有转轮形装饰。中部六柱对称排列，嵌珐琅。表盘位于支柱之中，用罗马数字标注时间，装饰简约。底部圆形底座。背面外壳可打开。背板有圆形商标，有"MADE IN FRANCE"字样。此钟颐和园藏有一对。

法国十九世纪塔式座钟

此件座钟直径29厘米,高92厘米,法国生产制造。整体仿水塔造型,分为上中下三个部分。上部为风雨寒暑表,用阿拉伯数字标注;右侧可见缺失表体的温度水银表,温度单位采用摄氏度。中部为两针钟表,用罗马数字标注时间。机芯背板上刻有"L.R""BREVETE S.G.D.G"字样,有圆形商标。底座为黑色大理石。塔身除表盘下方小门可打开外,其余皆为装饰,不能打开。

法国十九世纪铜镀金锚架玻璃球挂表

此表长13.2厘米,宽13.2厘米,高26厘米,法国生产制造。锚形架上悬挂玻璃球挂表。玻璃球挂表装饰有一圈蓝白玻璃水钻,表盘用罗马数字标注时间,有"P. KIERULFF & CO PEKING"及"MADE IN FRANCE"字样。另有一用阿拉伯数字标注的小秒盘。底座为绿色大理石,四足呈球形。此表颐和园藏有一对。

法国十九世纪石座飞鹰风雨寒暑表

　　此表长23厘米，宽13厘米，高43厘米，法国生产制造。整体呈塔形。顶部为一只铜镀金雄鹰，双翅伸展，口中衔活环指南针，手持水平可指方位，垂下可配合整体装饰。中部黑色柱身装有水银温度计。底座为白色大理石，正中嵌两针报时表，表盘以罗马数字标注时间。此表颐和园藏有一对。

美国十九世纪末至二十世纪初铜镀金亭式座表

此座表长11厘米，宽12厘米，高25厘米，美国安索尼亚公司生产制造。整体铜镀金，六角亭造型。洋葱形顶部装饰月牙标志，具有典型的伊斯兰风格。整体呈六棱形，顶、柱、栏杆皆装饰花纹。表盘嵌于柱间，用罗马数字标注时间，有"Man'fd by Ansonia Clock Co. U.S.A"字样。表盘背面刻有"ANSONIA CLOCK CO PATD MAY 3RD 1892"字样。此座表颐和园藏有两对。

美国十九世纪末至二十世纪初铜镀金两柱亭式座表

此座表长14.5厘米,宽9厘米,高17厘米,美国生产制造。整体铜镀金。顶部奖杯形装饰立于弧形顶之上,对称花卉纹饰分别由两侧转钮向中心伸展。中部以两柱作为支撑。两针报时表盘悬于支柱之间,用阿拉伯数字标注时间,中心有对称花卉图案。底座由四个花瓣形足支撑。此表颐和园藏有一对。

美国十九世纪末至二十世纪初铜镀金瓶式座表

此座表高17厘米,由美国生产制造。整体铜镀金,方瓶造型。瓶顶部花草铜饰似插于瓶中,瓶颈部有垂花纹饰。表盘置于瓶体正中,用罗马数字标注时间,中部有对称的花卉图案。瓶身两侧有盘龙。底座饰金龙出云,四脚呈卷草状。整体设计极为精巧,是颐和园收藏美国钟表的精品。此座表颐和园藏有三件。

美国十九世纪末至二十世纪初铜镀金少年持扇表

　　此表长17.5厘米，宽9.7厘米，高13厘米，美国生产制造。整体铜镀金。上部呈扇形，二针表盘用罗马数字标注时间；表盘中心有对称花卉纹饰，表盘周围环绕花苞纹饰；右侧饰蝴蝶，似正缓缓飞来；左侧一串垂饰由两种花卉组成。下部造型为一西洋少年席地而坐，少年双手持两侧扇骨，似正缓缓打开巨扇，头微抬面对表盘，似正沉浸其中。少年面向表盘而坐，作为底部支撑，左脚与一串花饰相接，接合处上部装饰营造出繁花锦绣由扇面穿过轻垂地面的感觉，既美观也增加了稳定性。

美国十九世纪末至二十世纪初铜镀金天使座钟

此座钟长19.5厘米，宽11厘米，高44.5厘米，美国安索尼亚公司生产制造。整体铜镀金。顶部为喷泉造型金属饰件，饰件中部正面嵌有玫瑰，周围以卷草及苕茛叶装饰。中部上方为两针报时表盘，罗马数字标注时间，表盘有方形图标，为安索尼亚公司商标，表盘下方有"Man'fd by Ansonia Clock Co. New York. U.S.A"字样。表盘下方为嵌画珐琅板，画中两个小天使手持结果的葡萄藤在空中飞舞嬉戏。四足为苕茛叶样式。

美国十九世纪末至二十世纪初铜镀金三枪挂表

此表长14厘米，宽14厘米，高31厘米，美国安索尼亚公司生产制造。整体铜镀金。顶部立有镀金旗帜，似随风飘扬。中部为三支步枪造型，枪上部刺刀交汇形成支架，架间挂有小号装饰及鼓形钟。表盘以罗马数字标注时间，表盘下方有"Man'fd by Ansonia Clock Co. U.S.A"字样。底座为铜镀金镂空三角形。此表颐和园藏有一对。

德国十九世纪末至二十世纪初黑漆木楼式镶铜饰座钟

　　此钟长43厘米，宽29厘米，高71.5厘米，德国生产制造。整体木壳嵌镀金铜饰。顶部有奖杯形铜饰，上部梯形凸起四面嵌有铜质花纹绶带，四角各装饰奖杯形铜饰。表身正面有四个表盘：上部左边为快慢调节表，有"SLOW""FAST"字样；上部中间表盘有"CHIME""SILENT"字样，为打鸣、静音调节表；上部右边表盘有"Chime on eight Bells""Chime on four Gongs"字样，为报时声音调节表，正面打八下钟或敲四下锣；下部大表盘为两针报时表，内外圈分别用罗马数字和阿拉伯数字标注时间。侧前方嵌有兽首垂花装饰，两侧嵌带人面铜板。底部正面嵌似老者头部铜饰。四足为兽爪形。此钟颐和园藏有一对。

十九世纪末自鸣鸟八音座钟

此件座钟长24.5厘米，宽16厘米，高52厘米，整体铜镀金，西洋方亭造型，三面嵌玻璃，后背封铜镀金背板，附底座。顶部及上面四角有奖杯形装饰。钟表机芯和表盘悬于亭内，附有蝴蝶摆。亭内背景图案为彩绘森林，亭内有蓝色雀鸟立于花木之上，形象生动，色彩鲜明。上弦启动后，先打乐，乐声之后鸟鸣，同时张嘴、摆头、摇尾，栩栩如生。钟表立框边饰条带状几何形花卉纹饰。底座上边装饰花叶纹样，底座面装饰美杜莎立体图案。陀螺形四足。此钟颐和园藏有一对。

十九世纪末绿色箱式挂表

此表长7厘米,宽4.7厘米,高10厘米,提箱造型。上部装饰镀金相连圆珠式提梁,四面外凸。顶部呈椭圆形,正面及两侧似拱门形状,各相连部分以镀金圆弧锯齿状薄片装饰。正面玻璃可打开,内悬倒扇形绿玻璃表一件,表盘用罗马数字标注小时,点金色圆珠标注分钟。背面绘一白色天鹅;底部有四足。

十九世纪末铜镀银月份牌式表

此表高12.2厘米,提灯造型,顶部有提梁。中部玻璃内可见两组翻牌,上方为小时,下方为分钟。此表的表现方式类似日历,设计巧妙,整体素面无纹饰雕琢,干净简洁。此表颐和园藏有三件。

十九世纪末玻璃海棠叶式座表

　　此表长16厘米,宽11厘米,高22厘米。海棠叶形外壳为玻璃制造,将表盘包裹其中。海棠叶外侧为粉色,向中间渐变为绿色,制造时将绿、粉两色玻璃料棒加热融化后塑形。表盘位于正中,饰金花,用阿拉伯数字标注时间。底座及钟表机芯部分的玻璃为分开制造,加热粘接。此表颐和园收藏有一对。

| 第三章 |

颐和园博物馆馆藏钟表修复

铜镀金匣式钟

| 简介 |

此钟为英国阁楼式座表,整体造型显示出十分典型的洛可可风格,湖绿色楼体配铜镀金构件,高贵典雅。钟正反两面装饰西洋女性和乡村风光的珐琅画,还设有古堡风景舞台装置,极具浪漫风情。(如图3-1所示)

钟匣内含十八件化妆工具,从整体造型和内含物来看,它的主人应是一位女性。

图3-1 铜镀金匣式钟修前(左)和修后(右)

| 鉴伤 |

钟表整体多处磨损、生锈，污渍明显；表面嵌件缺失数处；底部边框装饰物一处缺失，一处松动变形，一处脱落（原件在座表柜门内发现）；镜门松动、闭合不严；腿足松动不稳。侧面玻璃有开裂。内含物中，剪刀开焊。钟表局部有焊接痕迹，证明曾被修复过。

图3-2　铜镀金匣式钟修中

| 修复 |

用刷子和酒精清理钟表内外积尘及污渍，表面除尘后再仔细清理座表内部。加固松动的腿足及边饰，并将脱落的装饰构件还原。调整镜门，使其扣合严密。焊接剪刀，将其复位。修复后，座表恢复了初始外观和机械功能。（如图3-2和图3-3所示）

图3-3　铜镀金匣式钟修后机芯

玻璃海棠叶式座表

| 简介 |

此件座表整体造型为海棠叶状,浅粉、乳白、淡绿的玻璃交织成趣,配合金光熠熠的表盘,展示出轻柔甜美的风格。海棠叶舒卷自然,栩栩如生,显示出制表匠人高超的工艺水平。

| 鉴伤 |

座表周身有尘土,后壳出现有害锈,玻璃外壳边角有破损和缺失,机芯内部发条完全折断。

| 修复 |

先进行外部除尘,由于玻璃材质相对稳定,只需用潮布和棉签擦拭;然后打开机芯外壳,仔细拆卸下所有零件,用煤油清洗,并用小钢刷和砂纸打磨除锈,将各种有害锈去除干净,上油抛光至乌亮状态,以免将来锈蚀加重破坏零件;最后用吹风机吹干。替换折断的发条,替换下的发条单独打包,作为实物资料妥善保存。调试机芯并重新安装调试使之恢复原状。修复之后,座表恢复了原貌和走时功能。(如图3-4和图3-5所示)

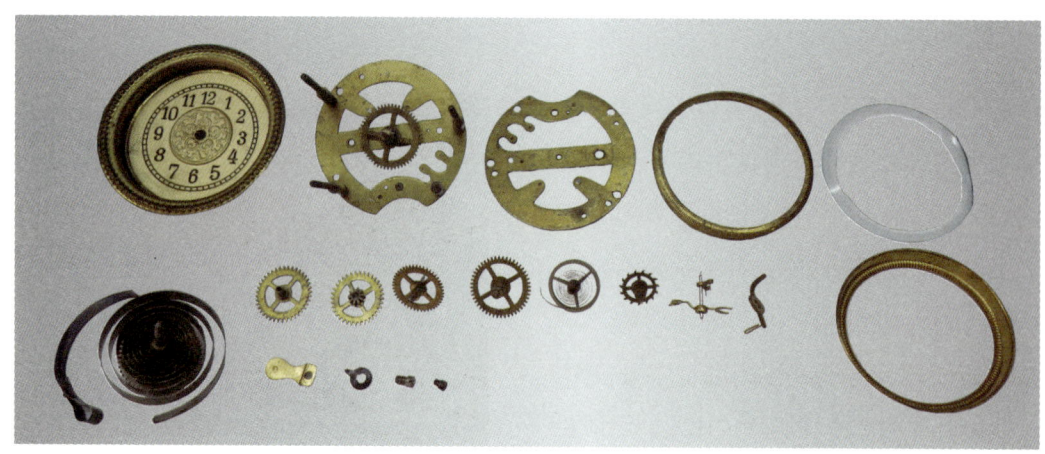

图3-4 玻璃海棠叶式座表零件

第三章 颐和园博物馆馆藏钟表修复 99

图3-5 玻璃海棠叶式座表修后正面（左）和背面（右）

轮船式风雨寒暑表

| 简介 |

此件寒暑表为法国十九世纪钟表，体现了强烈的工业风格。这种样式的钟表在清代宫廷收藏中并不罕见，一般轮船甲板的两个圆柱上分别设置二针表和风雨表，中间的烟囱上安置温度计和指南针，具有很强的实用性，也从某种程度上体现出十九世纪的世界风貌。

| 鉴伤 |

此件钟表的温度计中部断裂错位，断损处有细微缺失。（如图3-6所示）

| 修复 |

采取临时抢修的方式粘修加固，拼接断裂部位，并在接触点用点灌的方式进行初步抢救以便参展。搬运时须保持安稳。展览结束后，卸取温度计，进行系统修复。

预想的修复方式为用文物级环氧树脂类修复剂补损，通过多次试验，选出和温度计玻璃折射率相近的制剂，这样既可以保证外观的完整性，亦可以后使用还原剂进行可逆性操作。（如图3-7、图3-8和图3-9所示）

图3-6　轮船式风雨寒暑表修前

图3-7　轮船式风雨寒暑表修中

第三章　颐和园博物馆馆藏钟表修复　101

图3-8　轮船式风雨寒暑表修后

图3-9　轮船式风雨寒暑表修后细部

珐琅四柱方钟

| 简介 |

此件方钟为清代道光年间钟表，法式四明钟造型，配有珐琅圆柱、青玉石上顶和底座，珐琅和青玉石两种元素与铜镀金构件辉映，体现出十分典型的宫廷风格。大明火珐琅二针钟盘，明亮清晰，其上罗马数字简约大方，与盘周的珐琅缠花图案形成了强烈对比，给人大气而不失精致的感觉。

| 鉴伤 |

此件方钟整体状况良好，表面有尘土、污渍、铜锈等。

| 修复 |

用毛刷进行外部除尘，之后用棉签蘸酒精清理顽固的污渍。为了能够更合理地保护此类文物，拟采取定期除尘检查的办法，发现问题及时处理，并尽可能保证展览、运输和储存环境干净无尘。（如图3-10和图3-11所示）

图3-10　珐琅四柱方钟修后

图3-11 珐琅四柱方钟修后细部

红釉洋瓷座钟（一式两件）

图3-12 红釉洋瓷座钟修后

| 简介 |

钟1修前外观相对完好，整体造型为修长高座式样，线条流畅，红棕色底，设叶状起伏图案，描金边以破除沉闷，观之简洁而不失意趣。正面有二针时钟，阿拉伯数字标识，清晰舒朗。其侧有签，印"北平市管理颐和园……""新编 第一一二二号……"。其背有三随签，一写"一对""颐和园管理处清点号笺""总号 第554号""原号 第472号""1950年7月9日"；一写"472""32 11 15"，应是1932年对其进行首次标识；另一小签模糊不清。（如图3-12所示）

钟2破损严重。正面有签，写"12494"；背面有签，写"颐和园革命委员会""1970.5""类别 钟表""分号79""总号386""两件"；侧面有签，写"……讫""民国二十一年9月九日"等。

| 鉴伤 |

钟1保存相对完好，表面有尘土、污渍、铜锈等。

钟2外壳残损，断裂多处，有缺失，并有脱漆、脱彩、脱金状况。背衬布有残损，且污渍明显。内部机芯零件错位，钟摆缺失。

| 修复 |

钟1，用刷子对座钟外部除尘，之后用棉签蘸酒精清理污渍。

钟2，进行常规除尘，整体清洁机芯并调试，以最大程度恢复钟表的运作功能。因无法找到关于此钟的历史资料，所以暂时无法对缺失的钟摆进行补配。在外观上，采用灌胶的方式粘接断开之处，分别在背衬和脱漆的地方用鱼胶和虫胶，以滑石彩补配缺失的部位，并随色做旧，在确保可逆性与最小干预的前提下，恢复外观的完整性。（如图3-13所示）

图3-13 红釉洋瓷座钟修中

两柱雕花座钟(一式两件)

| 简介 |

英式铜镀金钟表外观大量使用"S"纹、"C"纹及花叶纹等装饰,显示极具戏剧感与运动感的巴洛克风格,充分展现了皇家气息。两柱雕花座钟顶部、底部均设青色洋玉,华丽而不失稳重。(如图3-14所示)

| 鉴伤 |

座钟1表面污损严重,钟托、背板均缺失,顶部及底部的洋玉开裂。机芯因内部零件错位不能运转。观察发现有前人修复的痕迹,但没有文字资料,无法判断是何时何人所修。座钟2框架整体变形,背板处螺丝缺失,同样有前人修复的痕迹。

图3-14 两柱雕花座钟修前(左)和修后(右)

| 修复 |

修复方案为将座钟2的背板安装到座钟1上,再将两件钟表的机芯对调,重新安装并调试。

首先将钟表外部拆开,用棉签、除尘布、清水、酒精等工具进行外观除尘;之后拆解机芯内部,将零件上的油泥清除干净并彻底烘干;重新安装,上钟油并调试,使其恢复初始运转功能。(如图3-15和图3-16所示)

图3-15　两柱雕花座钟修前细部

图3-16　两柱雕花座钟修中

木边镶铜花八音座钟

图3-17 木边镶铜花八音座钟修前破损

图3-18 木边镶铜花八音座钟修后细部

| 简介 |

此件座钟整体造型为楼阁式，方正规矩，端庄挺秀。整体框架为木制，观感上较铜制外壳钟表朴素，含蓄而不失精彩，其上铜镀金装饰、顶帽、腿足，与深色木楼辉映成趣。表盘上錾刻洛可可式卷草，生动流畅，装饰效果极强。

| 鉴伤 |

钟表整体有污渍及铜锈，外框前门合页松动，还有一侧的铜网因开胶脱落。

| 修复 |

首先进行外部除尘，用毛刷仔细清理座钟外表的尘土，再用棉签蘸酒精溶液擦拭有污渍处，并及时干燥；然后用液状胶粘接脱落的铜网；最后将松动的合页恢复。（如图3-17和图3-18所示）

总结这次的修复工作，文物处于恒温恒湿的环境中十分必要，古钟表文物涉及多种材质，且文物一体，不可拆分，故在适中的温湿度环境中保存十分必要。另外，光照、灰尘、污染气体浓度等诸多环境因素都会对文物保存造成一定程度的影响。在日后的维护工作中应多注意上述问题。（如图3-19所示）

图3-19 木边镶铜花八音座钟修后

木壳方钟

图3-20 木壳方钟修后局部

| 简介 |

此件方钟整体造型疏朗挺拔，木构件装饰制工考究，暗色木楼配以白色大明火珐琅表盘和钟摆，显得格外明晰大方。表盘上有汉字"亨得利"。"亨得利"指1915年浙江定海人王光祖等人集资在江苏镇江创办的钟表眼镜商店，名取"生意亨通，利市百倍"之意。由于经营有方，此店后来在上海、北京、天津、南京、沈阳、郑州等大城市开枝散叶。

| 鉴伤 |

此件方钟年久失修，木壳碎裂，残缺严重，背面完全脱落，嵌件缺失，钟摆脱落，机芯部分有污渍和机油油泥。

一般而言，主体木楼缺损、结构出现断裂是因为木制文物遇冷、热、干、湿环境变化产生裂、扭、胀、缩等情况，同时古代所用的胶粘剂也会随时间的流逝逐渐失效，加之长久暴露，积攒的灰尘又会加剧干裂、腐朽程度。构件的松脱与缺失，包括铜制与螺钿装饰的松脱和缺失，原因在于不同材质对温湿度的感应不同。热胀冷缩和胶粘剂老化造成松脱，储藏和搬运不当会造成构件缺失。

| 修复 |

先用铜刷子轻轻拂去方钟表面污渍和灰尘，再用文物级专用除尘棉签蘸酒精擦拭，将细小角落的灰尘清理干净。

打开机身，清理内部机芯油泥。清洗过程中，先将发条从发条盒中取出，将之整体浸泡在煤油中，并用钢刷除去污迹、锈迹。清洗完毕后，将发条展开，上油，以保证发条在之后工作中的可靠性。其他零件均要用煤油清洗，并用钢刷和砂纸打磨除锈，将各种有害锈去除干净，以免将来锈蚀发展破坏零件。全部零件清洗完毕后，用吹风机吹干，然后排列整齐并进行修中拍摄记录。（如图3-20、图3-21和图3-22所示）

重新组装，反复调试使之恢复原状。

通过对外壳和机芯的分别修复，此钟在一定程度上恢复了初始样貌和机能。

图3-21　木壳方钟修中机芯

图3-22　木壳方钟修中拆解

自鸣鸟八音座钟

| 简介 |

此件座钟为清代道光年间钟表。三段阁楼式造型，洛可可式样的装饰散布于楼体之上，显示出精巧柔美之感。中部外壳有镂空纹饰。表盘为三层同心圆设计，由内而外分别为素面铜制、白色珐琅及花卉纹铜制，层层呼应，生动富丽。最出彩处莫过于表盘下端的舞台装置，一只蓝色小鸟伫立其中，当机械结构运转时，隐藏于钟表内部的气囊会挤压成声，鸟喙也会随之开合，仿佛小鸟在林中歌唱。

| 鉴伤 |

由于长期存放于库房，钟表面有尘土、污渍、铜锈等。（如图3-23所示）

| 修复 |

用刷子进行外部除尘，之后用棉签蘸酒精擦拭污渍。仔细检查，将脱扣的螺丝拧紧，恢复座钟原貌。（如图3-24所示）

古钟表文物材质多样，因此对保护修复与储存条件都有相对严格的要求。首先，不同材质对温度、湿度的要求皆不同，长期保持在恒温恒湿的环境中十分重要，如金属类文物存储的相对湿度不应超过45%，且须防范空气中的硫、臭氧等气体。其次，由于库房、展室及运输都并非全然封闭，因此防范空气中的有机颗粒也十分必要，否则会增加细菌和霉菌等微生物的寄生。根据经验，建议将钟表类文物存放在温度15℃~20℃，相对湿度50%±5%的环境中，并注意日常的卫生清洁，如用吸尘装置清扫室内，并定期用专业的除尘布轻拭文物表面，等等。

第三章　颐和园博物馆馆藏钟表修复　113

图3-23　自鸣鸟八音座钟修前正面（左）和背面（右）

图3-24　自鸣鸟八音座钟修后正面（左）和背面（右）

铜镀金瓶式座表

|简介| 见本书第76页。

|鉴伤|

此件座表外部有灰尘、污渍,还需将机芯拆开检查内部结构。

|修复|

首先进行钟表外壳除尘,之后清理机芯处污垢和油泥。将机芯全部拆散,发现零件均完好,判断钟表不能运转的主要原因是欠缺清理。

将零件全部清理后调试机芯,重新安装,使座钟恢复原状。(如图3-25和图3-26所示)

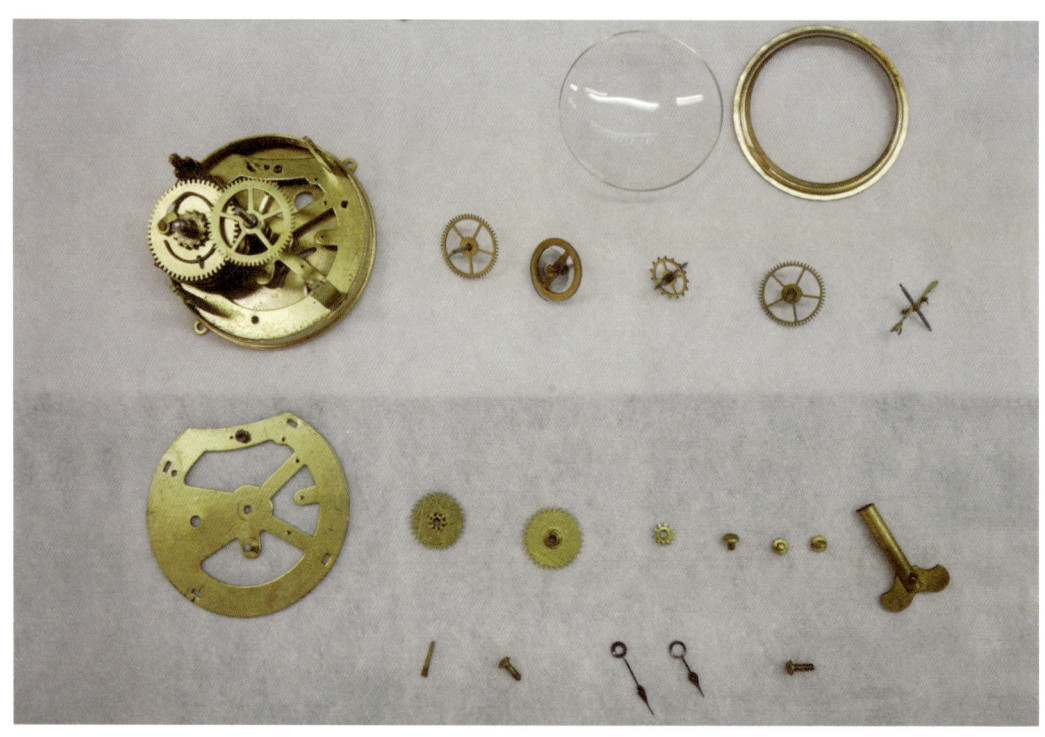

图3-25　铜镀金瓶式座表修中

图3-26 铜镀金瓶式座表修后正面（左）和背面（右）

铜人小座表

图3-27 铜人小座表修前细部

| 简介 |

此座表由美国安索尼娅公司生产制造。座表整体造型为一西方女子形象，女子双手托举一鼓形器物置于头顶。该器物一面为表盘，用罗马数字标示时间，装饰五瓣花纹，下方有"Man'fd by Ansonia Clock Co. U.S.A"字样；另一面可上弦。

| 鉴伤 |

此件座表外部有灰尘、污渍、铜锈，需要清理，还需将机芯拆开检查内部结构。（如图3-27所示）

| 修复 |

修复方案为外部除锈和对机芯进行保护。

先将机芯取出，用酒精去除外部尘土、污渍，用洗金水去除器物外部锈渍。观察机芯，发现其功能完好，可以良好运转，重新安装机芯，使座表恢复原状。（如图3-28所示）

图3-28 铜人小座表正面（左）和背面（右）

铜镀金少年持扇表

| 简介 | 见本书第78页。

| 鉴伤 |

此件座表外部有灰尘、污渍、铜锈,需要清理,还需将机芯拆开检查内部结构。

| 修复 |

修复方案为外部除锈和机芯保护。

先将机芯卸下,后用棉签蘸酒精进行外部除尘去污,有铜锈处用洗金水清理。钟表外部除锈完毕,观察机芯,发现机芯功能均完好,可以良好运转。用烘干机将所有零件烘干至无残留的水分,将机芯安装还原,恢复座钟原貌。(如图3-29和图3-30所示)

图3-29 铜镀金少年持扇表正面修前(左)和修后(右)

图3-30 铜镀金少年持扇表背面修前(左)和修后(右)

铜镀金四柱八音水法座表

| 简介 | 见本书第42页。

| 鉴伤 |

此件座表整体有污渍,并有积灰;水法构件有一处脱落;底座装饰物错位,可能有部分缺失;残存修复痕迹;底座分针断损。

| 修复 |

修复方案是,对钟表进行整体外部除尘;恢复水法构件,复位底座装饰物。不排除将座表拆开重组、恢复水法构件的可能。

在修复过程中,先进行整体外部除尘,使外观恢复原状;将水法构件复位,且恢复底座的装饰物;补配缺失的一枚螺钉,使其可以稳固座表整体结构。(如图3-31所示)

图3-31 铜镀金四柱八音水法座表修后正面(左)和背面(右)

铜镀金水法转花大象钟

| 简介 | 见本书第34页。

| 鉴伤 |

此件钟表的主要问题是钟表底座处纸质彩绘装饰板破损起翘，松动不牢。

| 修复 |

修复方式较简单，即用胶点灌加固。

实际修复过程中，先拼对起翘的部件，从缝隙处点灌胶液，并用棉签按压至粘接牢固。（如图3-32、图3-33和图3-34所示）

图3-32　铜镀金水法转花大象钟修中

图3-33　铜镀金水法转花大象钟修前细部

图3-34　铜镀金水法转花大象钟修后细部

铜镀金宫殿式象鸟座表

| 简介 | 见本书第40页。

| 鉴伤 |

表盘珐琅有破损,需要修补。应拆卸、清理、安装并调试机芯,恢复各项功能。

| 修复 |

取出机芯,完成分解工作,用煤油清洗各零件,晾干后仔细检查,发现零件全部完好无损,无须修复,安装调试完成后,钟表已恢复走时、表演、音乐等各项功能。(如图3-35和图3-36所示)

图3-35 铜镀金宫殿式象鸟座表修中细部一

图3-36 铜镀金宫殿式象鸟座表修中细部二

珐琅四柱小圆座钟

| 简介 |

此件座钟为铜铸柱形结构，上下为罗马柱头，柱头中间有类掐丝珐琅装饰，蓝底二方延续纹样，中式风格。制作这类纹样一般是将掐丝焊在铸造外框里，然后填充釉料，但有时样本小，不容易操作，便在铸造的时候就将纹样同时做出，这样虽会造成边缘不整齐且比掐丝粗很多，但为大批量生产提供了很多便利。

柱体前后有等宽镶铜边嵌透明玻璃门，两边为铜柱嵌透明玻璃，铜柱上有珐琅装饰片，装饰片上为不规则中式花卉。

表盘铜胎画珐琅，外有一周珐琅装饰，为蓝白相间中式纹样。

| 修复 |

文物表面有污渍、尘土、铜锈，先将钟表机芯卸下，用酒精清理尘土、污渍，用洗金水去除有害锈并及时用洁净的抛光布干燥，之后重新安装机芯，使座钟恢复原状。（如图3-37所示）

图3-37 珐琅四柱小圆座钟修后

木制嵌铜花山石人物楼阁座钟

| 简介 |

此件座钟为上下结构。上部为仿真置景中式庭院，中间较为醒目的是金色亭子上的四字匾额，亭子周围有树木和假山，装饰手法不同于十八世纪钟表，应是后期制作，台面上装饰了一些人物，有垂钓者和打鼓表演者。下方箱体中间为走时表盘，左右各有山水画对应上方置景；箱体外侧还有铜镀金浮雕镂空装饰；箱体内部放置机芯。

| 鉴伤 |

器物整体积灰严重，有修复痕迹；楼阁、山石多可移动，未固定在底座上；有多个散落的零部件，位置待考证分析；人偶及水法运动装置有缺失；山石表面脱彩，散乱堆叠，底部有留存胶；亭子木背板中部开裂，粘接错位，镂空铜门窗有锈；松树根基不稳，枝叶断折变形，部分脱落；机械曾被修复并更换了部分构件；钟座栏板和边条局部断损缺失。（如图3-38所示）

| 修复 |

整体除尘：用吸尘器初步清理后，用牙刷、棉签等工具仔细除尘；机芯零件用煤油浸泡，去除其间的灰尘及油泥。

除锈封护：为防止锈情蔓延或再生，先以金属清洁抛光膏擦除锈迹，之后用2%的B72封护。

粘修散件：用鱼胶粘修脱落的栏板、门板及人偶配件。

矫形加固：填补修复树根；加固树干并补色；对散落变形的树叶进行重排、连接及矫形。

还原山石：依据胶印拼对零散的山石。（如图3-39所示）

第三章 颐和园博物馆馆藏钟表修复 123

图3-38 木制嵌铜花山石人物楼阁座钟修前

图3-39 木制嵌铜花山石人物楼阁座钟修后

红釉洋瓷座钟

| 简介 |

此件座钟整体为瓷胎烧制，可判定外部上亮红色珐琅釉，边角处有金漆涂层，这是受十九世纪出口回流热潮影响的产物。当时日本出口欧洲的七宝烧流行边缘涂金色釉料，在欧洲广受欢迎，在这个风潮下，瓷胎珐琅的工艺开始多了一步金色釉料的过渡。

此件座钟是重锤式结构，不同以往的是，这件钟表的表盘为金属表面搪瓷工艺制作，长时间放置，表面发黄且没有玻璃质感。

| 鉴伤 |

装饰挂件掉落，钟摆缺失。

| 修复 |

清洗外壳，再将机芯拆散，逐一清洗零件。将洗净后的零件重新组装。因无法找到此钟历史资料，所以无法对缺失部分进行有依据的补配。（如图3-40所示）

图3-40　红釉洋瓷座钟修前

铜珐琅方钟

| 简介 |

此件方钟整体为法式风格,铜制框架镶嵌类掐丝珐琅装饰片。顶部的圣奖杯造型是典型的欧洲风格装饰,珐琅装饰纹样也是中西结合。表盘为铜胎画珐琅。

| 鉴伤 |

表面有尘土、污渍、铜锈。

| 修复 |

首先卸下钟表机芯,用酒精清理尘土、污渍,有害锈用洗金水去除并及时用洁净的抛光布干燥,之后重新安装机芯,使方钟恢复原状。(如图3-41所示)

图3-41 铜珐琅方钟修前(左)和修后(右)

铜镀金四象驮厢匣式嵌水藻玛瑙八音座表

图3-42 铜镀金四象驮厢匣式嵌水藻玛瑙八音座表

| 简介 |

此件座表整体铜铸造框架，洛可可式宫廷风格，罗马柱上镶嵌玻璃仿水晶，四脚为中东风格大象造型。此件座表最突出的特点是每一处镂空都镶嵌了水藻玛瑙。原生矿物时期，水藻与隐晶质二氧化硅融合在一起，经过漫长地质作用，水藻本身结构腐化消失但玛瑙的结构填充进去，就形成了独特的水藻玛瑙。水藻玛瑙的出现说明此件座表是中西结合的作品，也是一件重新组装的作品。（如图3-42所示）

| 鉴伤 |

座表表面有尘土、污渍、铜锈；卸下钟表机芯，发现表盘珐琅有破损；开门内侧右镜面开胶松动；上半部分与下半部分连接处销子缺失。

| 修复 |

用酒精清理尘土、污渍，用洗金水去除有害锈并及时用洁净的抛光布干燥。对开胶松动的右镜面先清除开胶处原有胶，之后用酒精擦拭清洁，再用液态胶粘接恢复。重新安装机芯，使座表恢复原状。

铜镀金锚架玻璃球挂表

| 简介 |

此件挂表极具特色，从表盘处模糊字迹可看出是P. kierulff洋行销售的一款钟表。内部一件怀表机芯，从其上刻字可知机芯为进口。挂表外圈为蓝白相间的玻璃仿水晶镶嵌装饰。蛇纹石质岫玉为底座。

| 鉴伤 |

表面有尘土、污渍、铜锈。

| 修复 |

用毛刷进行外部除尘，而后用棉签蘸酒精清理局部污渍，使钟表恢复原貌。（如图3-43和图3-44所示）

图3-43 铜锚架玻璃球挂表修前细部

图3-44 铜锚架玻璃球挂表修后

铜柱珐琅连二方钟

|简介|

这是一件小巧的法式风格小钟表，双子结构，中间以温度计作为分隔，温度计上方标注英文"FAHRENHEIT"（华氏温度）。顶部有铁制指南针盘。双子结构左侧为大明火珐琅计时表盘，右侧为大明火珐琅晴雨表盘，可见主体部分是进口而来。珐琅装饰片的装饰为类掐丝珐琅，纹样为中式传统风格，可见珐琅装饰片有可能为本土制作。整件作品小巧，上方有提梁，可推测这件小钟实用性很强，可随身携带。

|鉴伤|

表面有尘土、污渍、铜锈。

|修复|

用毛刷进行外部除尘，而后用棉签蘸酒精清理污渍，使钟表恢复原貌。（如图3-45所示）

图3-45　铜柱珐琅连二方钟修后

铜镀银月份牌式表

| 简介 |

这是一件稀有的、可随身携带的小表,外观为柱状合金镶嵌圆柱透明玻璃,可清晰看见内部数字变动,在当时是十分奇巧的物件。从印章可看出这是当时CHRONOS品牌产品,而且拥有全球专利。十九世纪初的上海民间最早出现商业化的月份牌,以一种结合功能性与商业广告画的形式在市场流通。

| 鉴伤 |

表面有尘土、污渍、铜锈。

| 修复 |

用酒精去除钟表外部的灰尘和污渍,除锈完毕后及时吸走留存于表身的水分。(如图3-46所示)

图3-46 铜镀银月份牌式表修后

黑漆木楼式镶铜饰座钟

| 简介 |

此件大座钟为阁楼式木钟,黑色木制楼体上装饰铜镀金雕饰,内容有垂蔓、花卉、兽形足等,极具西洋风情。

| 鉴伤 |

表面有灰尘、污渍和铜锈;底座牙条脱落,原因是胶粘剂随着时间的推移慢慢失去黏性;座钟顶部有磕伤。

| 修复 |

先进行外部除尘,之后清除底座牙条原有胶质,以乳胶回粘,这样做可以在保证文物外观完整的前提下,最小化人为干预,保留更多历史信息。(如图3-47所示)

图3-47 黑漆木楼式镶铜饰座钟修后正面(左)和背面(右)

铜镀金方座钟

| 简介 |

座钟小巧别致，西洋建筑造型，表面满布起伏的纹样。尤其引人注目的是正面下方的女神头像，面容安宁，给人以平和安定的感受。这种有宗教意味的装饰，与当时传教士通过西洋"玩意儿"传教有很大关系。此件座钟在美学方面将"装饰时代"的"满、多、富贵"体现得淋漓尽致。

| 鉴伤 |

表面有污渍和铜锈；整体外壳氧化严重；有缺失嵌件的情况；有走时不准确的状况。

| 修复 |

分两部分修复。其一是外部除尘，用文物级修复材料，除去钟表外壳的灰尘与锈迹，使之发出乌亮光泽。其二是调整机芯，通过拆卸、清洗、组装、调试，一步步恢复机芯的初始功能。（如图3-48和图3-49所示）

图3-48 铜镀金方座钟修后

图3-49 铜镀金方座钟修中

楠木镶铜花大座钟

| 简介 |

此件大座钟整体造型为阁楼式,规矩方正。上端设计类似"孔雀开屏"的造型,与常见的广式"凤尾头"钟表有多处不同,在观感上更为华丽绚烂,给人结实稳定的感受。其正面的大明火珐琅表盘简约清晰,颇具实用感。

| 鉴伤 |

外部有灰尘、污渍、铜锈;一侧铜网脱落,另一侧铜网衬纸出现破损;一处牙条开胶脱落,这是因为胶粘剂年久失效。

| 修复 |

用毛刷除尘,并用棉签蘸取稀释后的酒精溶液去除顽固污渍,注意及时干燥。用液状胶将铜网粘接至原位;对牙条脱落处,先将原有胶质除去,再以乳胶粘接还原,两处胶未干时,皆以细绳捆绑固定,胶干后解开线绳,使此件钟表恢复原貌。(如图3-50和图3-51所示)

图3-50 楠木镶铜花大座钟正面

图3-51 楠木镶铜花大座钟背面

木壳楼式雕花座钟

图3-52 木壳楼式雕花座钟修中细部

图3-53 木壳楼式雕花座钟修后

| 简介 |

此件座钟为西洋小楼造型，楼体敦实厚重，进出分明，给人以刚劲有力之感。大量球型设计的运用，增加了巴洛克式风格的雄壮美，充分展示出十四世纪时代特色的延续，也从一定程度上体现出不同文化的相融相映。

| 鉴伤 |

座钟整体满布尘土和污渍，镀金件上锈迹明显。钟楼外壳有破损，后板缺失。

| 修复 |

先对钟壳进行整体除尘，而后将机芯取出，进行机械部分的维护。清洁锈蚀或油泥部位时，反复多次点油，待松动后再将其慢慢拆下。一边拆解，一边检查，检查的内容包括齿轮轴部上下两端是否完好，轴中心是否对称，是否需要栽齿，夹板的孔眼是否均衡等。此件座钟内部零件未见明显磨损痕迹，这与其严谨的结构设计是分不开的。（如图3-52和图3-53所示）

塔式座钟

| 简介 |

此件座钟整体为三段式瞭望塔造型，体现出典型的工业时代特色。与多数法国同时期的钟表一样，此件座钟设置计时表盘、温度计和晴雨表。这类钟表多数应用于航海，因此多为轮船、瞭望塔造型。（如图3-54所示）

| 鉴伤 |

钟表整体有明显积灰，金属部分有氧化现象，并可见小区域的有害锈。顶部有明显磕伤，顶盖出现扭曲。外部有胶粘痕迹，此钟可能被修复过。两处表盘蒙子、温度计及数枚螺丝均缺失，顶盖也不能关闭。

| 修复 |

本次修复工作分为两部分。其一是补配表蒙子，通过仔细测量计算与查阅资料，设定合适的尺寸，重新制作两处表蒙子，如此在恢复外观完整的同时，也对表盘起到了保护作用。其二是对钟表进行除尘和除锈并适当矫正顶盖，去除胶水渍，使之在一定程度上恢复初始外观。（如图3-55和图3-56所示）

图3-54 塔式座钟修后

图3-55 塔式座钟修前细部

图3-56 塔式座钟修中

铜架二柱方钟

| 简介 |

此件方钟为英国钟表,整体样貌体现出彼时典型的洛可可风格。亭阁式的整体设计、卷曲舒展的花叶、大量的"S""C"形纹等,无不诉说着安妮女王式的轻巧、甜美,充满在花园中嬉戏、约会的气息,这也是当时十分流行的贵族社交活动。

| 鉴伤 |

表面污损严重,金属部分出现有害锈,且发条无法使用。

| 修复 |

分别对钟壳表面和内部机芯的问题进行处理。在外观部分,用刷子和棉签清理表面灰尘,之后用洗金水清除有害锈蚀。在机芯部分,在拆卸机芯并清洗掉油泥后,重新安装各零件并调试,使本钟恢复初始的样貌和功能。(如图3-57和图3-58所示)

图3-57 铜架二柱方钟正面

图3-58 铜架二柱方钟机芯

铜镀金八宝纹座表

| 简介 |

此件座表造型华贵，蓝地衬金色镀金雕饰，其上佛八宝、回纹、卷草、苹果等吉祥图案体现人们对美好寓意的注重，这在清代后期是十分常见的。

| 鉴伤 |

外部有尘土、污渍和铜锈，机芯内部油泥厚重。

| 修复 |

对座表整体初步除尘后，取出机芯，分别对外观和内部进行维护。在外观方面，用酒精、蒸馏水和洗金水仔细擦拭，去除锈渍后除净残留液，使铜镀金部分呈现盈润厚重的光泽。在机芯方面，通过拆卸、清洗、组装和调试使之恢复运转功能。只有对零件清洗得当，才不容易很快产生新的锈蚀，因此不仅要用铜刷刷过每个零件的细小部位，还要用细砂纸打磨齿轮的齿隙、轴孔、轴尖等部位。（如图3-59和图3-60所示）

图3-59　铜镀金八宝纹座表底面

图3-60 铜镀金八宝纹座表正面（左）和背面（右）

| 第四章 |

故宫博物院与颐和园古钟表联合修复室合作修复铜镀金升降塔钟纪实

第一节

铜镀金升降塔钟合作项目纪实

颐和园博物馆现馆藏有一对清代升降塔钟表，升降塔塔身部分重7.5千克左右，为已知升降塔钟表中最重者。钟表本身具备走时、音乐及升降表演等功能，并能通过三面盘显示时间。此对升降塔钟表均为九层塔身，通体铜质镀金，嵌有各色料石，塔身周边环以围栏，塔檐各角均有铃铛。

表演时，起闸后塔身伴随音乐缓缓升起，完成一次表演后落闸，再抬闸，塔身缓缓降落，完成全部升降表演。塔身升起时，自底座至塔顶通高158厘米，降落至底层后，通高128厘米，升降幅度达30厘米，也是已知抬升高度最高的清代宫廷升降塔钟表。演奏音乐有四套，其中一首为中国民歌《鲜花调》（即近代大众耳熟能详的《茉莉花》）。

根据钟表机芯制造工艺，研判此对升降塔钟表为清代中后期作品，其基本运转方式与之前修复过的故宫博物院藏升降塔钟表基本一致，但亦有创新点。按照一般规律，升降塔钟表随着塔身重量的增加，设计难度加大，此对钟表在设计时解决了塔身重量较大难以抬升的问题，是古代升降塔钟表的巅峰作品。

此对升降塔钟表在修复之前保存状况较差，在长期存放后呈现破损及零件缺失状态，修复难度极大。清末颐和园曾遭兵燹，所藏文物及建筑多遭毁弃。此对升降塔钟表塔身上所贴北洋政府时期名签，已将之名为"破钟"，由此推知其破败情况与清末民初战乱频仍有较大关系。（如图4-1所示）

本次修复是清末至今对此对钟表的第一次正式修复，故宫博物院与北京市颐和园管理处建立的古钟表联合修复室各位同仁共同努力，已恢复钟表外观及所有表演功能。

本次修复，故宫博物院文保科技部钟表修复组参加人员有王津、亓昊楠、杨晓晨、刘瀛潞、向琬；北京市颐和园管理处参加人员有王光苏、秦涛。项目记录拍摄人员为故宫博物院文保科技部蔡雨龙、葛聪、韩童。升降塔A由王津、王光苏修复；升降塔B由亓昊楠、杨晓晨修复；刘瀛潞、向琬、秦涛等负责升降塔零件清理工作；刘瀛潞对塔身上民国年间名签进行装裱保护。（如图4-2至图4-5所示）

此对钟表从颐和园博物馆提取到馆内钟表修复室时状态较差：两座塔钟塔身与下部机芯已完全分离，机芯锈蚀十分严重，下部机芯内大量积灰积尘，塔身亦残缺不全，蒙尘极重。经检定，顶杆等控制塔身升降的系统零件已经基本缺失，仅存残件若干；塔身上装饰零件残缺较为严重，机芯内锈蚀严重，已全无动作之可能性。在修前对其状况拍照记录并商定修复步骤。

拟订修复步骤为：稍事清理后拆卸，补配缺失零件（包括外观零件及机芯运转零件等）；对零件进行除锈、清洗、烘干等；分别组装升降机芯、音乐机芯、走时机芯；将机芯装入机壳内，调试升降、音乐、走时、打点、打刻等各项功能，最终恢复此对升降塔钟表的各项功能。

图4-1　升降塔钟修前

图4-2　王津研究馆员在修复工作中

图4-3　亓昊楠研究馆员在修复工作中

图4-4　杨晓晨副研究馆员在修复工作中

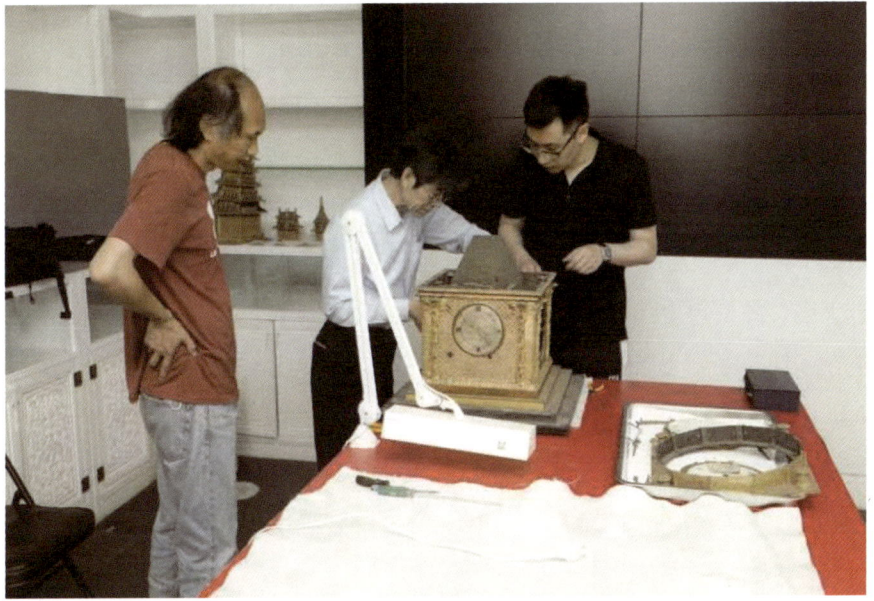

图4-5　故宫和颐和园的工作人员进行交流

一、修前记录及拟订修复步骤

先对两座升降塔进行修前拍照，记录修前情况。

拆解前观察确定需要补配的零件。

（1）升降塔B上三层塔身缺失，需要按照升降塔A上三层情况进行补配，补配后才可完成升降塔B的升降功能。

（2）两座升降塔的升降顶杆连杆机构缺失，从各自留存的残件推知原有形态并进行补配，计有顶杆、控制条盒、链条、支架等。

（3）两座升降塔走时机芯打点、打刻钟碗均缺失，需要补配。

（4）升降塔B走时机芯与两面盘连接支架缺失，按升降塔A相应零件情况补配。

（5）两座升降塔三面盘指针均有不同程度缺失，按留存情况补配修理。

（6）两座升降塔外观装饰料石、栏杆、栏杆支座、塔檐角铃铛等均有缺失，全部按遗存残件补配。

（7）塔身四角各类雕饰亦有缺失，也在修复中进行补配。

（8）两座升降塔钟底座均缺失，用紫檀木复制补配。

二、拆卸工作

（一）塔身的拆卸

在补配加工各零件的同时，开展两座升降塔的拆卸工作。

塔身在提取时已经自然与底部机芯钟体分离，不必分离塔身与底部，先将走时机芯、升降音乐机芯分别从各自的钟体内取出。由于破损锈蚀较为严重，在拧松螺丝取出机芯的过程中，要使用注油等方法润滑。

拧下走时机芯、升降音乐机芯与底板的连接螺丝，取下残存的表盘指针，取下珐琅表盘销子，拆卸表盘后，即可将两座升降塔钟的四组机芯分别取出。取出以后，下部机芯钟体部分即拆解完成。

之后对上部塔身进行分解，以便清洗。将各层塔身底部的螺丝拧松，取下挡片，即可一层层拆解开钟表上部塔身。要注意各挡片和塔身的位置及角度对应关系，还要注意螺丝的一一对应关系。（如图4-6和图4-7所示）

分解完成后，分别拆解走时机芯和升降音乐机芯。

图4-6 塔身底座

图4-7 修中塔身

（二）走时机芯的拆卸

取出走时机芯后，先将发条内未释放的上弦弹性势能释放干净。由于是两套机芯，故分别对两盘发条卸力。试抬闸杆，发现因锈蚀污迹等存在，系统无法运转，观察两个塔轮上上弦路数不多，可知发条内蓄力较少，可以直接卸力。用改锥将千斤螺丝放松，用合适的钟表钥匙抵住发条轴，逆时针旋动，发现力量不大，则随卸力方向顺时针控制力道转动，然后抵住千斤，如此往复，直到发条内部蓄力完全卸除、芝麻链自然松弛，即完成卸力工作。两盘发条均照此操作。

卸力完成后，可以开始拆解机芯，将前面板上所有闸杆的销子取下，再按顺序取下所有前面板上的控制闸杆。将背面的零件等取下，此时可以将钟表机芯整体放倒，用锤子与冲子将夹板上的销子挨个冲出，即可将夹板抬起，完成揭板。揭板以后，对机芯内部情况拍照记录，然后按顺序取出各零件，按照其原来的传动链顺序分别将发条盒、塔轮、芝麻链、齿轮等摆好。

此时走时机芯的拆卸工作基本完成，接下来将发条取出。取发条时，用铅坨冲出发条盒盖，取出发条轴，然后进入难度较高的修复阶段。用一头部较细的钳子，夹住发条内侧头部，用力拽出，此时一定要用另一只手握住发条盒，千万不可放松，取出一截发条后，再均匀用力慢慢将发条一截截拽出发条盒，然后卸下发条尾部条钩，发条即成功取出。两盘发条均按此方法取出，即完成走时机芯的全部拆卸工作。（如图4-8和图4-9所示）

图4-8 修中走时机芯

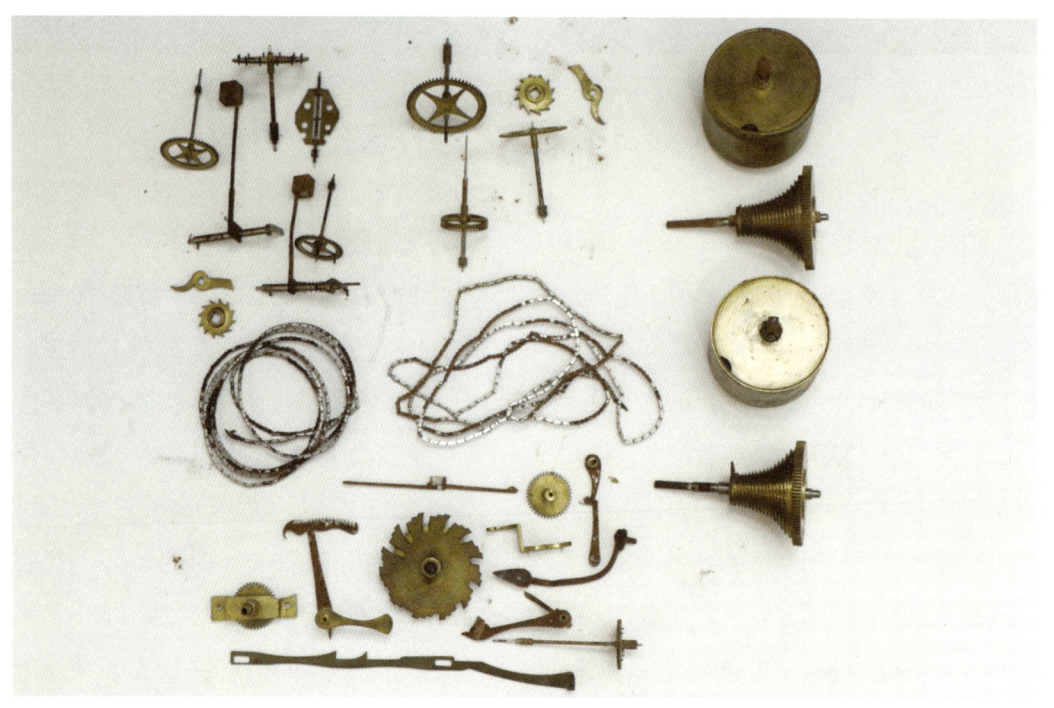

图4-9 走时机芯拆卸零件

(三)升降音乐机芯的拆卸

升降音乐机芯拆卸方式与走时机芯类似,由于其体量较大,在拆卸过程中要注意控制力量。升降音乐机芯有一定破损,发条所积蓄的上弦弹性势能已经释放干净,故不必卸力。

将前后面板上闸杆等控制零件取下,之后平放机芯,用锤子与冲子将夹板上的销子挨个冲出即可将夹板抬起,完成揭板。取出各零件按顺序进行修中拍照记录。

升降音乐机芯的拆卸重点是取出大型发条。发条势能支持音乐及升降两功能,力量较大,故发条尺寸较大,取出时也较具危险性,应两人合作。先将发条盒盖冲出,之后将发条盒置于地面,用夹具加紧,一人扶发条盒,一人用大钳子拽住发条内圈头部,因发条经年使用并久置于发条盒内,其强度有所下降,故拽出时力度可减弱,但亦要注意操作安全,按圈向外拽出。取出后,将发条尾部发条钩脱出,即完成对发条的全部取出工作。(如图4-10、图4-11和图4-12所示)

以上步骤完成后,即完成此对升降塔钟的全部拆卸工作,拍照记录后,进入下一步的零件清理环节。(如图4-13和图4-14所示)

三、清理

对不同零件用不同方法清理:镀金等外观零件用洗金水及清水清理;其他铜质、铁质零件用煤油打磨清理。

(一)外观装饰及铜镀金零件的清理

先用软毛刷蘸取洗金水做彻底清理,洗金水不宜长久附着于零件表面,清洗完成后,要用大量清水冲刷,并随着冲刷用手感知洗金水去除情况。全部洗金水清洗干净后,用吹风机烘干。烘干时,要注意将内外彻底烘干,保证各接缝处、零件细微结构处不存水渍,吹干过程中还应变换零件受热表面,同一表面不宜过分受热。清洗完毕留存修中照片。

(二)其他铜质、铁质零件的清理

用煤油配合砂纸打磨对油污、锈迹等进行清理。此对升降塔钟表在民国时期已保存不当,连杆、闸杆、螺丝等铁质零件外表面有大量有害锈,锈蚀程度较严重。这些有害锈蚀应全部清理干净,否则锈蚀会进一步发展,造成零件破坏。

先将所有零件放入煤油内浸泡,对锈蚀较为严重的零件,应适当增加浸泡时间。零件浸泡取出后,用砂纸打磨有锈蚀的部分,将锈蚀全部清理干净,再用纯净

图4-10 升降音乐机芯前部

图4-11 升降音乐机芯侧面

第四章　故宫博物院与颐和园古钟表联合修复室合作修复铜镀金升降塔钟纪实　151

图4-12　修中拆卸升降音乐机芯

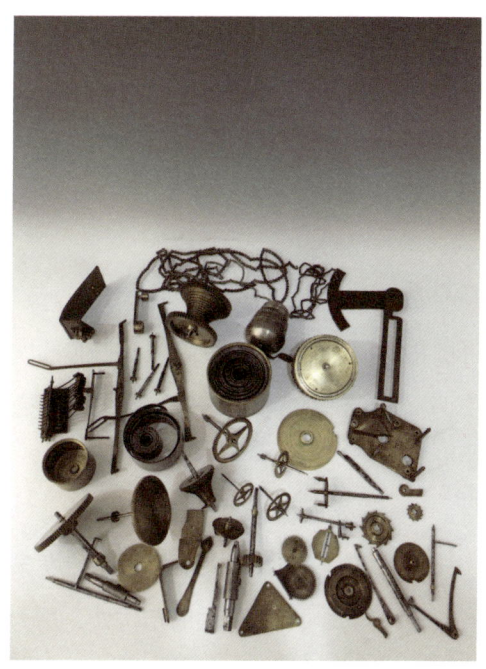

图4-13　机芯零件

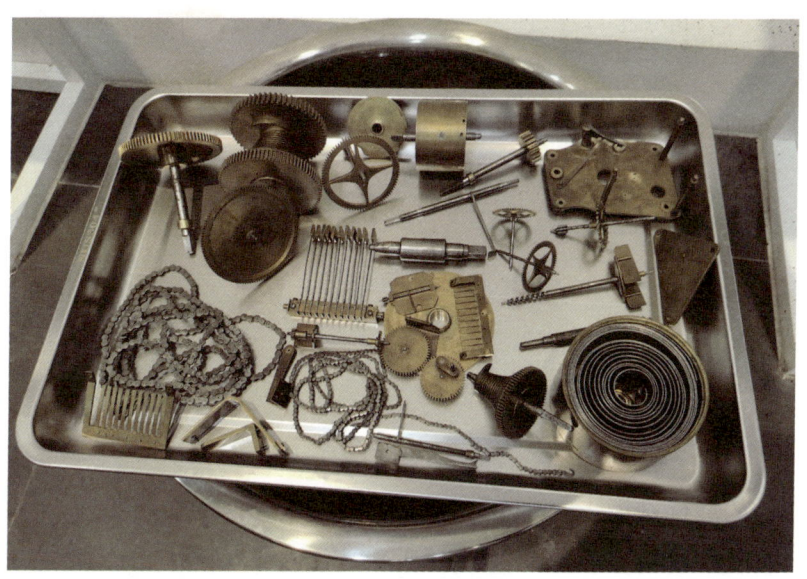

图4-14　零件待清理

煤油二次清洗，清洗之后，可用吹风机吹干。所有零件清洗完毕留存修中照片。

四、安装调试

安装调试工作分为两部分，即对走时机芯的安装调试和对升降音乐机芯的安装调试。升降塔A和B的安装均按下述方法进行。

（一）走时机芯的安装调试

将发条全部放入发条盒内。持发条尾端，将其放入发条盒内的条钩处，用力将发条一段一段卷入发条盒内；发条轴放入中央，将条轴条钩钩入发条头部孔内；盖好发条盒盖，完成安装。

安装机芯。先将后夹板放好，按照各路齿轮的位置放好各零件，此时要注意芝麻链的位置，避免之后上链时芝麻链位置混乱。所有零件摆放好后，将前夹板盖到零件上，此步骤为合板，要特别小心，注意各零件的轴尖是否放入原对应的轴孔之内。

合板完成后，要用镊子测试全部零件上下活动情况，所有零件都有活动空间，即有一定框量，表示零件全部对位安装完成。用冲子与锤子将夹板上的几个销子全部定位，完成钟表走时机芯的第一步安装工作。

竖立机芯整体，将芝麻链钩在发条盒外孔上，芝麻链缠绕在发条盒上，用钟表钥匙转动发条轴给发条上劲儿，整套传动系统即可开始运作。此时要在各轴孔处进行点油处理，保证运转润滑性。

用钟表钥匙备劲儿时，备劲儿齿数要与拆卸时卸力的齿数对应，所有发条均按照此步骤安装。

按照顺序把前面板上的时山子、控制闸杆、时轮、分轮等全部安装就位，将背面的钟摆安装就位，将打点打刻的钟碗安装就位，之后可进行走时调试。

上弦后，钟表开始走动，先测试走时时间，测试后，按照钟摆的长短调整走时准确性。

经安装调试，钟表的走时机芯所有功能均恢复正常。

（二）升降音乐机芯的安装调试

由于升降机芯补配的零件较多，安装时进行的是修配工作。为了使补配零件与原零件配合，要进行一定量的手工加工，使补配零件在尺寸和形状方面与原有结构及零件相适合。主要的工作是对补配零件的打磨加工，包括升降杆顶部的链条套筒、升降杆底座的圆环支撑零件等。对这些零件全部进行修配，才能使升降功能恢复完整。具体按照与安装走时机芯类似的步骤安装即可。

升降塔的功能调试是本次修复过程中的难点，如前所述，在调试时，由于新补配的零件与原有零件之间配合不甚完好，因而需要对新补配的零件进行修配与再加工，使之与原零件相配合。

升降塔各层之间必须保持基本垂直的角度，若有倾斜，则可能在升降过程中产生摩擦，使塔无法正常升降，故在安装各塔层时必须掌握好角度，避免层与层之间的角度误差。

在此对升降塔钟表的修复过程中还有一个难点，即解决发条的疲劳强度问题。发条长期被束缚于发条盒内，材料自身的疲劳会导致发条的弹性势能储存能力不足，发条备劲儿以后，可能即使上满弦也不能支撑相应功能。因而，将此对钟表的每件发条装入发条盒以前，都要将之押平舒展并上油润滑，目的是最大限度地延展，使其恢复弹性势能储存能力，这一点对此类大型古钟表文物的修复来说是必不可少的。

五、标签揭裱

本对钟表的塔体外部贴有几张纸质标签，记录着文物名称和其馆藏年代，是重要的有关文物变迁和流转情况的历史记录。在对升降塔的塔体做拆卸与清洁工作之前，须将这些历史证据很好地保留下来，提供给史料记录者、观众，以及未来的文物修复者与研究者充分明确的历史信息。

首先观察到标签上有大量尘土，有两张已经大部分脱落，只有少许部分还粘连在塔体上；其余几张粘贴很牢固，将其完好地揭离塔体不是一件容易的事，方法不当，极容易造成纸质标签的破损。

标签上记录有文物名称与入藏时间等信息（如图4-15所示）。因为标签纸质较薄且老化，推测应为颐和园管理处在民国时期贴上去的。经过小面积的实验与观测分析，得出结论：黏接剂为水溶性胶，较大概率是面糨糊或水乳胶。

在揭裱工作之前，先对文物状态进行拍照记录与分析记录，然后制订初步揭裱修复保存的工作流程。

先用干净且干燥的清洁毛笔将标签表面的大量尘土扫去，要注意小心清扫并避开破损严重部位及粘连危险部位。

清扫完毕后,准备一小杯80℃~90℃的热纯净水,用干净毛刷蘸满热水热敷标签表面。热水渗透纸面可软化黏接剂,利于揭下。没有黏着的部位不必打湿。过程中用小棉签或小竹签轻轻测试胶体是否充分软化。胶体软化后,用文物揭裱镊子与辅助工具将标签趁热轻轻揭下,有些胶体较为厚重的部位,用棉签或尖细竹签分离。(如图4-16所示)

图4-15　标签揭裱前

第四章　故宫博物院与颐和园古钟表联合修复室合作修复铜镀金升降塔钟纪实　155

图4-16　将标签与塔体分离

将揭下来的标签置于一张平面玻璃板上，稍倾斜放置玻璃板，这样有利于流水清洁作业。清洗标签表面尘垢，标签并无油脂性污垢，用蒸馏水清洗即可，要注意清洗过程中稍微固定标签，避免标签因水力扰动滑落，轻轻用毛笔扫刷，破损部位要尤为小心（如图4-17所示）。

图4-17　刘瀛潞馆员清洗扫刷标签

标签尘垢与胶体都清理干净后，将其在干净的玻璃板上平铺晾干，并将可以排列补全的部分按顺序放置。

准备裱纸与托裱修复用的糨糊水。标签晾干后，稍微喷清水于标签表面，使标签稍微潮湿，然后将糨糊水轻薄均匀地直接刷于标签的表面，此时标签不要离开玻璃板；将裱纸自上而下铺盖在贴有标签的玻璃板表面，用蘸有清水的排刷刷扫裱纸，要将纸内气泡完全排出。此时裱纸也全部浸透，可将裱纸连同被黏着的文物标签一起揭离玻璃板，注意要用辅助工具将未能与裱纸贴合的部分一起揭离。将托有文物标签的裱纸平整完好地贴放于另一张干净的玻璃板上，此时的贴着面应与开始相反，即没有标签纸的一面贴于玻璃板上，再在裱纸四周边沿刷上一层薄薄的糨糊水，将裱纸与玻璃板表面固定住，阴干。（如图4-18、图4-19和图4-20所示）

完全阴干后，将托裱有文物标签的裱纸揭离玻璃板，揭裱修复保护工作完成。整个过程记录、拍照。最后将标签裱纸收藏好。（如图4-21所示）

图4-18 晾干标签

图4-19 排出气泡

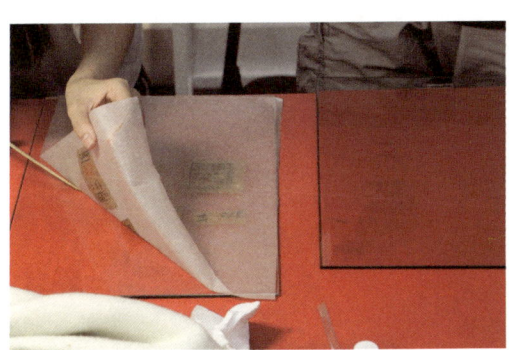 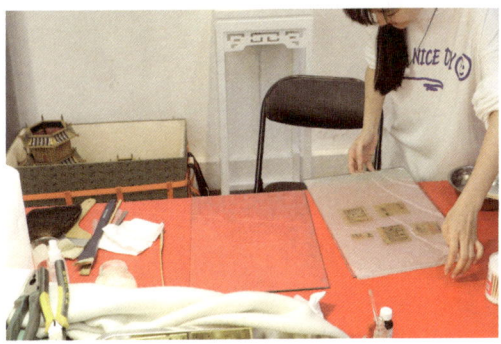

图4-20 裱纸揭离与再固定

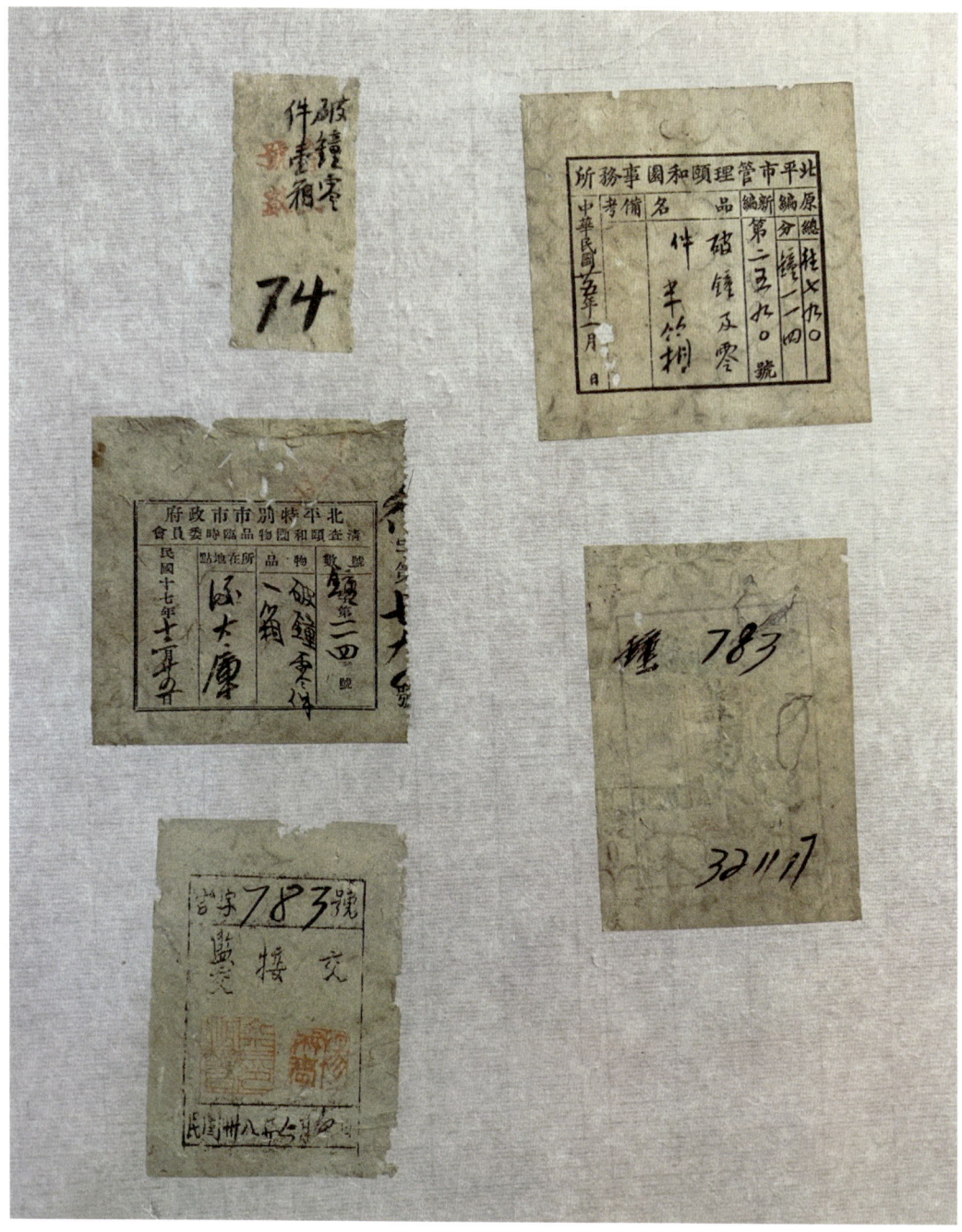

图4-21 标签托裱完成

六、修复完成

最后一项工作是补配升降塔钟缺失的底座。选用硬木,按照尺寸重新制作底座,将升降塔钟置于底座之上,开动开关,伴随着音乐的响起,升降塔缓缓上升,再开动机关,音乐继续,升降塔徐徐下落,实现了升降表演及音乐演奏等所有功能。

拍照记录,此对升降塔钟的修复工作全部完成。(如图4-22所示)

图4-22 升降塔钟修后侧面与正面

第二节

故宫博物院升降塔钟修复纪实

一、铜镀金嵌珐琅升降塔问乐钟

升降塔钟多为单数级宝塔，有五级、七级、九级等。有的升降塔则包含于其他钟表中，提供一种表演功能，属于迷你升降塔。塔多为密檐式宝塔造型，截面有八角形、圆形等。塔，在中国文化中寓意吉祥，清宫旧藏的升降塔式钟表，也多有祝寿等吉祥的寓意。

（一）保护前情况

铜镀金嵌珐琅升降塔问乐钟（故182711）是一件清乾隆年间广东生产的升降塔式钟表。构件以铜镀金材料为主，有多处广珐琅配合铜版画装饰。塔身整体为七层宝塔形状，顶部有刹。各层宝塔四角有铃铛，塔中四龛门为玻璃制。玻璃上贴画，画面有白猿献寿、八仙过海、和合二仙、刘海戏金蟾、寿星等。最底层为象牙雕刻四面佛佛龛，亦以玻璃保护。塔身背面的象牙佛像在清代丢失，仅余宝座，以玻璃佛像画代替，本次修复工作要恢复这尊四面佛。最底层四角还有四尊小童子，双手合十立于莲花座上，莲花座立于铜镀金山子上。在升降塔的升降表演过程中，四位童子会躬身向前，虔诚礼佛。塔最下的蓝色广珐琅垫板上还有两幅铜版画，一幅为寿星仙鹤，另一幅为麻姑献寿。观赏整座钟表，仿若置身佛国，梵音净土，一派祥和。（如图4-23所示）

此件升降钟塔身各处积灰十分严重，需要全面拆卸后对零件进行清理。试上弦发现升降功能基本完好，但因经年未使用，须在安装、调试时进行一定调整。走时和打点功能完好，但亦须对机芯进行相关清理，并在保护过程中再查看是否还有其他伤情。音乐功能伴随升降塔功能运行，亦正常。在试上弦的过程中，明确了此件升降塔钟的表演方式。上弦后，音乐与升降同时进行，先降后升，一降一升即完成一次表演。在升降过程中，降和升都是阶段性完成的——降落若干层、停顿、再降落若干层，循此往复；上升亦然。

第四章 故宫博物院与颐和园古钟表联合修复室合作修复铜镀金升降塔钟纪实 161

图4-23 保护前升降塔钟的外观

（二）保护过程

在全面了解钟表保护前的具体情况后，对钟表各立面拍照存档，目的是科学、系统地留存相关档案，为将来其他工作提供一定指导。对升降塔钟而言，因塔身各层的绘画有一定重复性，除了对四面钟身拍照，还须对这些细部详细拍摄记录，以便在整个保护过程中，尤其是在调试环节进行比对。全部外部照片拍摄完成后，可以进入清洁保护环节。

1. 升降塔钟的整体保护

此件升降塔钟整体分为底座机芯和上部塔身两部分，塔身七层。应先分别对两部分进行保护，之后再进行整体功能调试。底座机芯也由两部分组成，即走时机芯与升降问乐机芯。此件钟表走时和表演之间没有机关消息，不能通过走时带动表演，只能通过钟表最底层的问点按钮启动表演功能。

本次保护先对塔底座机芯进行清理。

将塔身上部放置在安全处。选择放置位置时，一定要注意保持中心杆及其连接的芝麻链的平稳，若放置不平稳，可能导致塔身整体倾斜甚至倒塌。

将底座机芯上部螺丝卸除。卸除后，机芯上部童子所在的塔层也可以取下，四位童子亦在此时取下。

这一部分的主要工作就是除尘。对塔身，先将浮灰清理干净，后用毛刷轻刷外部。注意不可用力，以保护镀金层。

用煤油清洗塔身内部的两个滑轮。注意螺丝要"还回去"，即对位放回原螺丝孔内。

在清理升降塔底座的时候，一定要极为小心。底座以木质材料为衬垫，应避免木材接触任何液体，否则木材可能因湿度变化发生变形。

另外，在机架底面发现一枚清代黄签，上有"宁寿宫南大库"字样，由此可以推知此件升降塔钟曾使用或存放地点为宁寿宫区域。

全部零件清理完成后，这一部分可以恢复成型。（如图4-24和图4-25所示）

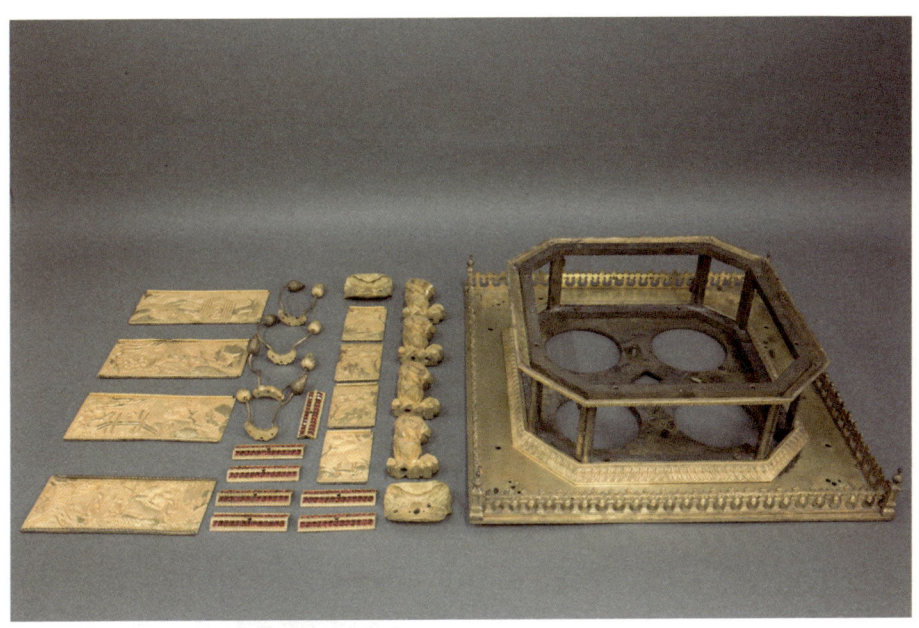

图4-24　部分铜镀金零件清理完成

图4-25　机芯底座清理完成

钟底层四角的四尊童子均为象牙制，童子头梳双髻，上衣下裤，腰际束带，肩头以牙钉固定飘带；面部雕绘细致，表情安详沉静。整体配色浓烈鲜艳，以红、绿、蓝、青为主色。衣裤上绘有金色竹叶、梅花和"S"形纹饰。

由于常年置于展柜中，防尘不当，四童子通体积灰严重，灰尘甚至沁入牙体的细缝之中。加之长时间暴露在空气中，童子身上施色部位出现非常严重的脱色、褪色等情况。

本次保护主要是对四尊童子像整体除尘，并用岩彩固色和补色。

首先整体除尘清洁，用软毛笔扫去雕像表面的浮灰，因为施色部分有龟裂现象，所以动作应轻慢柔缓，随后清理面部和手部无施彩处的灰沁。接着以毛笔在施色部位蘸扫固着材料，特别注意龟裂、翘起部分，须多次涂抹直至完全贴合。最后调配相应的岩彩进行补色，遵循修旧如旧的原则，适当做旧，以保证雕像整体的和谐统一。（如图4-26所示）

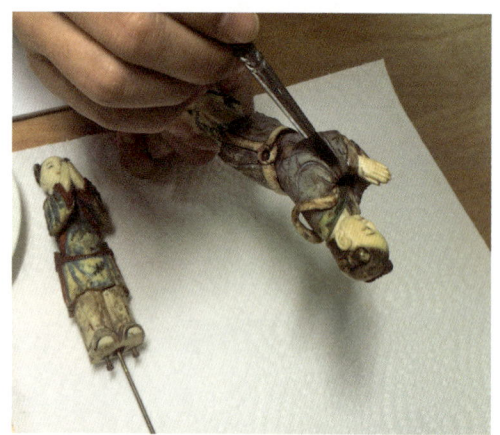

图4-26　童子保护

2. 走时机芯的保护

整个机芯底座的前部、中心杆所连接重物的旁边就是走时机芯。因为走时和表演之间没有机关消息，所以可以直接取下走时机芯。取下后，发现此钟表的走时机芯仅具备走时和整点报时两项功能，并无打乐或报刻功能。整个走时机芯内部有两盘发条，分别带动走时及打点。先对走时机芯进行整体拍照记录（如图4-27所示），之后对机芯外部进行整体除尘与清洁。

外部除尘完毕后进行内部零部件的保护及清理工作。为了保证保护过程中的安全性，应将两盘发条能存在的发条弹性势能全部释放，即对控制背轮和条轴卸力后方可进行下一步的保护工作。

对各零件一一进行清理与除尘工作（如图4-28所示）。

对于某些锈蚀的结构或零件，要用煤油等进行除锈。将实验室鉴定的有害锈迹完全清除，保证没有残留有害锈迹对机芯造成进一步锈蚀破坏。

清理灰尘、油垢及锈迹后，对走时机芯的各零件进行整体润滑及保养。用油布擦拭可接触的表面，向与轴孔配合的轴眼处注入钟油，彻底完成润滑。

全部零件清理完毕后进行走时机芯的调试工作。

备劲的齿数要和放劲儿时的齿数基本一致。此件钟表走时机芯的两个发条盒基本都备劲儿五到十个齿即可。

完成以上步骤后，要对前面板上各闸杆进行调整。此件钟表的闸杆不需矫正。在调整过程中，要注意几处装配记号的对正。只有在装配记号正确对准的情况下，整个钟表的打点功能才能正常运行。

全部工作完成后，将时针安装好，进行调试。钟表按正常时刻打点，且钟摆运转正常，全部走时机芯的保护工作即完成。将走时机芯放置在支架上试走几天。调整好摆锤的位置，以保证走时的准确性。

3. 升降问乐机芯的保护

升降问乐机芯由两层夹板及若干零件组成。问乐装置由钟锤、钟铃及刺棍子组成，置于夹板之间。升降结构不仅局限于夹板间，还将其余几部分活动机构与机芯连接，共同完成升降功能。

先将升降部分控制升降定点运动的重物放松，之后拆卸底板上的螺丝，才能将升降机芯整体取下。（如图4-29所示）

图4-27 走时机芯整体

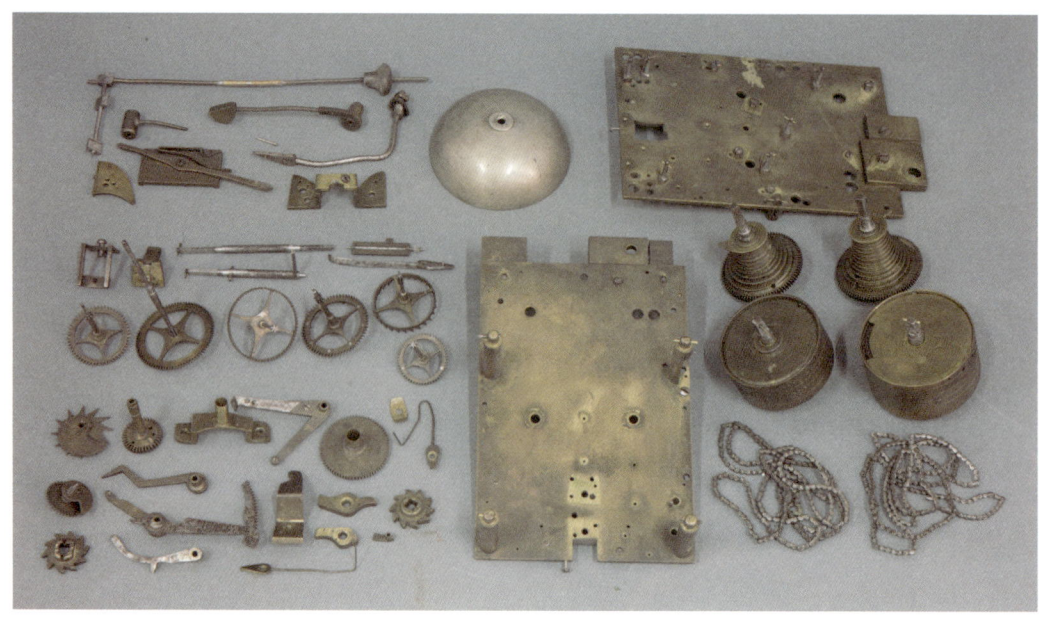

图4-28 走时机芯零件拆解

图4-29 升降问乐机芯整体

要将发条盒内原来蓄积的力量放掉。给发条放劲儿时要握好钥匙，此盘发条力度较大，最好选用大钥匙来完成发条卸力工作。

这一盘发条要同时完成问乐与升降两项功能，之前的工匠为此发条备足了劲儿（约备二十个齿）。要记住这个齿数，将来安装时仍按此力度备劲儿，否则，备劲儿过多可能对发条的疲劳强度有害，备劲儿过少可能无法保证升降功能。

完成发条放劲儿后，可将机架上的连接螺丝取下，取出机芯，将螺丝归位。整个机芯夹板内部的零件不多，但受力较大，故尺寸较大。（如图4-30所示）

对所有零件清理除尘。将丢失的螺丝补齐。拍照记录后，可以将机芯组装回去。

保护过程中有几点需要注意。

第一，将升降问乐机芯放入塔身时要注意重物铅块的安装，其重量很大，要避免其大幅度掉落，必须缓慢升降。

第二，因用一盘发条同时带动两项功能，力度较大，要进行充分润滑。

第三，将机芯装入塔底座时，注意不要将机架连接零件的两侧螺丝拧紧。要在机芯等各部分完全回位后，才将机架连接件上的螺丝完全拧紧，否则可能导致螺丝孔不对位，造成安装困难。

第四，发条盒备劲儿的过程中要将连接千斤的螺丝拧紧，以保证机芯的正常运转。

安装完升降问乐机芯后，将走时机芯安装就位。此时要先拧松走时机芯的机架连接件螺丝，才能保证螺丝孔正确对位。安装后进行调试，所有功能正常无误，即完成整个机芯底座的保护工作。（如图4-31所示）

4. 上部塔身的保护

机芯底座保护工作完毕，进入上部塔身的保护环节。仔细观察研究，发现此件升降塔的每一层塔都由栏杆、上檐、塔芯和下檐等几个零部件组成。

图4-30 升降问乐机芯零件拆解

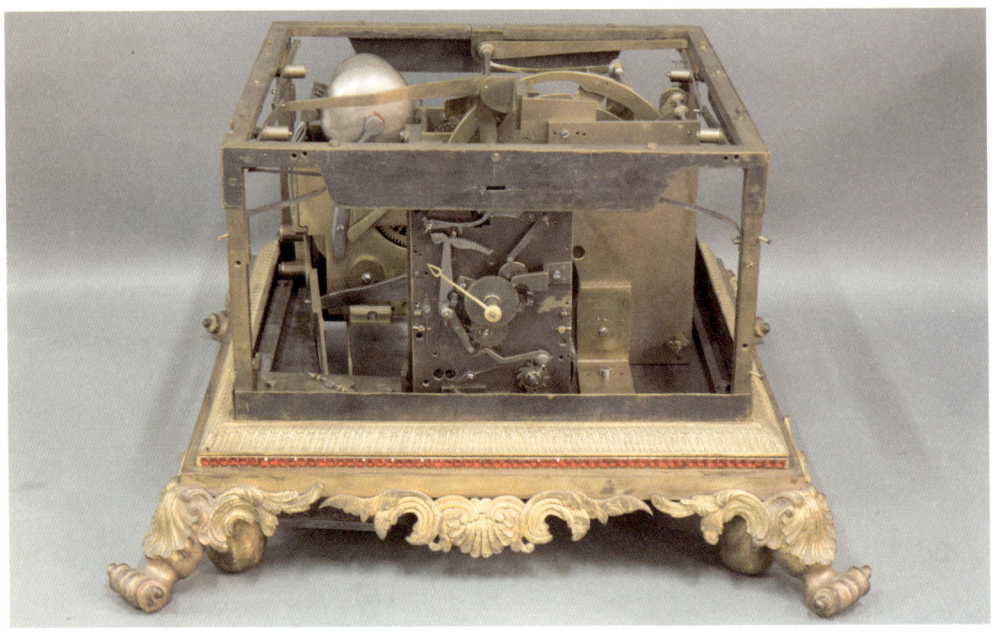

图4-31 下部塔身保护工作完成

将上檐外部的八个螺丝依次拧下，按其方位摆放好；将连接栏杆内部的四个螺丝依次取下，按其方位摆放好；将栏杆及上檐取下。取下的螺丝都要归回原位，即所谓"还回去"。螺丝位置不对，有可能造成安装不到位，这是古钟表零件非标件造成的。将本层连接下层塔芯的八个螺丝取下，按顺序摆好。这时下层塔芯即可以与本层分离，然后取下本层下檐和本层塔芯。因为本层塔芯的螺丝是在拆卸上层塔时完成拆卸的，要注意螺丝归位。至此升降塔的一层塔零部件拆卸完成。所有塔层都按照上述方式完成拆卸。存放时还要注意每个零部件的方向，即找准哪一面是正面，这根据以前修护时留下的叉子和双圆点标记即可分辨。拆除到最后两层非活动塔身时，取下连接螺丝即完成拆卸。拆卸象牙佛像时，要注意拧动螺丝的力度，避免破损。

取下每层四面的玻璃画，发现玻璃画是宣纸绘制粘贴在玻璃上的。清理时用软毛刷轻刷宣纸背部除尘，用纸轻擦玻璃面使其恢复光洁。再逐个清理保护塔身其他铜镀金零部件。

塔身最底层有四尊象牙雕刻佛像。四尊佛像分别固定在钟楼龛内，已缺失一尊，且丢失者只留有二重台牙雕雕花宝座。这四尊佛像外和上层塔身情况类似，皆用小玻璃板保护，形成了酷似小佛龛的造型。缺失的牙雕佛像处，玻璃板内为一幅补做的佛像彩画。其余三尊佛像，分别头戴红色高冠，身披袈裟，手印为法界定印，坐相为结跏趺坐，面目平和慈祥，端坐在二重台雕花宝座上。三尊佛像及四台宝座均为岩彩牙雕，技艺精巧。二重台宝座背面的小榫卯结构固定在背板上。佛像和宝座整体为半圆雕。牙雕佛像以红、绿、蓝、紫四色施彩（推断缺失的牙雕佛像袈裟应以紫色施彩为主）。受外部环境的影响，牙雕部分有很厚重的尘土堆积，且部分岩彩剥落，佛像面部及背部象牙已经开裂。进行保护时，要先清洁、加固宝座背部的小榫卯结构；加固表面的岩彩层并补色；根据三尊佛像制作另一尊缺失佛像并施彩。

先整体清洁，用小软毛笔刷扫去堆积的灰尘，并用相关材料清洁整体施彩部分及背部。清洁完毕，用淡岩彩稍稍加固表面颜色，用同样的岩彩材料补色。

根据其他三尊佛像的情况选材，雕

刻一尊牙雕佛像,同样施岩彩,并稍做旧,使之与其他三尊佛像整体和谐。(如图4-32、图4-33和图4-34所示)

图4-32　牙雕佛像保护前

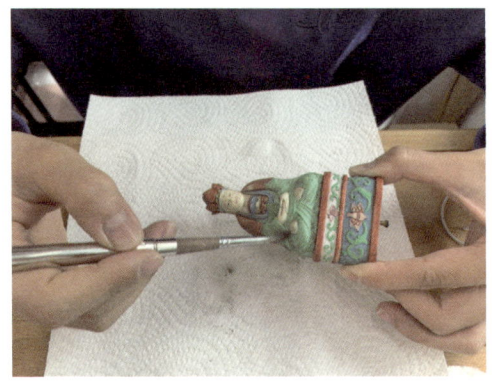

图4-33　牙雕佛像保护中

图4-34　牙雕佛像保护后

（三）装配及调试过程

上部塔身全部零件清理及保护工作完成后，可以进行升降塔的整体安装调试。将升降塔上部塔身逐层安装到位。先安装、连接中央顶杆与重物铅块，注意将链条穿过轮槽内安装。将四尊牙雕佛像安装在最下层塔身内，之后将塔身安装到底座上。这时可以将四角的童子安装到位并调试。如一切正常，可继续安装。逐层安装上部塔身后，即完成全部升降塔的安装工作。

这座升降塔钟设计精妙，塔身的每一层都分为塔檐与塔芯两部分。在安装过程中，只有先将塔芯与上层塔檐安装完成，才能在将每层摞起时避免上层塔身掉入下层塔身无法取出。只有亲自安装一遍，才能充分体验到其完美的设计思路。（如图4-35所示）

安装时要注意塔身升降部分各层间不可产生摩擦，对板件变形处要进行矫正。测试正常运转，一切活动表演功能调试正常后，可以安装底座四周的珐琅护板。

珐琅护板安装完成后，还要调试走时和表演、奏乐功能。如一切功能正常，则全部保护工作结束。（如图4-36所示）

图4-35　拆解后的部分塔身

图4-36　升降塔钟保护完成

二、铜镀金嵌料石转人升降塔钟

（一）保护前情况

铜镀金嵌料石转人升降塔钟以四个圆球支撑底层一方形乐箱，乐箱四周雕棕榈树叶花纹。此件钟表三面有表盘，两侧是二针钟，正面是三针钟，表盘周围镶红白蓝三色料石。乐箱上有五层圆形宝塔，塔身嵌料石，每层塔檐下均匀地挂着十六个铜镀金风铃（如图4-37所示）。第一层塔上有身着不同服饰的十二人组成的仪仗队（如图4-38所示），人物分别擎旗、吹笛、击鼓。机器开动，仪仗队沿着一层塔外围行进，塔正面和左右两面各有十六个水法，排成放射状转动，中间嵌料石花也旋转，塔基四角有四个武士也自转（如图4-39所示）。金碧辉煌的五层圆形宝塔随着音乐声逐渐升起，铃铛叮当作响，塔升起27.5厘米后停止，音乐也随之停止。再开动，乐声重起，塔身下降至最低位置即停止，水法、转花、仪仗队都停止转动，乐声亦止。

乐箱内机芯有两组装置（如图4-40所示）。一组由走时机械部分和打点机械部分组成，占据了整个箱体五分之三的空间；另一组由制动塔的升降及各种动作与打乐的机械部分组成。走时机械的特点是一盘发条带动三套走时指针。多数三面盘钟表都是正面盘是秒针、分针、时针三个针，左右两面钟盘是分针和时针两个针。走时机械部分控制着打点机械部分，根据指针所指示的时间正确打点报时。如果拨动三面盘的任意一个分针，其他分针也同步转动，当到整点时，按指针所指示的时间正确打点报时。

打乐机械部分也是以发条为原动力，带动传动系统齿轮旋转，再与音乐刺滚子齿轮啮合，带动滚子转动，拨动钟锤演奏出悦耳的乐曲。

圆形宝塔的升降，实际上是四层塔的升降，底层塔是固定不动的。四层塔身加上塔顶的顶球总重量5.25千克。为解决下降速度过快的问题，又在夹板上方加上一盘发条与链条相连。这盘发条的特点是塔落下来时被卷紧，形成反作用力，当塔升起的时候，又与夹板内发条同时发力，形成合力。

前面钟盘下方有两个上弦孔，左边是打乐上弦孔，右边是走时上弦孔。问子是一朵嵌料石花，在钟的正面底部中间位置。钟后还有两个上弦孔，分别是塔的升降和转花、打乐上弦孔。

第四章　故宫博物院与颐和园古钟表联合修复室合作修复铜镀金升降塔钟纪实　173

图4-38　第一层塔细部

图4-37　修前全貌　　　　　　　　图4-39　四角武士

图4-40　机芯的两组装置

（二）保护过程

修复的要求是刷洗外套、拆洗机件、恢复机能。修复前塔不升，人不动。检查后确定前后两个机芯要洗油，修复链条与金属方梃的连接点，修复水法的齿轮轴颈，拆解清洗螺旋形转花与玻璃柱组件并加固，修复通往四角武士的齿轮组。

先拆下二、三、四、五层塔，再拆一层塔（如图4-41所示）。从塔的基座中，先把后半部的机芯取出来（打乐与表演部分机芯），拆解调试修复后重新组装运行，看是否正常运转（如图4-42和图4-43所示）。拆解底部外套并拆下走时机芯，接下来将拆下走时机芯左右两面指针传动系统，再拆前半部走时机芯，并将其全部零件拆散（如图4-44至图4-47所示）。连同中部的转人滑动装置一并清洗修复，进行系统组装，调校准确为止。随后开始整体组装，先将底部升降塔的开关固定好，然后装入走时机芯和升降机芯，底部安装完毕后，将转人装置装入顶部，再将修好的中部转花水法部分与之连接，最后将顶部装好（如图4-48至4-51所示）。修复完成后，此钟一降一升奇特无比，令人赞不绝口（如图4-52和图4-53所示）。

图4-41　各层塔拆解

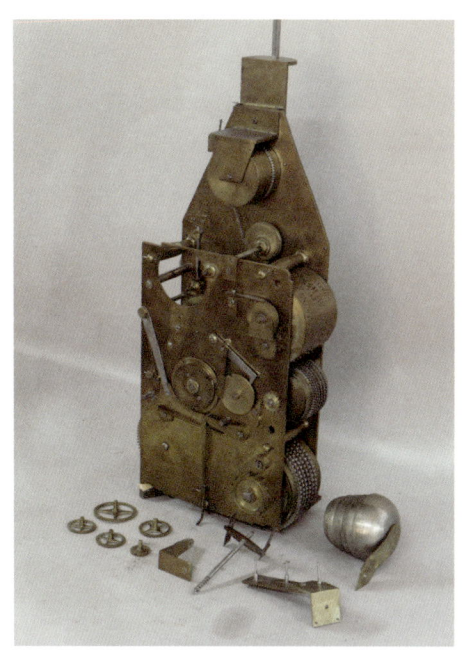

图4-42 拆解升降机芯

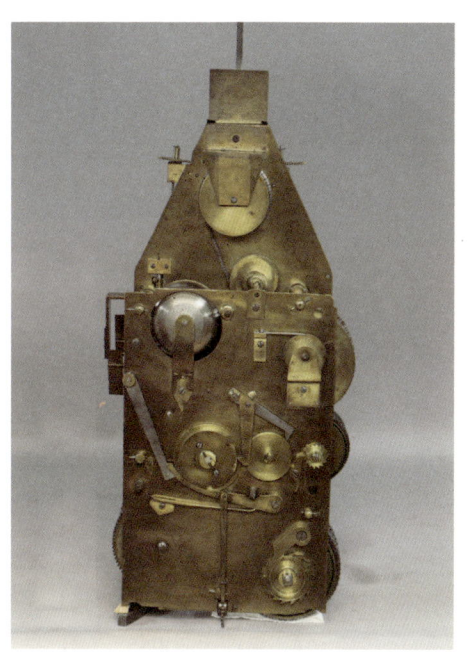

图4-43 修后升降机芯

图4-44 底部拆解

图4-45 修前走时机芯

图4-46 修后走时机芯

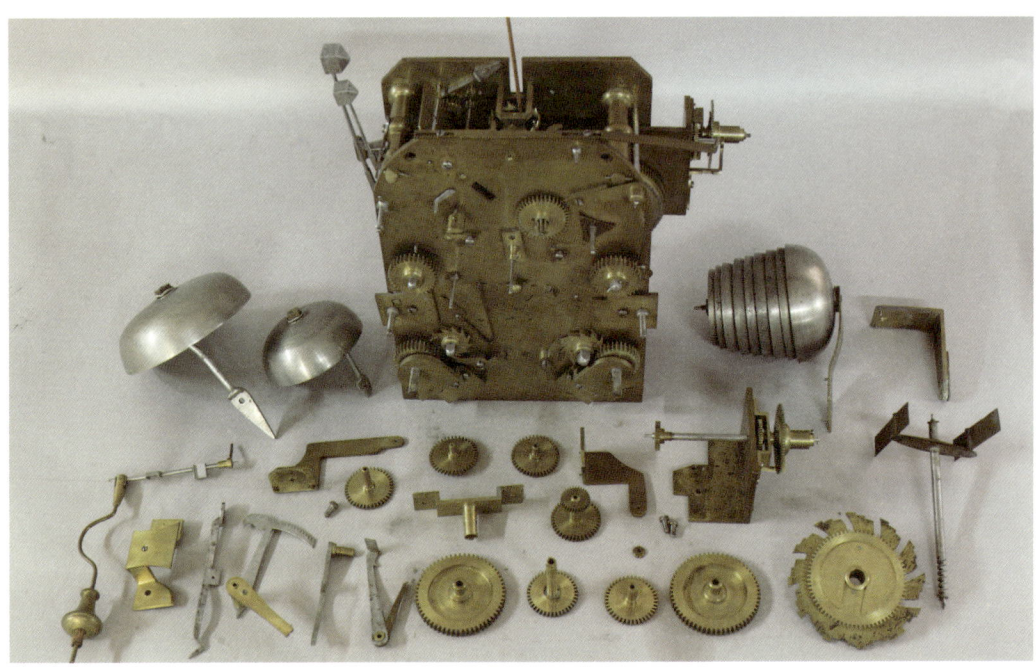

图4-47 走时机芯拆解

图4-48 底座背面升降塔开关

图4-49 下部组装完成

图4-50 转人部分组装完成

图4-51 中部组装完成

图4-52 塔降下

图4-53 塔升起

三、铜镀金嵌料石升降塔钟

铜镀金嵌料石升降塔钟（如图4-54和图4-55所示），十八世纪英国制作，钟底座为八角形，三面均有表盘，其中正面盘有时、分、秒三针，两侧盘有时、分两针，表盘周围镶嵌彩色料石花。

塔座内为钟的走时、打点、打乐系统及音乐升降系统。塔座上立九层六角塔，每层均饰栏板，塔檐有六条珠链，除底层宝塔不动外，其余八层宝塔都能升降。

修复时，先将塔上部与塔中下部分离，然后将塔底层与底部分离（如图4-56和图4-57所示）。取出升降机芯，剩下底部与走时机芯，逐步拆解外套侧板（如图4-58和图4-59所示）。

将取出的走时机芯全部拆解清洗，三面表盘和底座也要逐一清洗修复（如图4-60至图4-64所示），然后全部组装好。

弦满开动后，随着《茉莉花》的旋律，塔身缓慢升起，而后又平稳降落，曲终塔恢复原状。

图4-54　正面全貌

图4-55　背面全貌

第四章　故宫博物院与颐和园古钟表联合修复室合作修复铜镀金升降塔钟纪实　179

图4-57　末层塔座

图4-58　取出升降机芯后

图4-56　逐层拆解　　　　　　　图4-59　拆除外套侧板

图4-61 取出走时机芯后

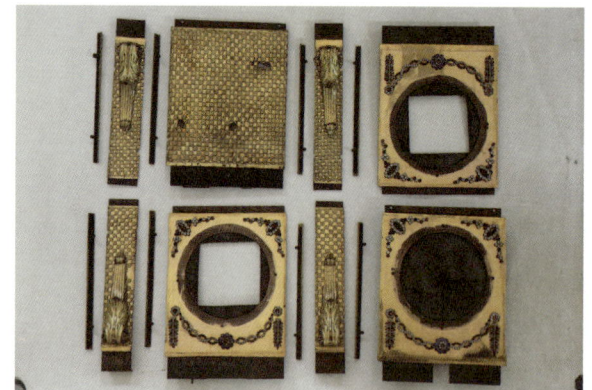

图4-62 塔下部拆解后

图4-60 升降机芯三面

图4-63 三面表盘拆解后

通过修复众多钟表，我们对所用油品进行了总结。清末前后采用的是欧洲进口油（上海分装），二十世纪五十年代后使用的是上海中华牌钟油，该油品适合传动系齿轮使用。钟表各部分齿轮转速不一样，滑配合不同，摩擦系数也不一样，所以采用的油品应该是不同的。我们带着问题去亨德利钟表公司进行交流和调研。亨德利钟表公司与瑞士钟表公司合作多年，直接从瑞士引进技术，购入多品种油并科学使用。我们从亨德利购入六种油品，已在修复中使用。（如图4-65所示）

图4-64　走时机芯正面和侧面

9415 适用擒纵机构活动部位和叉瓦部位

9010 适用传动系齿轮的轴孔部位

D5 适用传动部分的头轮和二轮的轴孔

124 适用于分轮

8200 适用杂件

9034 坤自动

图4-65　瑞示油品

第三节

升降塔钟复现纪实

一、绘制零部件测绘图

零部件测绘图绘制过程相当艰难。困难之一，因照片拍摄角度不同，测出零部件尺寸有偏差，尺寸对应不起来，有的还需要推算，有时不得不推翻已设定的多处尺寸，多次修改排列才能确定数据。即使是经过多次测绘得出的数据，在组装时也会出现不合适或误差。困难之二，放大照片是平面图，没有侧面图和背面图，比如对宝塔钟后门部分的尺寸和形状都只能凭多年经验判断。困难之三，斜侧面的尺寸和图形无法准确设定，只有先设定好其他部分尺寸及立体图，才能设定斜侧面的尺寸、花形。总之，根据一张平面照片，为一款高端艺术钟表零部件绘制图纸是十分困难的。完成宝塔钟外形测绘图纸用时四个半月，但是可预判后期还有需要改动的地方。各零部件测绘图纸完成后，要根据图纸对每个零部件进行雕形。（如图4-66所示）

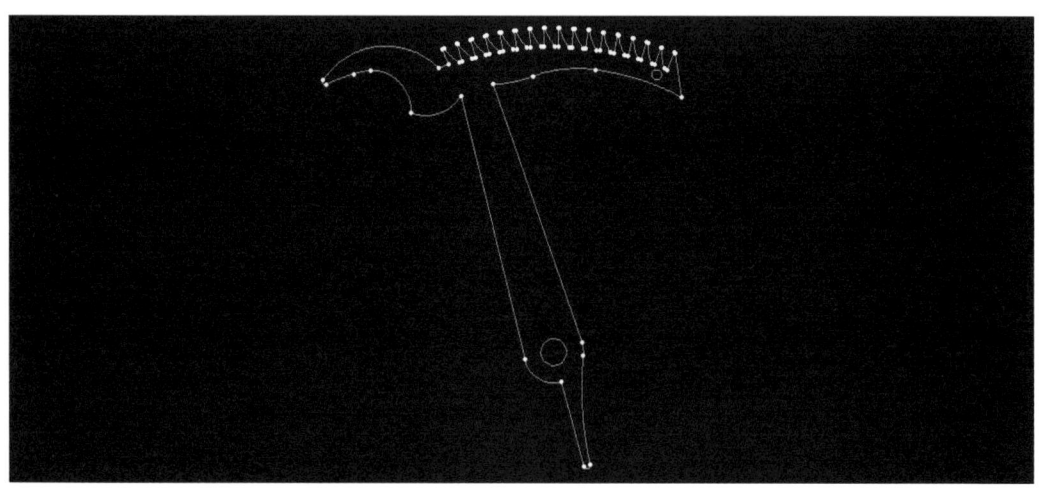

图4-66　零部件测绘图

二、雕刻模型

根据平面测绘图雕刻模型时，也遇到很多困难。困难之一，制作人员不仅要具备多年雕刻经验，熟悉钟表文化，还要熟知花纹风格并能够与要修复的钟表风格匹配。困难之二，斜侧面的平面图虽然给出了尺寸和大概花纹形状，雕形时还要把握花纹分布的合适度。困难之三，从照片上看不清花纹的细节，尤其是斜侧面的细节和细花纹底，需要用放大镜细致观察对照，有时还要翻阅大量资料确定花纹细节。困难之四，花纹细节或底纹，用普通雕刻刀不能完全雕出，还需要制作底纹刀和底纹錾子，底纹錾子需要制作或修整多次才能用于实现所要的底纹效果。宝塔钟零部件的模型全部初步雕刻完成用时六个月，预判后期装配仍有不合适的地方需要修改。

三、铜铸铜雕与组装

宝塔钟的零部件雕形完成后进入铜铸铜雕和组装环节，工序如下。

第一道工序：雕形翻模

第二道工序：制蜡型

第三道工序：修蜡型

第四道工序：披壳

第五道工序：蒸蜡

第六道工序：烧壳、熔铜浇铸

第七道工序：开壳、表面清理

第八道工序：粗修、打磨

第九道工序：焊接

第十道工序：铜件精修精雕

第十一道工序：初次调整、组装

第十二道工序：拆装、抛光、表面上金

第十三道工序：镶嵌描彩

第十四道工序：组装成品

在这十四道工序中，第十一道工序最为烦琐，需要多次修正图纸与数据，多次重新雕刻零部件的模型，直到每个零部件组装在一起。此过程的测绘制图全部手工完成。初次组装前后用了近八个月的时间。组装完成后，宝塔钟只是有了外形，具备了计时功能。

全面检视这座宝塔升降钟，红木座上的阴阳方格铜板托板为手工錾刻而成。塔钟的四方八角铜雕画座，经过多次测绘制图修改才能确定比例。在不影响整体比例的情况下，尽量放大后门尺寸，避免装不进机器。经过一年多的调整，初装成功，终于制作出令人满意的升降塔钟外壳雏形。

升降塔钟外壳初次组装完成后，再进行拆装，还要精修精雕每个零部件，每道花纹都要錾刻精致细腻，以达到精美绝伦的效果。有的花纹瑕疵需要焊接修补，再用钢錾子把花纹錾出，并要和原型花纹一致。精修精雕后，进行精磨精抛，必须使用大小合适的磨轮和抛光轮，以免打磨掉十分细小的花纹，这是相当费时费工的。精磨精抛完成后再对每个零部件进行复检，以免上金后出现瑕疵，造成较大损失。

复检完成后，对零部件上金，上金颜色必须一致，一处颜色不一致也会影响组装成品的整体美观。零部件全部上金后，进行零部件镶嵌、机芯组装。组装零部件每个步骤都要认真仔细，否则还要整体重装。（如图4-67和图4-68所示）

图4-67　初次组装的升降塔钟外壳

图4-68　升降塔钟整体

四、升降功能

　　塔檐是能伸缩活动的塔檐。因为塔檐是手工失蜡熔模铸造而成，容易变形，需要多次调形后再进行机加工，才能保证九层塔檐在升降过程中的稳定性。先计算出九层塔升高的高度，再根据每一层的情况确定每一层升高的高度。

　　走时机芯是由老式苏钟机芯改装缩小而成。由于宝塔钟的空间有限，还要放入升降机器，所以要尽最大努力将走时机芯缩小到最小，因而对每个零部件精密度的要求都提高了很多，经过多次调试，终于成功了。（如图4-69和图4-70所示）

　　宝塔钟机器的放置空间有限，已被走时机芯占用了一部分，但还要将升降机器的升降杆置于宝塔钟正中心以支撑九层塔檐的升降，再根据这个基础点排布发条盒、齿轮、打铃、滚梳、八音铃、减速器等零部件。经过多次长时间尝试，排列初见雏形。九层塔檐的结构是上小下大，每一层的重量都不一样，越向下一层塔檐越重，这样会造成升起塔檐不匀速，甚至动力不足。经过多次研究，决定在升降机器的上部加装一个发条来吊装升降杆。第一次组装，升降拉线采用钢油丝，在强大的发条拉力作用下，钢油丝断了，组装升降机器失败。再度探讨研究，先减轻上部塔身的重量，把钢油丝拉线改换成自制芝麻链，对齿轮和轴进行铆钉加固，拆卸已组装好的上部塔身，最大限度消减塔檐花挡片的重量，再组装测试，上部塔身缓缓升起，终于成功了。

　　还有一个最大的难点要解决，就是打八音铃的《茉莉花》乐曲制作。要掌握音乐、音铃材质、校音、音梳的制作和机械传动等专业知识才能制作这样一套打铃音乐装置。通过查阅有关资料并结合实践，先用特种铜材铸造音铃，然后再调整音铃的高中低音，找出了音铃调音的规律等，经过几百次实践，终于得出相应参数。（如图4-71所示）

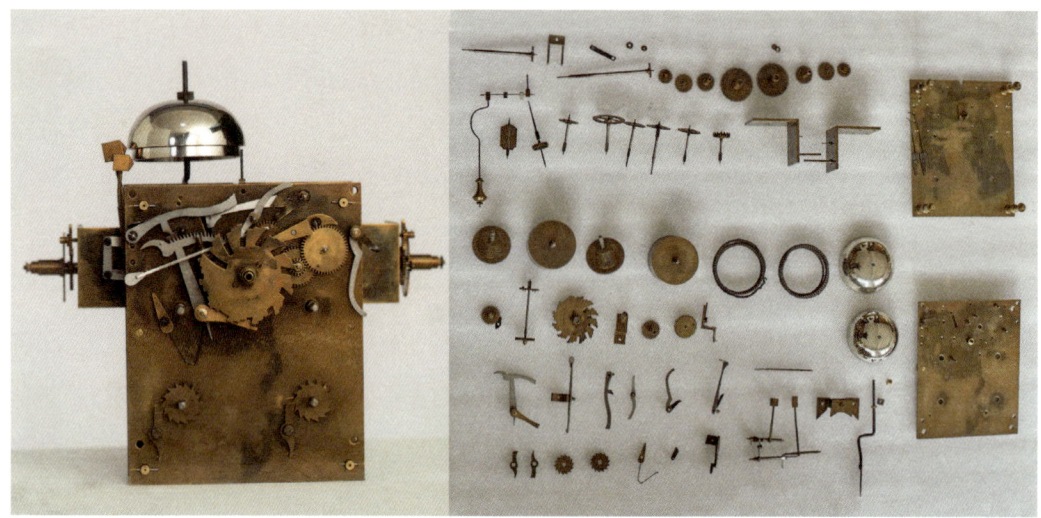

图4-69 走时机芯整体和拆解

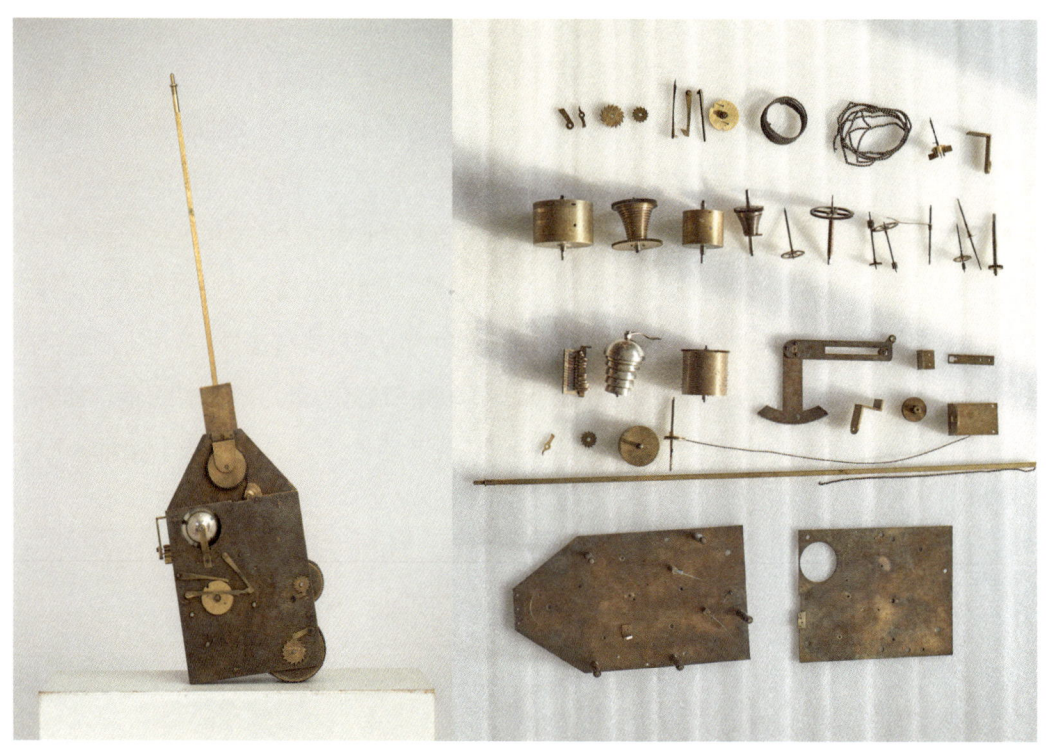

图4-70 升降机芯整体和拆解

图4-71 工作人员制作调试

第四节

升降塔钟的艺术研究

2017年至2022年，故宫博物院文保科技部钟表修复室在联合修复课题研究的同时，配合展览、维护等多方面的工作，对院藏塔钟、颐和园藏塔钟逐一展开了相关的修复工作。

塔钟，集观赏与使用功能于一身，是清宫旧藏的重要组成部分，其外观反映出"塔"形象的演化流变。以下基于修复工作进行拓展研究，内容包括塔原型的追溯、故宫博物院藏微型塔与升降塔钟的造型比较等。

研究塔原型的资料十分充足，包括《张驭寰文集·第十四卷·中国塔》、叶苗的《中国塔的历史演进》等，关于微型塔的资料有顺禾的《故宫里收藏的微型宝塔》以及各类修复报告等。近年关于升降塔钟的研究并不多，包括杨晓晨《故宫博物院藏铜镀金嵌珐琅升降塔问乐钟的保护与相关研究》《故宫博物院藏升降塔钟表》等。而将塔原型与升降塔钟联系起来，提供思路并进行梳理的研究还处于空白阶段，本文亦从这一点出发，做出初步总结。

一、塔原型

（一）最初的形象

塔之原型，最早可以追溯到古印度时期，现称"窣堵波"（梵文音译，发音stūpa），意为坟冢，指由台基、覆钵、宝匣、相轮四部分组成的实心建筑。相传释迦牟尼佛火化后留下的舍利藏于此种建筑，因此在佛出生、涅槃的地方皆要建塔。唐玄奘《大唐西域记》中记："拘尸那揭罗国（位于今印度北方邦戈勒克布尔镇卡西亚〈Kasia〉村），城郭颓废，邑里萧条，故城砖基，周十余里，居人稀旷，闾巷荒芜。城西三四里，渡恃多伐底河。西岸不远，至娑罗林，起树类槲，而皮青白，叶甚光润。四树特高，如来寂灭之所也。其大砖精舍中，作如来涅槃之像，北首而卧。傍有窣堵波，无忧王所建，基虽倾陷，尚高二百余尺，前建石柱，以记如来寂灭之事。"关于窣堵波的形式，许多佛经中都有描述，其中律部《根本说一切有部毗奈耶杂事》中记载："我今欲于显敞之处以尊者，骨起窣堵波。得使众人随情供养。佛言长者随意当作。长者便念。云何而作。佛言应可用砖两重作基。次安塔身上安覆钵。随意高下上置平头。高一二尺方二三尺。准量大小中竖轮竿次着相轮。其相轮重数。或一二三四乃至十三。次安宝瓶。长者自念。唯舍利子得作如此窣堵波耶。为余亦得。即往白佛。佛告长者若为如来造窣堵波者。应可如前具足而作。若为独觉勿安宝瓶。若阿罗汉相轮四重。不还至三。一来应二。预流应一。凡夫善人但可平头无有轮盖。"因此，可以大抵判断，窣堵波的基本形制是用砖石垒筑圆形或方形的台基，周围一般建有右绕甬道，设一圈围栏，分设四座塔门，围栏和塔门上雕刻装饰。塔身是在台基之上建有一半球形覆钵（向下的半球体，状如倒覆之钵，随推移半球形渐次增高，如鹿野苑的达密克塔，泰国、缅甸等地则逐渐变高如炮弹形，西藏等地与之相反，上方开扩，下端缩小），如图4-72所示。图4-73和图4-74为印度坎赫里石窟支提窟外的塔形雕刻和坎赫里石窟中早期的窣堵波，其身外砌石，内实泥土，埋藏石函或硐函等。覆钵塔身如图4-75所示，这样的形象虽与我们常见的中国宝塔有很大区别，却与我国"自古即呈小丘之状"的坟墓造型如出一辙。显教认为塔是高德之标帜，即所谓墓标，所以仅可为佛及有德之比丘建造；密教则以为塔为大日如来之三昧耶形，是为结缘追福的建筑。

带此观念观察升降塔钟，其中某些"设置"的源头似乎可见。如铜镀金嵌珐琅升降塔问乐钟（如图4-76所示），此件塔钟于2019年为钟表修复组修护，当时拆开宝塔后，发现其下供奉着四尊两两向背而坐的象牙佛（缺失一尊，后补配，如图4-77所示）。在清代宫廷被视为"皇帝的玩意儿"的钟表，却表露出供奉的意图，佛像四面而坐的设置，很难不让人联想到佛塔最初的功能以及最早的窣堵波四座塔门设置的流变。

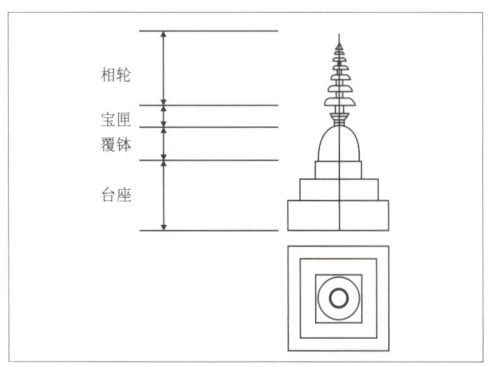

图4-72 窣堵波图示

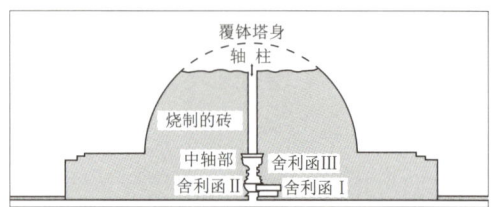

图4-75 覆钵塔图示

图4-73 坎赫里石窟支提窟外的塔形雕刻

图4-76 铜镀金嵌珐琅升降塔问乐钟

图4-74 坎赫里石窟中早期的窣堵波

图4-77 补配的象牙佛像（未上色）

(二)东渐流转

1. 阁楼样式

汉明帝时期,犍陀罗式窣堵波随佛教传入中国。我国自战国至东汉,高台建筑逐步发展变化为木构高楼,比如伴随着洛阳城东白马寺的兴建,"珠宫幽邃,遥瞻丈六之光,悉堵凌云,依稀尺五之上"的齐云塔,于东汉永平十二年(69年)三月初一动工,次年十二月初八日完工(今为1175年彦公大士重建的十三层砖塔);《三国志》和《后汉书》记载,汉末所建的徐州浮屠寺塔为一座九重铜制塔刹大木塔;汉武帝时出现的"井榦楼",高达五十丈……窣堵波的流传,在某种程度上与了秦汉帝王"承露接引""仙人好楼居"的意向相契合,因此其与中国的重楼结合实为一种自然而然的顺应。我们虽已无法见到阁楼式佛塔的样貌,但可从诸多其他文物中获取相关信息,如河南、陕西、甘肃等地出土的陶制楼阁(如图4-78所示)。再如莫高窟第217窟的壁画可见这种塔形(如图4-79所示):锥体形基座,上部设廊柱开间,平座围栏,上檐飞翘,顶部四角攒尖,立塔刹且索系四角。观之不禁感叹其与故宫藏铜镀金珐琅楼倒球卷帘钟(如图4-80所示)、铜镀金珐琅仙阁群仙祝寿钟(如图4-81所示)等的形似程度。这些钟楼的美好寓意也多半落在"福禄寿""仙人贺寿"等题材上,我们沿着上述思想去研究塔形、阁楼形钟表时,或许可以得到更多的启示。

图4-78 出土陶制楼阁

图4-79 莫高窟壁画中的楼阁

图4-80 楼阁样式的铜镀金珐琅楼倒球卷帘钟

图4-81 楼阁样式的铜镀金珐琅仙阁群仙祝寿钟

2. 大众认知的塔形

宝塔形制历经各朝纵向发展，兼容临近区域的建筑面貌，融合交流，逐步形成了楼阁式塔、密檐空筒式塔、覆钵式塔、金刚宝座式塔、花塔、宝箧印式塔、五轮塔、多宝塔、无缝式塔等多种塔系，各有特色的形态由此展现于世人面前（如图4-82所示）。相比于印度的窣堵波，中式塔一般由地宫、塔基、塔身、塔顶和塔刹组成（如图4-83所示）。其中，地宫位于塔基正中地面以下，藏舍利；塔基包括基台和基座；塔刹在塔顶之上，通常由须弥座、仰莲、覆钵、相轮和宝珠组成，亦有在相轮之上加宝盖、圆光、仰月和宝珠的塔刹。公元三世纪至四世纪，出现了三层塔身，其后五层、七层、九层、十三层、十五层、十七层，乃至三十七层等重层结构接连涌现。随着建筑技术不断进步，结构日趋合理，所使用的材质也从传统的夯土、木材扩展到了砖石等。

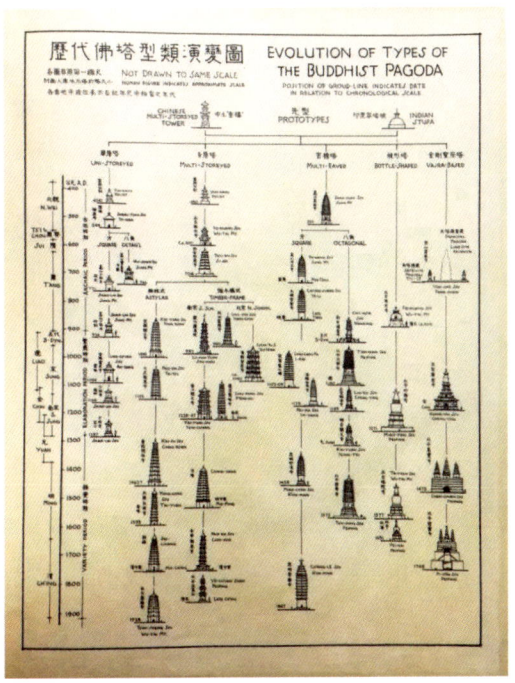

图4-82 梁思诚手绘历代佛塔类型演变图

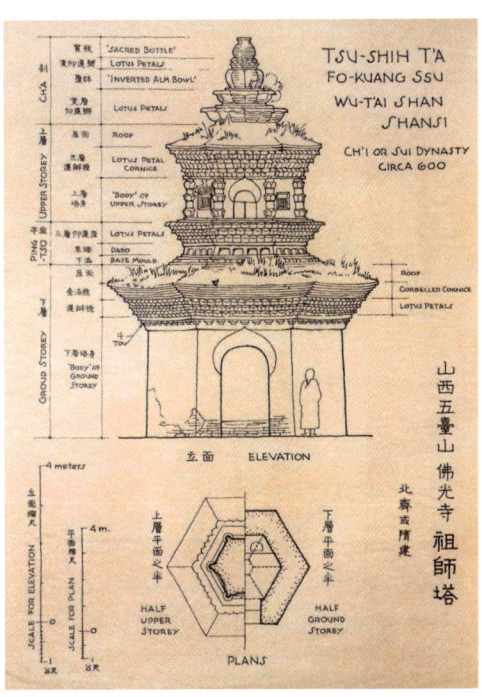

图4-83 梁思诚手绘祖师塔

重要的一点是，塔的平面从楼阁平面的四方形，逐渐演变为六角形和八角形（隋唐及之前的砖石塔虽然有六角形、八角形者，甚至还有嵩岳寺塔十二边形的特例，但就现存的唐塔来看，多数还是方形）。从功能上看，入宋以后改制的六角形塔、八角形塔，由于各角为钝角或圆角，因此在地面震动时受力会相对均匀，不易损坏，同时也为人们凭栏周览扩大了视野。当这一式样应用于升降塔钟表时，便产生了更为丰富的造型，因此我们目前所见的升降塔钟，其截面形状以八角形、圆形居多。此外，清宫旧藏的升降塔钟多为单数级宝塔，主要为五级、七级、九级等，多为密檐式。

如铜镀金嵌珐琅升降塔问乐钟（如图4-84所示）整体为七层宝塔形状，顶部有刹，各层宝塔四角有铃铛，塔中四龛门为玻璃；铜镀金嵌料石升降塔钟（如图4-85所示）为塔基座八边形、塔身六边形的九层塔，檐亦挂铃；铜镀金转人嵌料石升降塔钟（如图4-86所示）则是塔檐挂铃五层圆形宝塔。

3. 关于"声音"

在古印度文化中，人们认为耳朵属五大元素中"空"的范畴，是非常具有神性的部位，佛教在印度兴起后，各地建塔礼佛，塔上除以幢幡璎珞等物为饰外，并悬有许多随风发声的铜铃。有学者认为，中国的古乐钟（梵钟）可能就是由这些铜铃演变而来的。《妙法莲华经·见宝塔品》有云："尔时佛前，有七宝塔……种种宝物而庄校之。五千栏楯，龛室千万，无数幢幡，以为严饰，垂宝璎珞，宝铃万亿而悬其上。"北魏宋云游历印度所撰《行记》中，亦有关于雀离大塔的记录："旭日始升，则金盘晃朗微风渐发，则宝铎和鸣。"

作为拥有机械装置的活计，升降塔式钟表仅在外形上沿用了塔上的宝铃，其真正发出声音的部分来自内部的音乐系统，即乐箱。简单来说，这套系统由动力源、刺辊子、钟碗、钟锤组成，动力输出后，传递到刺辊子上，刺辊子随之转动，其上排布的小刺依次拨动敲锤杆底部的"尖牙"，钟锤随之弹起，触碰簧片，击打钟碗后再弹回，钟碗的大小控制着声音的高低，响起天籁之鸣。我们常说的"换套"，就是通过调整刺辊子的前后位置，让小刺构成不同的路径，使得敲锤弹动出现变化，完成几套不同乐曲。升降塔钟的乐曲多为《茉莉花》，如当铜镀金嵌料石升降塔钟（如图4-87所示）弦满开动后，《茉莉花》旋律响起，逐层而升，在最高处短暂停留，再次启动按钮时，又逐层而降，曲终塔落。乐曲亦有英国定制钟的选曲或广东传统音乐，如乾隆四十五年（1780年）英国制铜镀金转人嵌料石升降塔钟（如图4-88所示），塔檐挂铃，可演奏优美的中国民间乐曲，这与当时宫廷定制的需求是密不可分的。

4. 从微型宝塔的造物角度看待升降塔钟

从元至清的六百年间，除了塔刹（"十三天"）的比例变更，且从尖锥形发展为直筒形之外，明代以后仿照印度佛陀伽耶金刚宝塔形式而来的金刚宝座式塔，以及瓶形喇嘛塔一起出现在世人面前。另外，文峰塔、风水塔也在后期出现了。

多文化的融合推动了造物审美的多元化。在清宫藏微型宝塔中，乾隆四十二年（1777年）的金镶珠石发塔（如图4-89所示）为乾隆皇帝为纪念其生母崇庆皇太后所制，覆钵式塔身满刻梵文，十三层塔镶嵌绿松石、珊瑚等，并供金佛、头发；铜镀金天降宝塔（藏语称"拉播曲丹"）（如图4-90所示），是为纪念释迦牟尼升天为母说法后重返人间而制，内供奉有释迦牟尼佛降魔成道像，并有日盘、月盘、摩尼宝珠、狮子、莲花等装饰造型；金嵌宝石八角塔（如图4-91所示），塔身为八角形，每面均设佛龛，内置佛像，另外塔基束腰处有呈托举状的小金人八个……上文提到的铜镀金转人嵌料石升降塔钟，最下层塔座四角也站有士兵，其外层还有十二个站立的士兵，机械运转时，塔座四角的士兵同时转动，塔外围的士兵则绕塔运动（如图4-92所示）；铜镀金嵌珐琅升降塔问乐钟，最底层的四角分别安置了立于莲花座上的象牙小童子，他们双手合十，在升降塔表演的过程中，躬身向前，做虔诚礼佛状（如图4-93所示）。

"塔"在发展过程中，不仅形成了各种形制的建筑，还延伸出可为室内供奉礼拜的微型塔，这些微型塔相较于大型建筑更加精微璀璨，升降塔钟表就在此列，并有其实用性。

二、浅探原型背后的文化映射

《妙法莲华经·见宝塔品》有云有："尔时佛前有七宝塔，高五百由旬，纵广二百五十由旬，从地涌出，住在空中，种种宝物而庄校之。五千栏楯，龛室千万，无数幢幡，以为严饰，垂宝璎珞，宝铃万亿而悬其上。四面皆出多摩罗跋栴檀之香，充遍世界。其诸幡盖，以金、

图4-84 铜镀金嵌珐琅升降塔问乐钟

图4-85 铜镀金嵌料石升降塔钟升起后

图4-86 铜镀金转人嵌料石升降塔钟升起后

图4-87 铜镀金嵌料石升降塔钟升起前

图4-88 铜镀金转人嵌料石升降塔钟升起前

图4-89 金镶珠石发塔

图4-90 铜镀金天降宝塔

图4-91 金嵌宝石八角塔

图4-92 动偶装置

图4-93 小童子

银、琉璃、砗磲、玛瑙、真珠、玫瑰、七宝合成,高至四天王宫。三十三天、雨天曼陀罗华、供养宝塔。余诸天龙、夜叉、乾闼婆、阿修罗、迦楼罗、紧那罗、摩睺罗伽、人非人等,千万亿众,以一切华、香、璎珞、幡盖、伎乐,供养宝塔,恭敬、尊重、赞叹。尔时宝塔中出大音声,叹言:'善哉善哉,释迦牟尼世尊,能以平等大慧教菩萨法、佛所护念、妙法华经、为大众说。如是如是,释迦牟尼世尊,如所说者,皆是真实。'尔时四众见大宝塔住在空中,又闻塔中所出音声,皆得法喜,怪未曾有,从座而起,恭敬合掌,却住一面。"寓意"示佛知见"就相当于佛陀把自己的宝藏展现出来,世人目睹后则相信种种稀有难得是真实不虚的,"宝塔出现,显示实相"正是"示佛知见"的一部分内容(另一部分为"难易得果,证法平等"),也有学者认为,"凡遇需刻佛本人形象之处,皆以脚印、宝座、菩提树、佛塔等为象征"。

在中国传统中,祖先崇拜与宗教仪轨往往是分不开的,清代文化又显示出满蒙汉藏并存,加之钟表本身就是外来物,含有西洋元素,此时再将上述"塔"之概念放于其中,便出现了一个十分庞大的课题。

以下尝试从最小的个体——人的角度,进行初步探索。

(一)统治者的家国情怀

笔者在参与大自鸣钟修复的工作中,曾经对康、乾时期的钟表发展做过初步探索,简单来说,乾隆帝相较于其祖父,更愿意将钟表视为"玩意儿",因此对它们的表演活计更为在意。然而,在

"塔"这一框架的制约下，祖先崇拜与宗教供奉的庄重意义则显得更为重要，乾隆帝曾在佛龛和祖宗神牌前，分别有祝词云："一身康泰，天下万民俱祈康泰；一家安乐，天下俱祈安乐"，"愿（往）逍遥极乐之乡，永享无为之乐"。这体现出帝王对天下民生和自身家族的关注和爱护。我们也可以从升降塔钟上，看出这份对"神"之差别的模糊，多重信仰交织达到了"重实用""利天下"的目的。如广东所制铜镀金嵌珐琅升降塔问乐钟上，不仅有麻姑献寿、八仙过海、莲花童子等汉地元素，还有四面佛佛龛的设计。塔内东西南北四尊佛像分别固定在钟楼龛内。丢失一尊者留有牙雕宝座，其外玻璃板内补做了一幅佛像彩画以遮盖。其余三尊佛像头戴红色高冠，身披袈裟，手印为法界定印，坐相为结跏趺坐，面目平和慈祥，端坐于二重台雕花宝座上。有趣的是，铜镀金升降塔钟的设计则从另一个角度说明了这个现象，这台英国十八世纪的五层宝塔形钟表塔基四角立武士，圆塔第一层廊下安置一圈身着不同服饰的仪仗队员，共十二人，掣旗、吹笛、擎鼓，形成了番人仪仗的热闹场面，体现出统治者对国家力量的强大自信。

（二）居住者的日常生活

需要承认的是，祭祖、礼佛之外，宝塔型钟表上还体现生活化的特点，难掩生动。

比如铜镀金升降塔钟的正面和左右两面椭圆形开光处各设放射状水法柱，中心还嵌有料石转花，弦满开动后，水法、转花便随着塔升起开始转动。铜镀金转人嵌料石升降塔钟最下层塔身也有水法、转花随乐转动的设置。这样的例子不胜枚举——精巧的活计丰富了观赏与把玩体验，传递出浓浓的生活气息。

三、总结

几座升降塔钟装饰华丽，风格混杂，表演活计甚多，符合乾隆时期"以充实谓之美"的审美取向，在修复完成之际，笔者成文于此，内心不禁感慨：当我们把相对复杂的事物简单化后，可以从古钟表文物本身的修复中获得大量研究成果，这是"技艺"；当我们把看似简单的事物复杂化后，则获得更大的延伸空间。本文只是对空白处的一次初探，接下来的更为深入的研究还需要多方学者不断探索交流。

学无止境，求索欢喜。

第五节

升降塔钟的宝石镶嵌工艺

一、自鸣钟设计中的中西渊源

（一）欧洲仿中式设计风潮的考证

历史上，中国的丝绸在意大利及其他欧洲国家广为流行，在当地人眼中十分珍贵，被用来包裹宗教圣器。

中世纪晚期，一些用贵金属镶嵌宝石制作的器物上描绘的《西厢记》场景成为欧洲出现中国风的有力证据。

一段漫长的时间里，中国风格一直影响着欧洲，为设计师带来无穷的灵感。

中式风格是如何融入西方设计中的？十六世纪初，中国出口到欧洲的商品就已经深刻打动了欧洲人，随着贸易的增多，瓷器、丝绸和茶叶等商品曾让整个欧洲痴迷。十八世纪，欧洲的皇宫陈设、园林设计及建筑装饰中就已有非常多的中国元素融入。值得一提的是，对东方的渴望和探究让欧洲人将亚洲诸地区文化元素都融入自己的设计中，从而衍生出一种被称为中国风的东方风格，体现在家居、金属器具以及室内陈设、建筑、园林等方面。

中国风的影响力不断发展，到了十九世纪初，英国皇家植物园林——邱园中著名的中国宝塔成了欧洲时尚建筑的原型之一。

（二）是为中国而设计，还是具有中国风格的设计

1. 设计制作者和销售商人的角度

詹姆斯·考克斯（James Cox）是十八世纪最负盛名的自鸣钟制作者之一，他不仅精通自鸣钟的制作，还有珠宝商人、玩具制造商、机械师等多重身份。

自十八世纪六十年代中期开始，考克斯制作的自鸣钟逐渐形成了一种独特的风格，很能迎合中国皇帝以及中国上层社会的品位。

1933年故宫博物院出版了史密斯的英文专著《故宫收藏钟表目录》，其中仅十八世纪的英国钟表就有约70件，它们出自约三十位钟表匠人之手,其中最为著名的就是詹姆斯·考克斯。

考克斯的自鸣钟是为中国市场而设计的。"亚洲人的荣华来自古董,把最宝贵的金属和宝石粗略加工便陈列展示出来,大部分的摆设和布置欠佳,欠缺品味,没有效果,并不实用。此次展览的负责人认为,在设计中注入他独有的东方品味以带来光辉,施以更完美的工艺,以新奇的机械装置令人们着迷,必能制造出更好的钟表。"这是詹姆斯·考克斯《几件精美绝伦的机械和珠宝》一书中的段落。他的作品从中国人的品位中汲取灵感,同时又融合欧洲机械装置和传统装饰工艺,他将自己定义为知识渊博的专家,还指出了欧洲品位和亚洲品位间的差异:"就欧洲和亚洲品味的不同,好奇的观众或许会在这里找到令人满意的答案。纵使是最基本的区别也不容忽视。这些作品最初是为东方人设计的……一个只根据欧洲工艺刻板的严格准则去评价这些精心为印度和中国市场制造物件的人,一定不太了解事物的本质。……奇特的东方作品的吸引力,除了来自异国风情,亦有来自从不规则或混乱中产生的无限概念。即使在某方面,东方创作偏离了大自然,它至少能在神韵上,模仿大自然的豪迈奔放。"

不可否认,当时中国风格已经扎根于欧洲上流社会,考克斯总是强调自己的自鸣钟是为东方人量身定做的,相对于市场上大多数产品,考克斯的作品获得了区别对待。

我们看到的是当时著名钟表制作者和钟表商人将自己的作品视为专为中国消费者设计的作品,自称对中国品味和工艺有一定程度的理解,表示这些作品结合了欧洲机械工艺与中国设计元素。

2. 历史学家的一些观点

凯瑟琳·帕加尼认为,从结果看,十八世纪英国设计的自鸣钟呈现中国风格只是因为设计生产者要迎合当时欧洲正在流行的中国风,他们只是利用这一点销售产品,本身并无意了解中国文化。同时,帕加尼认为中国消费者之所以喜爱英国生产的自鸣钟,原因是喜爱这些产品中的欧洲风格,这对于中国消费者来说是新奇的。以考克斯为代表的这群人利用其自身在市场营销方面的能力和才华,宣称自己的自鸣钟是为东方人而设计的,对英国消费者其实是一种心理暗示,从而促进了销售。

与帕加尼持相反意见的史学家罗

杰·史密斯，他指出，十八世纪六十年代开始，自鸣钟的设计更加专注于迎合中国市场。反复出现的元素就是宝塔和珠宝、镀金珐琅、植物、花盆、大象等图案装饰。这些元素的灵感不仅来自中国风，还来自正宗的中国艺术、历史资料、插图游记和广州商人意见回馈。史密斯深信自鸣钟不是为欧洲市场设计的，只是因为中国市场对自鸣钟的反应不大，制造商只好将他们的商品投放到国内市场。此外，史密斯补充，中国装饰在为国内市场设计的作品中表现完全不同。

而且史密斯了解考克斯的设计理念，得出的结论是，从十八世纪六十年代开始，销往中国市场的自鸣钟确实是为了迎合中国人的品位设计的，即使鲜为人知。

不可否认的是，许多自鸣钟都是欧洲特色的作品，有的饰有欧洲风景的铜版画，甚至将舞台艺术搬到自鸣钟的设计中，在置景前安装机械装置，充满动感和舞台感。

历史学家罗杰认为，中国主题与欧洲风格的融合，并不足以证明英国设计生产者兼企业家认为中国消费者热爱富有浪漫色彩的欧洲景象。十七世纪以来，中国制造商生产的家具出口到欧洲，这些产品运用中国材料和图像，旨在吸引欧洲消费者。十八世纪，中国外销瓷器涌入欧洲，这些瓷器由中国匠人根据欧洲的器物造型，采用传统方法制成，包括啤酒杯、芥末罐和黄油碟等。这些产品成为当时东西方融合的缩影，风格皆在纯欧洲风与纯中国风之间。

李启乐认为，在十八世纪，中国人对进口的西方商品有巨大的需求，而这些商品被称作洋货，各社会阶层都渴望得到融入西方元素的物品，国内生产的仿制品比实际进口的洋货还要多。从康熙年开始，宫廷就专门制作西式物品，包括钟表、玻璃制品、珐琅画和景观制品。从十八世纪中叶开始，大批工匠涌入广州，得以直接接触西方进口产品，提高仿制生产的水准。在《帝国幻景：横贯图像边界在清宫》一书中，李启乐对这一时期中国制造的西洋商品的描述，同样适用于为中国市场制造的英国自鸣钟："熟悉与陌生的并存将之归为一类。"

英国生产者兼企业家的主要目标是卖出商品。一些历史学家指出，伦敦和广州港口之间的旅程太长，单程需时六至十二个月，以至消费者无法对英国自鸣钟的制作提出意见。此外，除了广州的特约中国商人，英国商人与终端消费者没有任何接触，也很少甚至从来没有与中国人接触过，因此，英国人不大可能收到来自最终用家的真实意见。设计师与消费者是完全分离的。然而，我们似乎有理由相信，有限的回馈还是可以传达到身处广州的英国商人。不能否认，英国商人能够看到生活在广州及周边的工匠生产和销售的西洋风格商品，从而了解哪些设计对中国市场具有吸引力。此外，为了获利，中国商人只会购买那些会在中国畅销的商品，而非所有自鸣钟，所以，只有最精致、最有吸引力的作品才会在广州被挑选，继而献给皇帝。同今天一样，消费者的选择是最能体现潮流和产品吸引力的指标。到了十八世纪，出口到欧洲的中国商品转趋复杂，凭借对欧洲中国风的认识与理解，中国制造商度身订造和精心设计自鸣钟以提高销量，可以推论，英国出口到中国的自鸣钟，也是英国制造商根据中国对西洋风格的理解制造的。在这种背景下，可以说自鸣钟确实是针对中国市场设计的。

二、装饰工艺在自鸣钟发展中的重要作用

从前面的设计追溯中可以清楚了解自鸣钟的设计与中西方贸易不可分割，同时，中西方贸易的长足发展促进文化相融，使自鸣钟的样式多姿多彩，体现出装饰工艺的重要性及其魅力，这些工艺能让观者迅速感知工艺品的产地、年代甚至流派等信息。

（一）升降塔钟不同装饰工艺结合下的装饰大观

升降塔钟融合了中西方设计精髓。如五层旋转升降塔，整体装饰风格更加偏西式，还夹杂些许中东特色。每层塔柱都是希腊风格的圆柱，而中式亭子多为四角柱，所以这是肉眼可见的区别。塔柱外的金属浮雕结构，采用棕榈树造型，是对东方美和东方消费者的致敬与示好。二至四层塔，每层的柱子中间都有一扇窗户做装饰，窗户是西式风格。每层塔顶都有红白蓝色装饰。底层八音盒上方有四个人物像，为裹头巾的中东人物造型。在钟盘四周的装饰金属贴片上，有明显的洛可可式纹样。

相对比，九层升降塔钟塔为八角六面柱体，更加符合传统的中式建筑大观，其上的金属镂空装饰为花草纹样，八角六面的塔檐上用排镶方式镶嵌满料石，只有白蓝二色。

两件升降塔都产自英国,可看出两件作品都是欧洲为迎合中国审美或因为喜爱中国风格而设计,但是有一个重要的特点,也是之前说过的,即在设计中存在对中国元素认识不清的情况,会将中东或印度元素误认为是中国元素体现在作品中。

(二)宝石镶嵌工艺简介

1. 宝石镶嵌工艺的多种面貌

以下通过列举具有代表性的工艺表象和工艺技法来描述镶嵌工艺的多样性和特殊性。

一是英国钟表。

铜镀金放花盆式表,虽说它归类于钟表,但为了实现计时功能,其用两个怀表机芯作为装饰隐藏在花瓣和岩石之中,在体量较大的方体箱式结构中隐藏了一个八音盒机芯,在这个机芯上还附带了链式传动结构。这个结构展现在观者面前的场景是农人在欧洲乡村风光中散步。

另一件藏品是铜镀金牛驮瓶花表,机芯作为装饰放置在镶嵌满宝石的花卉之中,公牛身上的錾刻纹理十分精细,脚下铜镀金的雕花边框镶嵌了人造星光石,造型十分稳健。公牛造型的中空内部中有一个小型的音乐机芯,机芯之上有通往牛背中空的齿轮,齿轮外连接满镶宝石的六芒星,满弦状态,打开阀门,随着音乐响起,六芒星宝石花缓缓转动。

两件钟表的设计都具有典型洛可可风格,可以说,这一席卷世界的艺术风潮作为欧洲宫廷文化的代表,出现在清宫收藏中毫不违和。

二是广州钟表。

广州钟表的装饰手法更加丰富,演示功能也更多一些。比如在铜镀金珐琅葫芦顶渔樵耕读座钟小景观中,打开阀门,可以看到小鱼在假山间畅游,拿着锄头的牙雕小人在移动,有方形窗口装饰着宝石镶嵌的"大吉"两字。漆门能够弹开,里面展示一个齿轮转盘,象牙雕刻的动物们驮着自转的宝瓶围绕着圆柱转动。

广州钟表镶嵌设计的共性是在菠萝花装饰及转花处的小花瓣点缀,其他则是各有各的不同。如铜镀金葫芦式水法转花变字钟,中式的亭台楼阁,二层的小人不断走动,底层的洋人变戏法,手中对联不断折叠放下,两边的青金石镶嵌三棱锥边,都给这件工艺品增加了更多的趣味性。

在镶嵌方式上,中西方有不同的设计语言。

一是工艺细节。可以看出英国钟表上石头的琢型更加多样,而广州钟表上的石头则设计得规规矩矩。

二是排列特色。英国钟表是将大小不一的石头看似不规则地排列，最终形成了规矩的造型；广州钟表则将不规则的宝石有规则地排列在一起，最后整体看上去是有序的，细看则富有层次和变化。

2. 追本溯源——料石的起源

《自然史》是一部完成于公元78年的百科全书，也常被称为"博物志"。其中记录，黎巴嫩地区的某处海滨，有一些海员上岸休息并寻找食物，在那次旅程中，他们的船装载了大量碳酸钠矿石。由于未找到合适的大石块来生火坐锅，船员便用随船的碳酸钠矿石来替代。"当这些石块受热，并与沙滩上的沙子充分融合时，一种古怪的液体便开始四处流淌。据说，这便是玻璃的起源。"

在结晶学的概念中，玻璃是一种非晶质构造，分为天然玻璃和合成玻璃。天然玻璃大多以化合物的形式存在于自然界，多为火山玻璃或玻璃陨石。吹制技法几乎是所有早期玻璃制造都会用的方法，压制技术的发明和多种装饰手法相结合的工艺技法的产生使玻璃一度成为世界潮流。我们熟知的知名珠宝品牌的设计师都曾经为之疯狂，这也说明了玻璃丰富而强大的艺术表现力。

将玻璃当作宝石镶嵌的工艺起源自十五世纪中后期。十五世纪末，威尼斯的玻璃工匠们制造出了无色水晶玻璃器具、留瓷样白色半透明玻璃器具和其他彩色玻璃制品，还有用镀金和瓷釉装饰的玻璃制品。1470年至1550年，玻璃工匠制造了许多绚丽夺目、富丽堂皇的玻璃制品。这些玻璃艺术品，是用金箔和多彩瓷釉装饰的。

十五世纪晚期和十六世纪，人们制造了一些与贵重宝石和半宝石相似的彩色玻璃，如仿翡翠、青玉、绿松石、蛋白石和玉髓等。

3. 抽丝剥茧——材质确认

检测分析日常修复工作中搜集到的样品，发现每一件宝石样品下都垫了金属材质的衬底，这样可以使宝石反射出耀眼的光彩。检测宝石和垫片的材质，显微镜下可以发现大量气泡，而且在橙色石头中发现染料残渣。衬底成分为银箔。可以得出的结论是，故宫博物院收藏的工艺品钟表所用的镶嵌宝石为玻璃仿水晶。

| 附录 |

中国文物学会钟表专业委员会文物修复学术论文汇编

音乐表相关研究

故宫博物院研究馆员　亓昊楠

无论是东方还是西方，音乐都是文明的重要成就之一。中国人从一开始就对音乐钟或音乐表里的欢快乐曲，以及后来圣克罗伊出品的大型卡特尔钟里那些更和谐丰富、音质更好的乐曲表现出了一定的兴趣。

十九世纪的前二十五年里，瑞士有成百上千件音乐表面世，那么这个产业是如何发展起来的呢？

音乐表是音乐钟的延续，并最终取代了音乐钟，这种趋势在法国大革命之后特别明显。音乐钟（有笛曲、管风琴曲、鼓曲、排钟曲）一度非常昂贵，法国大革命之后，音乐钟产业在一系列的社会变革和金融危机里破产了，于是人们开始制作一些比大型豪华音乐钟成本低的小型音乐钟。

工匠们自然地聚集到纳沙泰尔山区和日内瓦地区，开始专心研制八音盒，特别是音乐表，与之相关的产业就此发展繁荣起来。

日内瓦、拉夏德芳和力洛克的制造商，在汝拉山谷、圣克罗伊和塔威地区通过挑选赛来挑选最好的工匠，是因为这些地区的音乐表制作已经相当专业和成熟。

1805至1820年，纳沙泰尔的表商在音乐表、音乐盒、音乐瓶及其他类型表领域的生意做得很大。从纳沙泰尔1810至1815年的商业清单记录中，总能看到"音乐问表""自动玩偶表""人物表""花瓶表"等字眼，还有更早期制作的同类型座钟。

还能看到同一时期"音乐盒，可奏两首独立曲调"，以及"可连续奏两首曲调的音乐装置"的送货记录等。确切地说，这些音乐装置的制造地点主要是汝拉山谷、圣克罗伊和塔威地区，制作人有爱彼家族、梅兰、戈利、伯朗、库恩德、梅尔莫、约瑟夫、朱诺、帕亚尔等。

顺着这条线索，很容易找出从音乐钟到音乐表以及从音乐烟盒到八音盒的演变过程。① 不该忘记的是，十八世纪末期已经有几位像雅克德罗那样的专家，他们在制作音乐钟的同时也制作音乐表，只是质量还不是很高。力洛克的萨米埃尔·杜布瓦在1792年曾通过贝桑松的中间商拉布伦兄弟向巴黎发去了"四只外形像天窗的音韵表"。巴黎和伦敦也已经出现了一些特色作品，比如宝玑工坊制作的音乐表（如图1所示）。

图1 约1800年制作的宝玑音乐怀表

通过对音乐表机械原理的研究，我们获得了以下几点更清楚准确的认识。

音乐表里最古老的机械构造就是"排钟"构造。排钟是由一系列音锤和一个音筒组成的，运行时，音锤敲击音筒上的一系列簧片或凸点。有时，表面安插着销钉的音筒是与发条盒直接垂直装置在一起的——雅克德罗音乐机械的构造就是如此（如图2所示），也有的通过一个中间轮来连接。不过，最常见的情况还是：装着发条的条盒本身就是音筒，上面直接打着销钉。排钟构造的音乐机械里，音符其实很少（八到十个），因为发条盒本身的高度很有限。

排钟构造的音乐表在十七世纪末期就已经出现了，不过这种机械构造簧片占用的面积大而应用不多。等到"金属梳"这个具有革命性的发明出现，老系统便马上被废弃了，金属梳结构对整个音乐机械的改进和完善作用是巨大的。

金属梳上那些具有很强弹性的钢质簧片代替了排钟上的凸点，人们一般认为（或对或错）这是住在日内瓦的纳沙泰尔人安托·法布尔在十八世纪最后几十年里的一项发明（如图3所示）。第一位讨论这个话题的人，可能是布拉维尼亚克，他在著作《钟》中谈到过这个话题。

利用金属梳来发音的机械构造可以分为两种：圆筒型和圆盘型（上下有销钉）。圆筒型可能先于圆盘型出现，制造上没有任何新颖之处，只是把之前已经存在的那种圆筒

---

① 制钟师阿布拉姆·路易·于格南在1775年2月20日的一封信中说，"为了吹奏笛曲和羽管键琴曲，他会在很粗的圆筒（或卷轴）上打孔"。其实，音乐盒圆筒制孔师的作用一直都很重要，直到音乐盒被会说话的机器——留声机和唱机所取代。

简单地安装在后来发明的金属梳上,而圆盘型机械则为薄表的问世提供了必要条件。

图3 安托·法布尔发明的圆筒型八音盒

图2 雅克德罗早期镀金黄铜鸟笼音乐表

从各个方面看,圆盘型机械构造都有很大的进步——音符的振动变得十分规律,回响更悠长与和谐,这是其他机械构造不能实现的。但是圆盘型机械构造更复杂,制作难度更高,制作起来也更费时。圆梳上一个个独立分开的钢齿是用螺丝固定在梳背上的,这些梳齿的形状也相当精妙,制作起来并非易事(上层梳齿和下层梳齿的形状也有所不同)。

圆盘型机械构造有多种尺寸规格:有的是19个梳齿,有的是21个,有的甚至多达27个。上层的梳齿总是比下层的多,如上下两层梳齿数量比例为13∶12。如此演奏出来的曲调自然又各具特色。

爱彼与梅兰机芯中的圆盘型音乐构造鸣奏出来的同一个乐响次数更是可达二十八或三十个之多,并且每次乐响持续的时间更长,因为梳齿更长。圆筒型机械构造不可能达到这样的效果，演奏出来的乐曲短得多，并且最多只能重复十二或十五次。

一些古董表中，音筒上的簧片也是互相独立的，用螺丝来固定。比如爱彼与梅兰的几件作品中，梳齿是三个一组，都由螺丝固定（如图4所示）。

图4　爱彼与梅兰作品上的音筒簧片

带有音乐装置的现代作品中，梳齿不再依靠手工切割，而是用机器切割。在这些现代梳齿之下，特别是最低的梳齿下面，一般还会根据音响要求加上经过刀削加工处理过的铅条，而老式的梳齿则完全是钢质的，并且在淬火工序之前就已经能够实现精准的音响效果。

利用金属梳来充当发音动力源的首先是音乐钟，稍后才是音乐箱、音乐烟盒（如图5所示）、音乐表，甚至是音乐图章、音乐盾及其他音乐小饰物。这个发展脉络是很容易理解的。为了减小机械部分的体积，销钉有时候也会直接插种在条盒上。

图5　爱彼与梅兰制作的黄金珐琅蝴蝶形音乐鼻烟盒

根据好几位学者的研究，圆盘型机械构造的发明者应该是著名的制表师菲利浦·萨米埃尔·梅兰和伊萨克·丹尼尔·爱彼。这两位艺术家制作了大量音乐烟盒，以及或是圆筒构造或是圆盘构造的音乐表。可以说，在音乐表机械构造的改进上，他们的贡献是巨大的。

之后，人们开始将音乐与钟表机芯两个领域分开，音乐盒就成为一个专门类别，在严格意义上的制表领域之外独立发展起来。

圣克罗伊的布特人查理·御爵经过漫长而艰难的摸索创新，于1880至1883年为远东市场制作了一百多件精工音乐表，其中的音乐机械部分采用了不同的构造。御爵还在某些表上装配了小型的自动人偶，如钢琴演奏家人偶（如图6所示）。

拉夏德芳、比尔、日内瓦和法国圣苏珊（杜河流域）等地区的一些表匠曾模仿御爵的创意，制造出类似的作品，拉夏德芳的一家老厂（马向赫与桑多）就曾制作了一系列这样的作品。

图6　御爵活动人偶机械音乐怀表

广州钟表发展与清代十三行关系探微

故宫博物院副研究馆员　　杨晓晨

关键词：广州钟表；广州十三行；自鸣钟

摘要：本文通过梳理明代末叶以来广州钟表业的发展状况，结合"十三行"历史，对广州钟表制造及贸易情况进行了系统考察，文章总结了广州钟表及"广州十三行"的起源、发展、兴衰，为我国钟表发展演进过程的研究提供了参考。

中国计时仪器发展的历史源远流长。现在可知的最早的计时仪器，出现于先秦时代。通过对殷墟出土的卜辞进行研究，发现那时的圭表等观测时间的仪器已经具备相当高的精度。春秋战国时期，《周礼》《初学记》等记载，漏壶计时已经达到很高水平。两汉魏晋，谭正发明受水式漏壶、张衡制造漏水浑天仪、李兰制造停表刻漏、殷夔制造漫水或恒定水位漏等，都表明我国计时仪器的不断进步。到了唐宋时代，各式各样纷繁复杂的计时工具被发明出来，如吕才所制多壶式受水壶刻漏、燕肃制莲花漏、沈括革新的皇祐刻漏等，其中尤以苏颂所制水运仪象台最为著名。宋代，观测时间不仅为皇家仪轨所需，已深入民间。如王祯《农书》所记，宋代农夫已经开始使用田漏："田漏，田家测景水器也。凡寒暑昏晓，已验于星。若占候时刻，唯漏可知。古今刻漏有二，曰称漏，曰浮漏。夫称漏以权衡作之，殆不如浮漏之简要，今田漏概取其制，置箭壶内，刻以为节，既壶水下注，则水起箭浮，时刻渐露，目已初下漏，而测景焉。"明清时代，西方传教士带来了西洋计时工具——自鸣钟，从动力源头方面将我国的计时方法带入了一个全新的领域。

自鸣钟传入以前，我国计时仪器的动力或源头多为水力、日影、沙漏，而自鸣钟使用钢条势能或重锤势能，较好地解决了计时器的体积与效率问题。自此，我国的钟表制造业开始有所发展，生产地区涉及宫廷、苏州、广州。

图1 藏于北京五塔寺石刻博物馆的与做钟处相关清代传教士墓碑

广州钟表制造业的发展是伴随着钟表进口交易产生的。明代中叶以后，西方各国，特别是葡萄牙传教士将自鸣钟引进中国许多城市，自鸣钟成为中葡贸易的重要商品之一。（如图1所示）

但直到明代末叶，都未有资料确切显示中国，特别是广东本土匠人具备制造、生产西洋钟表的能力。那时，广州关于钟表机械相关的记载，只有"传教士将印度果阿钟表工匠带进修理钟表"。广东博物学家屈大均《广东新语》一书旁征博引，记录详细，介绍广东岭南各类物产风土，尤其对"传教士所引入之产品"详加叙述，但对自鸣钟的生产无所涉及。故以现有文献资料等考察，在明代末年，钟表贸易虽已在我国蓬勃发展，然而钟表制造可能尚在起步阶段。直到清代康熙年间，仿制西方钟表的制造技术才在广州传开，一部分中国广州基督徒和匠人从西方传教士那里学到了制造钟表的技术。

起初多是制造大型、表演功能较少的钟表（如图2所示），随着广州开埠日趋加深，作为商业中枢机构的广东十三行经济贸易活动日益活跃，外国先进加工制造技术被更多地引入广州，故而越来越多的广州匠人参与到自鸣钟的制造生产之中，"广钟"这一精美钟表品类才开始开枝散叶般地在东方发展起来，其中的精品成为宫廷贡用（如图3、图4和图5所示），普通产品也进入中国富裕家庭之中被陈置赏玩了。

一些档案记录了广州钟表制造起源于康熙年间的线索，如康熙五十九年（1720年），广东巡抚杨琳的奏折中载："奴才访得广城能烧法蓝人一名潘淳，原籍福建，住家广东，试验所制物件颇好……奴才随与安顿家口，并带徒弟黄瑞兴、阮嘉猷二人，随李秉忠一同赴京。所有潘淳烧成法蓝时辰表一个……"潘淳作为工匠，已有徒弟二人，并烧成具有"广钟"特色的广珐琅时辰表，可证其技术应识习于康熙年间。又有内务府造办处雍正元年二月（1723年）的档案载："初一日，副催长福明持表押贴，内开正月二十七日，党进忠将漆架广坠子钟一件，画得黑漆描金花架时刻钟纸样一张，交胡世杰呈览。奉旨，照样准配做时刻钟穰二分，架子另做，添补收拾见新。其旧穰二分收贮，钦此。"这段文献记载中，广坠子钟之外壳已经破损，时为雍正元年，可知此钟制造时日当在较雍正为早的至少康熙年间。

图2 故宫博物院藏典型广州木楼钟表

图3 故宫博物院藏大型广州钟表——铜镀金嵌珐琅升降塔问乐钟

图4 故宫博物院藏大型广州钟表——铜镀金珐琅葫芦顶渔樵耕读钟

图5 故宫博物院藏大型广州钟表——紫檀框玻璃插屏座钟

当然，广州钟表制造业的发展也有一个循序渐进的过程。乾隆时《广州府志》载："自鸣钟本出西洋，以索转机，机激则鸣，昼夜十二时皆然"，"广人亦能为之，但未及西洋之精巧"。又有英国科技史李约瑟在 Heavenly Clockwork 一书中记述："在澳门和广州，中国的工匠被训练制造特定规格的钟表。这些钟表在质量上比从欧洲引进的原装货差些，它们作为礼物被献给地位较低的官员，这有助于减少购买礼品的费用。"可见，广州钟表制造技术的发展与世界各地各行各业一样，都有一个由粗到精、由浅入深的过程。并且，在"广钟"制造初期，宫廷对其的购买意愿也并不强烈，这是由质量或技术并不过关造成的。如《内务府造办处活计档》曾记载乾隆十六年（1751年），粤海关监督唐英曾采办呈送四件广州造钟表入朝，乾隆皇帝称其为"三等货"，并不满意。乾隆十四年（1749年），乾隆皇帝传谕两广总督硕色："从前所进钟表，洋漆器皿，亦非洋做。如进钟表、洋漆器皿、金银丝缎、毡毯等，务必要洋做者方可。"这等于直言广州自造钟表不合他的心意，拒绝接受此等贡品。

至乾隆中期，随着欧洲精品钟表的大量输入，广州本地产钟表的质量有明显提高，其制造技艺已相当接近甚至超过当时欧洲的水平。如乾隆五十九年（1794年）英国马戛尔尼使团中有人记载"广州工人模仿的本领很高明，他们能制造和修理钟表"。又如当年的英国人在信件中谈及，在广州出售他制作的时钟，遇到了与中国时钟竞争的困难。发展到盛时的广州钟表，不仅在品质上高，几与欧洲旗鼓相当；又在价格上控制较好，仅是当时西方钟表价格的三分之二，保证了较高的竞争力。所以有另一种观点认为，西方钟表的引进，只是促成了中国钟表制造业的进步。早在传教士引入西方钟表之前，中国已有小规模计时机械的生产制造，只不过尚处于初期的雏形阶段，尚不完善。随着传教士等将西方钟表引进，这种雏形生产便产生了长足进步，逐步发展出广州、苏州和清宫造办处等钟表核心生产加工地点。

谈及广州钟表贸易与制造业的发展，十三行发挥了重要推动作用。当然，辅以宫廷对自鸣钟的大量需求，"广钟"才得到迅速发展。清代帝王，尤其是康熙、乾隆二帝，对西方机械和自鸣钟有很大兴趣。康熙皇帝的御制诗《咏自鸣钟》写道："法自西洋始，巧心授受知。轮行随刻转，表指按分移。绛帻休催晓，金钟预报时。清晨勤政务，数问奏章迟。"诗文中的字句体现了康熙皇帝对钟表机械结构的理解比较深入。乾隆皇帝也有一首《咏自鸣钟》："奇珍来海舶，精制胜宫莲。水火明非籍，秒分暗自迁。天工诚巧夺，时次以音传。钟指弗差舛，转推互转旋。晨昏象能示，盈缩度宁愆。抱箭金徒愧，絜壶铜史指。钟鸣别体备，乐律异方宣。欲得寂无事，须教莫上弦。"写出了钟表上弦响动、无弦寂止的情态，显得颇有趣味。清代帝王的喜好，推动了广州钟表技艺的发展，这一点几无异议。

十三行产生于清代特殊的对外贸易政策，其中的"十三"为概数，非指具体的十三家商行，多时达到几十家，少时只有四家。这种贸易模式与国家间的正常贸易模式不同，是因应当时清政府自认为的"天朝大国"威仪而产生的。概括来讲，十三行就是清政府特许的具有半官半商性质的对外贸易垄断组织机构。清朝自视为"上国"，作为国家机关的粤海关是不屑与"外夷远人"直接开展贸易活动的，故而十三行这种半民间商业机构便出现了，并成为媒介连接外国人与官府之间的贸易活动。这种贸易活动是由官府控制、十三行垄断的。

十三行的雏形最早出现于明代末年，那时的牙行商人即发挥了主持对外贸易的作用。《粤海关志》载："设关之初，番舶入市者，仅二十余柂，至则劳以牛酒，令牙行主之，沿明之习，命曰十三行。"资料记载，十三行随着粤海关的设置而成立，目的是缓解大量海外贸易商船壅塞广东而无足数我国行商与之相配的局面。而且，广东开埠较早，各类国内国外贸易活动交相混杂，如果不能区分各种商人的贸易行为，就难以系统性地进行税收征缴。另一方面的原因是，在金丝、洋货两行于粤海关建立以前，大多数货物并非从广州流转入华，而是由葡萄牙澳门总督进口，则其中各项税赋皆由葡国渔利。面对这种局面，在康熙二十五年（1686年），广东巡抚会同两广总督及粤海关监督，区别国内、国外贸易者，分别成立了专责国内贸易的金丝行和专责外洋贸易的洋货行，洋货行即十三行。设立金丝、洋货两行以后，外商如继续由澳门进口，则除去缴纳葡澳总督相关税费，在由澳入粤时，还须向专责国内贸易的金丝行缴纳额外税赋，两相对比，外商纷纷转投广州进口以免去金丝行的额外缴征。

洋货行一方面作为官府代表面对外商，另一方面又代表外商面对官府。粤海关是十三行的直接领导者，十三行从属于粤海关，受其监督与管理，且为粤海关提供各项服务。谈及粤海关，它还有一点与其余几处海关不同，即江海关、浙海关、闽海关分别由当地督抚或镇守将军代行其职，唯粤海关有自己的海关监督，且多为皇帝简任的内务府上三旗包衣，属于皇帝家奴近人。比之其余三关，粤海关有更大额的税收及珍玩异宝呈贡，故而又被称为"天子南库"，成为内务府皇帝私人金库的主要进项源之一。联系到钟表制造业，当时朝廷御用钟表作坊即造办处做钟处，造办处亦是隶属内务府的机构，则粤海关和造办处或做钟处之间存在联系或相关人员、技术的输送应属自然。十三行建立的目的，从官方的角度来说，是完成对外商的税收、收集向皇帝进献的珍玩贡物，以及开展一定的外交活动。所以，这种以官制商、以商制夷的运作模式，使得十三行的各商家兼有了官商、外交官、私人业者、税务官，甚至之后的生产制造者等多种不同身份。这样的多重身份，赋予十三行的多重职责，总结来说有三种：贸易职责、管理职责、外交职责。十三行发展到后期，繁重的职责和沉重的经济压力使其加重衰败。

十三行本是商业机构，因此具有贸易职责，贸易职责体现在其所执行的几种商业制度上。这些制度概括起来为：承商制度、保商制度、总商制度和揽商制度。承商制度指官府应允及鼓励各"家境殷实"之行商铺号，自愿承担、充任洋行业务，即行商自愿报请官府批复、领取官府发给行帖开业。这种制度在一定程度上保证了行商的自发性，对贸易行为有一定的积极意义。保商制度指一切在华外商的各项行为都由十三行行商作保，包括生活、税务、刑事、民事等各项事务，用"以商制夷"的方式，保证了官府对外洋贸易、税收、贡银等的间接控制。总商制度较易理解，随着行商发展壮大，越来越多的商户加入十三行，制定一种统一、有效的贸易规程减少内部损耗的要求被提到日程上来，总商制度随之形成。总商即商业行会，具有行业垄断性质。在公行行会成立仪式上，全部商户以歃血为盟的方式通过行规，并由几间资本实力较强之商行做总商。实际上，总商制度，因其本质上的垄断性质，毫无疑问受到了外商的抗议。不过，领导十三行的广东官府，并未对这种制度的出现表示异议。揽商制度指十三行垄断大宗商品包揽贸易，主要有茶叶、瓷器、丝绸、布匹、白铅、糖、大黄等项，需要交易以上项目货品的外商，不能私自与中国商人直接贸易，而必要通过十三行。此制度虽然在一定程度上保证了交易货物的稳定与品质，但各类货物的价格也被统一"包揽"，削弱了外商的贸易活动积极性。对钟表业来说，揽商制度并未涉及，故影响不大；承商、保商、总商制度则在选用工匠、选择贡品上起到了一定的积极作用。

广东十三行的主要管理职责有两项，即"向外商收取税金"和"管理外商各项活动"。资料记载："凡外洋夷船到粤海关，进口货物应纳税银，督令受货洋行商人，于夷船回帆时输纳。为外洋夷船出口货物，应纳税银，洋行保商为夷商代置货物时，随货扣清，先行完纳。"从资料上看，外商船只应该缴纳的货物税款及一定程度上因官场风气败坏而产生的规礼，都应该是由洋行代为征缴的。另外，因为官府对外商的不信任，所以不少规章都是针对外商实施的某种禁令，如：外商不准在广东过冬；外商不准私出商馆，只能在指定商馆内留住；外国妇女不得进入夷馆；不得雇用中国人为仆役；外商不得与官府有文书往来；外商不得乘轿；外商船物进入广东后须交由官府管理相关事宜等。这些禁令，基本上都是由十三行各行商代政府向外商传达的，并且到具体实施管理和监督时，也是由十三行代行其责。另外，在华传教士也大多通过十三行与朝廷交流，这些行商一定程度上也负起了对传教士的管理职责。这些苛责条例，按照那个时代的标准，一方面体现了清政府自视为天朝上国、轻视西方的心理；另一方面则在一定程度上保障了中外贸易，维持了外商到华开展各项业务的稳定性与能动性。不过，因为清朝帝王对钟表的喜爱，这样的情势反而促进了广东钟表业的发展。十三行利用自己的先天优势，不断地引进为其所用的西方先进钟表制造技术，一方面向朝廷源源不断地输入具备钟表制造能力的高水平技术人才，另一方面也使具备高级钟表制造能力的匠人纷纷留在广东，为朝廷制造华丽精美的钟表艺术品。笔者认为，正是十三行具备的这种几乎是强制性的行政手段，才在资本主义萌芽初期、轻视工业技术的清朝土地上，侧面促进了钟表行业的发展。

广东十三行还肩负外交职责。这种

外交职责是由清政府所赋予的半官方性质的，因而并不具有两国政府之间往来的严谨性。由十三行负责外交可以说是当时清政府与外界交流的一种特殊方式。总之，清代统治者推崇"中外之防，首重体制"的观念，一切与洋商的交流往来，都不是官府的直接行为，甚至外交职责也交予行商承担。这些行商具备一定的外语能力，又知晓西方风土人情，从某些角度看确实是合适的外交人选。资料载："凡夷人具禀事件，应一概由洋行代为据情传禀，不必自具禀词。"行商负责代政府向外商传达命令、规定，并代外商向政府传递书信和请求，成为政府和外商交流的中介。这种中介行为，对广州钟表制造业的发展实际上是具有积极意义的。一方面，十三行可以从朝廷获得相关信息，了解皇帝的个人喜好，告知外商其应携来的钟表品类；另一方面，十三行可以方便地由外商处遴选合适的钟表工匠派往朝廷，加强宫廷做钟处的技术实力。上有所好，下必从之，皇帝对钟表的喜好，使清代大小官员，甚至民间商贾、殷富之家都对钟表产生渴求。礼亲王昭梿《啸亭续录》记有："近日泰西所造自鸣钟表，制造奇邪，来自粤东，士大夫争购，家置一座为玩具。"作为当时中国三大钟表制造地之一的广州，更因为这种全民爱好而不断改进钟表制造相关技术。十三行的外交职责，保证了这些新式技术的流畅迭代，保证了东西方机械技术交流的便利，也保证了十三行本身在乾隆朝时期的蓬勃发展。

然而，正因为是这种有不确定性的"上有所好"支撑广州钟表业的发展，所以，随着皇帝对钟表兴致的淡去，广州钟表业，甚至十三行本身的发展出现了一个由辉煌到衰落的历史性拐点。1840年9月18日，当时的广州太平门外燃起大火，统计有一万五千多户、十一家洋行皆被焚毁，损失白银四千多万两。这对十三行来说，可谓是毁灭性的打击，从此以后，广州十三行的贸易地位逐渐被《南京条约》后开埠的其他城市如上海、香港取代。

十三行虽被取代，但它所引导的钟表文化与技术，却在广州生根发芽、发展壮大。这种大规模的钟表进口，势必引起进口国当地的技术革新。哪怕仅从制造、运输成本上考虑，即便在十三行垄断的时代，也有越来越多的西方厂商愿意将钟表工厂建立在广东。广东的首家钟表工厂应是由西方人设立的，但具体字号已无考。最早期的钟表加工厂为作坊形式，西方工匠作为老师，传授当地人相关的制造加工技术。英国东印度公司的船长马金图斯（Mackintosh）就曾在广东开设制钟工厂，1793年英使马戛尔尼来华期间，还曾经参观过这间工厂。今故宫博物院收藏文物钟表里占据颇多份额的十八世纪伦敦著名钟表匠詹姆斯·考克斯（James Cox）的后人也曾经在广州设立了一间工厂。当年马戛尔尼使团的成员瑞士钟表工匠珀蒂皮埃尔（Petipierre）留在了澳门，后来辗转到广州为当地的钟表商工作。随着西方人在广州开设工厂，当地人也逐渐开始了钟表的作坊式生产。英国人斯当东（Staunton）在《英使谒见乾隆纪实》中有所描述："广州工人模仿的本领很高，他们能制造和修理钟表、模仿西洋油画和水彩画"，"广州的铁匠可以把铁铸成极薄的薄片，本领超过欧洲工匠。"不仅赞扬了广州制铁工匠的本领高超，而且指出那些原来只有西方人才掌握的油画、水彩画等技法已经被中国人掌握。钟表制造工厂兴盛之下，广州还有了稍具规模的钟表店商业街。美国马萨诸塞州赛伦市（Salem）的Peabody Essex博物馆所藏的一件中国外销画就展示了清代广州钟表店铺的情况，这样的店铺提供销售、维修和制作钟表等多种服务。在这幅画中（如图6所示），店铺主人正在向顾客介绍怀表（亦有说画面中是两位钟表匠师在检查怀表）；画中柜子的左右格子里面都摆放着典型的广州尖顶木楼座钟，中间的格子里是带链子的怀表；右侧墙上挂着几件以葫芦式重锤为动力的花瓶式样挂钟；挂钟下的柜台内两位钟表工匠正在修复钟表或制造钟表零件；工作台面一侧有脚踏机器，仔细观察，还可以发现工作台上有打孔用的舞钻和制钟用的各种工具，整个店铺整齐有序。与画中描绘类似的钟表店铺应有不少，但具体数量尚待进一步考证。资料显示，广州城内一德路卖麻街28号就是当年广州商业街钟表公所的所在地，今尚存有石额一方，设立于清光绪年间。

图6　瓷板画上的清代广州钟表商铺

可以这样讲，广州钟表业的发展与十三行的兴衰是息息相关的，十三行的兴起，带动了广州钟表业甚至是清代大多数地区钟表制造业的前进与发展；十三行的衰落，又从某侧面使外商和西洋机械技术进一步进入广州、进入中国，不仅带动了钟表业发展，也带动了中国在科学技术领域、机械制造领域的发展。钟表，这样古时帝王勋戚、权贵富贾的家中陈设、手边玩物，随着历史的发展，终于渐渐成为普罗大众的方便计时器具，这种历史发展的轨迹，从广州钟表的发展史上可见一斑。

参考资料

[1] 王津. 广州制造"LONDON（伦敦）"钟表的考证[A]. 中国文物保护技术协会第五次学术年会论文集[C]. 北京：科学技术出版社，2007：388-394.

[2] 郭福祥. 雍正朝宫中钟表的来源与使用[J]. 哈尔滨工业大学学报（社会科学版），2001，（3）.

[3] 关雪玲. 乾隆时期的钟表改造[J]. 故宫博物院院刊，2000，（2）：85-91+93.

[4] 商之楠. 清代宫中的广东钟表[J]. 故宫博物院院刊，1986，（3）：10-12+2.

[5] 黄春艳. 明清之际西洋钟表在中国的传播与制造[D]. 广州：暨南大学，2006.

[6] 黄静. 清代广州十三行研究[J]. 档案学通讯，2010，（2）：49-51.

[7] 张亮. 清代钟表制造业概况及相关问题探讨[J]. 福建文博，2012，（4）：63-67.

[8] 汤开建，黄春艳. 清朝前期西洋钟表的仿制与生产[J]. 中国经济史研究，2006，（3）：114-123.

[9] 黄庆昌. 清代广州制造的西式钟表及其历史背景探析[J]. 南方文物，2011，（3）：190-195+202.

[10] 罗三洋. 古代丝绸之路的绝唱：广东十三行[M]. 北京：台海出版社，2018.

[11] 薄树人. 计时仪器史论丛（第二辑）[C]. 中国计时仪器史学会.

[12] Ian White. English Clocks for the Eastern Markets[J]. 2012.

[13] 黄庆昌. 清代广州自鸣钟述略[M]. 广州：广东人民出版社，2013.

避暑山庄博物馆馆藏双面木楼钟的修复研究

故宫博物院馆员　刘瀛潞

关键词：避暑山庄；钟表；文物修复

摘要：本文详细记录了一件双面跑人木楼钟的修复过程。对钟表铜版油画的清理与修复工作进行了记述；对钟表机芯的拆解、清洁、烘干、调试工作进行了系统梳理。本文为避暑山庄博物馆古钟表修复工作提供了具有较高价值的研究案例。

承德避暑山庄博物馆藏自鸣钟的数量与质量在国内皆居前列，这些自鸣钟基本上与故宫博物院藏自鸣钟系出同源，其制造品质、历史价值、表演动作等，都是古钟表文物收藏品类中之佼佼者。故宫博物院文保科技部古钟表修复组修复师刘瀛潞、杨晓晨于2020年夏，参与故宫博物院文保科技部古钟表修复组与承德避暑山庄博物馆古钟表联合修复室的合作项目，赴承德避暑山庄独立及合作修复古钟表三件，本文对其中一件铜镀金双面木楼钟（如图1所示）的修复过程进行探讨与研究。

此件钟表为英国制造，是承德避暑山庄博物馆馆藏钟表文物中的一件精品。

此件木楼钟外观别致，主体上方为欧式建筑顶，上部屋顶四周及主体两侧都

图1　铜镀金双面木楼钟正面（上）和侧面（下）

有镂空窗格为装饰,窗格内有淡粉色衬布,加上整体的深木色与铜镀金的黄金色,搭配协调,显得精致典雅。主体前后双开门,且装饰对称,四周棱角装饰有狮子和雄鹿的兽头及花卉纹样铜镀金浮雕,正面和侧面底部的铜镀金浮雕为胜利女神的代表性装饰。木楼顶端的圣杯断裂,但并无缺失;顶部四角的圣杯装饰保存完好。由于木楼为外包深色硬木木皮,长年累月放置后多处木皮已开裂翘起。主体由带有卷草纹样的铜镀金四脚托起。此钟较为特殊之处在于有两面钟盘,钟表的功能为走时、整点报时、音乐、跑人等,具体为整点报时,然后自动开始音乐及跑人表演,当然,此件钟表也有手动启动音乐及跑人表演功能。机芯结构分上下两部分,上部机芯有一盘发条,带动一套传动系统,负责音乐及前后表盘上方的跑人表演;下部机芯有两盘发条,带动两套传动系统,负责走时、整点报时及报时后启动上部机芯。

钟表的背面表盘有三处上弦孔:上部孔是音乐跑人发条上弦孔,下左侧孔为走时发条上弦孔,下右侧孔为整点报时发条上弦孔。钟表右侧面有三个开关:左下方拉绳是手动启动整点报时开关;右上方拉绳是手动启动音乐及跑人开关;中间拉柄是启动和止摆走时开关。

在修前对钟表进行整体拍照,制订修复方案,并详细了解其破损情况及具体需修复点。观察确定以下几点需修复:铜镀金上顶花断为两部分;串铃支架断开;木楼局部开裂。用钟表钥匙开机测试,发现动偶跑人与音乐不能启动。之后进入拆卸环节。将机芯与木楼拆分后,先进行外观部分的清洁修理。

此件钟表表演装置的跑人为铜板油画制成,前后两幅描绘了不同场景,均为欧式田园风光(如图2所示)。一面描述的背景较为明朗开阔,微亮色调,似是清晨的劳作,前面跑人有运输货物的人群,虽有细微油彩开裂纹路,但并未脱落翘起,保存较为完好。另一面色调较暗,似是黄昏漫步的景象,前面跑人是一些结伴行走的官宦贵妇,营造出一种休闲氛围,有较为严重的开裂起翘,且油彩较厚。对铜板油画进行修复与保护,首先要了解其损伤原因,因素有很多,主要是年深日久、尘污、微生物、空气中的酸和水分、温湿度变化等对油画造成了影响。修复铜板油画是复杂且需要倾注大量精力的精细工作,以下只稍做阐述。

首先确认作品是否被修补过，经过分析，这件钟表上的铜板油画未被修补过，保存较好。经过多方面分析确认，应对油画表面进行清洁。其中一幅保存完好，用混有淡酒精的蒸馏水棉签轻轻擦拭表面浮尘；另一幅龟裂较为严重的，在清洁后按压回粘，使翘起部分重新贴合。

图2　铜镀金双面木楼钟表演装置跑人

整体木楼保存较为完好，并无扭曲变形的构造问题，只有灰尘堆积及部分木皮开裂起翘，故只需做清洁及木皮回粘等修复项目。在清洁步骤，应把木质部分、金属部分及布料部分等，单独拆卸并进行清洁保护。由于铜镀金部分是用小钉镶嵌在木楼表面的，拆卸后可能不容易回装或回装后松动，商议决定不拆卸，注意在清洁一种材质时，避开另一种材质，仅把两面玻璃拆卸下来单独清洁。

木质部分用清洁布与清洁毛刷扫去表面尘垢，取含4%～5%酒精的蒸馏水擦拭木质表面，避开金属与布料部分。木皮开裂部分暂不处理。由于起翘部分会影响门框开合，进而造成更严重的起翘或剥落，因此进行木皮回粘。将鱼鳔胶均匀涂于起翘木皮内侧，并夹一块垫木，用F型夹固定（如图3所示），待鱼鳔胶干后取下夹子与垫木，把边缘过多的胶清去。最后对木质部分进行烫蜡维护保养。

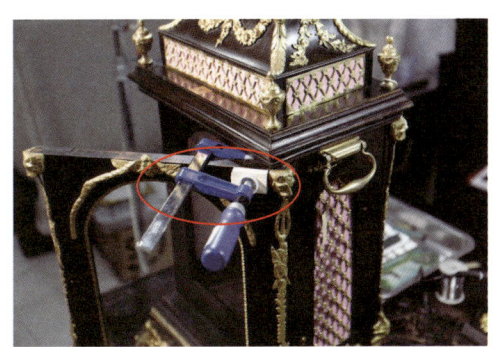

图3　木皮回粘用F型夹固定

铜镀金部分未出现严重锈迹,用略硬小鬃刷扫刷,再用带有少许除锈打磨膏的擦金布擦拭。

粉色衬布部分,由于不拆卸,用清洁的小鬃刷轻轻扫去表面浮尘即可。

之后对机芯进行修理。将机芯自木楼中取出并分解。将前后两面钟盘取下,之后取下前面板上各处控制闸杆,再进行放劲儿,将两件机芯内发条蓄积的力量全部放空,方可对机芯夹板进行拆解。拆解后清洁零件。

用煤油及铜刷、砂纸等对零件上的污迹、锈蚀进行清理,在清洗过程中,要注意零件的具体位置,勿将不同机芯的零件混淆。清理打磨后用烘干机吹干。零件注意修中拍摄记录。

记录完毕可以进行机芯的整体组装调试。此件钟表的组装调试须克服两个难点。一是此件钟表的发条较少,又因年久,金属材料疲劳强度降低,所能蓄积及释放的力量都有所减少,而此机芯又要带动几组表演及音乐功能,所以在调试过程中,要想尽办法将齿轮之间、轴孔之间、各零件配合区域之间的摩擦力减到最小,这需要细心调试,慢慢找到零件的安装位置和配合角度,并适当注油润滑,从而完成整体的机芯装配。二是机芯整体装配完成后要装入木楼之中,此时也要十分注意机芯各零部件和木楼之间的配合,避免机芯动作受到严重影响。克服上述两个难点后,机芯安装就位,开机调试,确认可以实现双面跑人动作功能。

机芯安装完成以后,对外部的打铃杆、顶部圣杯进行焊接。由于顶部圣杯的断裂缺口接触面较小,故需较大热输入才能使钎料充分浸入断口处,从而完成钎焊工作。钎焊完成之后,补色,恢复原有状态。

进行修后拍照摄像记录即完成对此件钟表的全部修复工作。双面跑人钟在木楼钟表中属于精品文物,一般木楼钟表钟盘仅一面,此件钟表双面钟盘配合双面跑人,较为罕见。其修复完成,标志着避暑山庄博物馆古钟表文物"活起来"的工作取得了阶段性成果。

记德国荣汉斯皮套钟纸表盘复现步骤

故宫博物院馆员　　向琬

关键词：文物；钟表；纸表盘；复现

修复概况：2020年5月，新冠疫情稍有平息，故宫博物院文保科技部古钟表修复组恢复了日常工作。恰时，亓昊楠先生将纸表盘的修复任务交托与笔者。该钟表系德国荣汉斯皮套钟，并非故宫博物院院藏文物，因此十分适合进行一定程度上的探索与实验，以积累经验。接到任务后，笔者于2020年6月展开实验性修复，历时半月完成工作。

一、原有纸表盘状况

（一）设计形式分析

该钟表为德国最大的钟表企业荣汉斯（Junghans Uhren GmbH）公司生产，该公司于1861年创建于德国南部的施蓝姆贝格市，百余年来，创新和追求精准一直是其成功的关键。

此表盘（如图1所示）位于机芯前侧铁板之上，双针表盘设计，整体观感简洁大方。大表盘计小时，其上标示罗马数字Ⅰ至Ⅻ，字体狭长舒朗；小表盘计秒，标示阿拉伯数字10、20、30、40、50、60，清晰明朗。另外，表盘上还有荣汉斯"八点星"商标，这是该企业于1890年由钟表齿轮造型的灵感设计并沿用至今的图案。

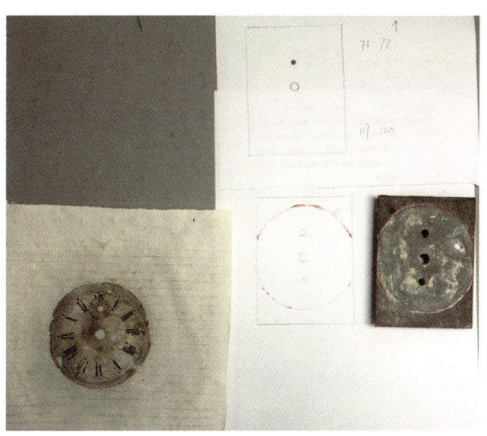

图1　原表盘状况

（二）伤况及伤因分析

纸表盘盘面泛黄发褐，且磨损破裂严重。这是内外因共同作用的结果，内因是纸张的主要成分是纤维素、木质素和半纤维素，本身就具有不稳定性，经年使用的过程中，更易受到外部环境的影响；外因在于冷热干湿的变化、有害气体的侵蚀、灰尘的物理摩擦等。观察表盘状态，泛黄发褐大致是因为在紫外线和红外线的照射下，发生光氧化和光解反应。变脆酥粉导致的破损多因为空气中的水分、二氧化碳、臭氧、二氧化氮等协同作用。同时，亦不排除使用过程中诸多人为因素的影响，如水沁、划痕等。

二、修复办法

经讨论，考虑可逆性原则、合理保护文物原有状态与外观的完整性等，我组决定将该表盘进行复现，并妥善保留原纸表盘。

同时，为复现工作拟订了两种方案：一为对原有纸表盘进行数字化采集，而后直接输出，这样可以最大程度保证"修旧如旧"；二为在方案一的基础上，重新制作清晰的纸质表盘，以恢复钟表文物的独特机能。

钟表文物不仅具有一般文物的静态观赏性，还具有动态展示性，且本件钟表修复后侧重于实用性。基于此，决定采取方案二来完成接下来的工作。

三、具体实施过程

（一）取下原表盘妥善保存

采用书画装裱技艺中"托覆"的方法，即在破损的纸质表盘后面加一层薄宣纸。此件钟表并非文物，通过整体用料可知其为民用小钟，彻底修复纸表盘的意义不大，因此在本次修复中，原表盘作为资料留存处理。

以软毛笔蘸取清水，浸润表盘表面，待其慢慢松脱后，用薄竹片、镊子等工具小心摘取。（如图2所示）

图2　取下原表盘

准备一张宣纸，用清水浸透并刷糨糊，平展于立面之上。将取下的纸表盘置放于宣纸之上，借水的张力使其延展。而后耐心等待其自然干燥。12个小时后，工序完成，相较之前，纸张柔顺平挺。小心取下纸片，装入密封袋中妥善保存。

（二）复现

复现操作为本次修复任务的重点，须联合信息采编组共同完成。

将取下并处理好的表盘交予信息采编组的聂伟先生，开始信息的输入步骤，将纸盘的原貌信息通过现有设备（Course扫描仪）进行数字化采集，留存档案。用Photoshop软件制作清晰的表盘图案。（如图3所示）

图3 制作电子表盘

合理纸张的寻找。输出环节中，找到材质相同或相近的纸张尤为关键。咨询文保科技部信息采编组王赫先生和书画装裱组杨泽华先生，根据两位多年从事书画修复与纸张研究的老师给出的建议，并以纸张的厚度、颜色、质地为评判标准，我组拟订了两个方案。一是尽可能找到厚度、颜色、质地都与原表盘相同或相近的纸张进行输出，再将制作好的电子盘面喷绘其上。二是如果未能找到理想的纸张，在保证工作进度的前提下，采用厚度、质地与原表盘相同或相近的纸张，用制图软件模仿老旧颜色，在保证视觉完整性的基础上，做暂时性的替代。拟订方案后，我组成员于2020年6月，多次前往琉璃厂寻找合适的纸张。由于当时正值新冠疫情期间，交通物流有各种不便，我们的探寻之路颇为曲折，不过也积累了不少关于纸质品加工和修复的经验。

输出过程的调试。基于上述种种，并本着修旧如旧的修复原则，我们最终选择方案二——模仿老化颜色进行复刻。"无论应用何种复制方法，精准还原作品中色彩属性以及不同色彩之间的相互关系是复制工作的重点。目前数字化印刷领域的色彩管理技术已经更加稳定且成熟，能够有效确保跨平台跨设备的色彩稳定，只要严格遵守色彩管理技术规则，就能保证文物数字化到输出打印的过程中色彩信息传递的准确性。"在信息采编组聂伟先生的助力下，我们尝试采用Exhibition Photo Baryta 69 310GSM 和Exhibition Cotton Gloss 45 335GSM两种纸张为承印物。再利用Photoshop软件，在原有纸表盘上进行了多位置的色彩提取，并经过一系列颜色转化调整，最终在输出的多种色彩方案复刻品中选取了一件最为贴合原貌的，其余的复刻品作为资料留存，以便日后的参考和研究。（如图4所示）

裁切、打磨与粘贴。我们用手动切割的方式，将复刻的纸表盘一一裁切下来，并用打磨块进行随形处理，以保证表盘边缘光滑。（如图5所示）

通过反复比对，最终在多个复刻品中选取了一件最为贴合原貌的，以乳胶将其平展粘贴于金属承接面上。

四、总结与展望

回顾本次复现任务，笔者认为其中体现出探索与多组合作的意义。

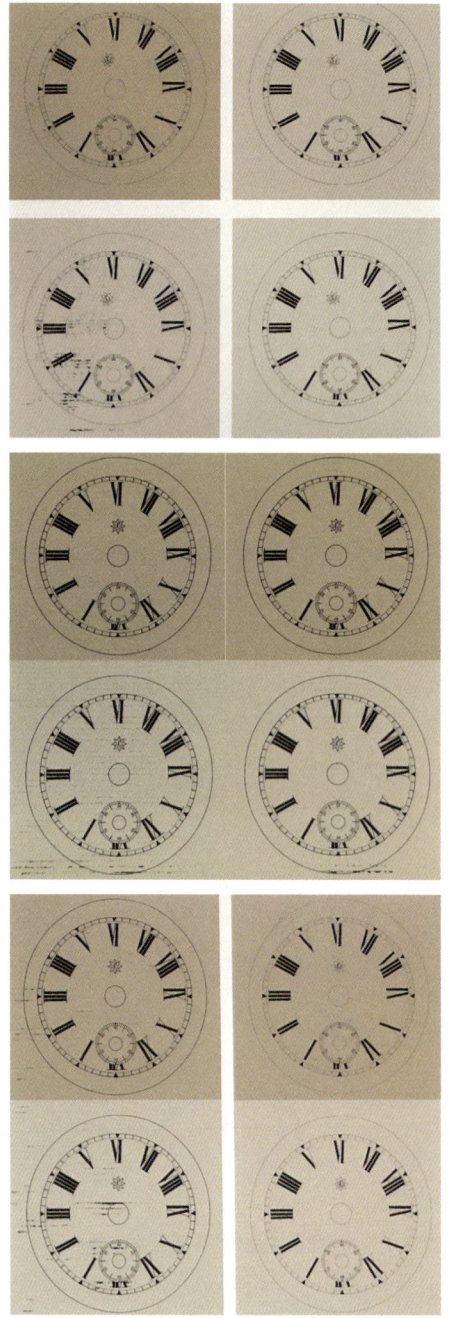

图4　多种色彩方案的复刻品

图5 打磨边缘

首先，钟表文物修复必须严格遵从文物修复的基本要求，如"可逆性""修旧如旧""最小干预"等。本次修复任务中所有步骤，无一违背这些基本原则。

其次，在坚持原则的基础上，要"因物施法"，具体问题具体分析，对文物的外观进行一定程度的恢复，以保证视觉的完整性。文物不仅是历史记忆的一部分，还承载了当下和未来研究、宣传、教育等多方面的学术性、社会性功能，推动修复方法不断进步是修复师必须承担的责任。

最后，在研究方法上，一要遵循古法，二要多方面求索，因此深入学习与多维度探索是必不可少的。基于现有条件，在本次工作基础上可以继续拓展的部分是：检测与分析纸张成分，用数据结果去寻求合适的承印物（由于本件钟表不属文物，因此本着不占用资源的宗旨，暂且将此部分工作放置）。

另外，在求索的过程中，我们了解到，对纸质文物而言，合适的湿度为50%~55%，温度为17℃~20℃，另需对光照、灰尘、有害生物、有害气体进行控制与阻隔。钟表文物是多种材质组合而成的，在保护方面仍需进行深入的探索。

致谢

在此感谢文保科技部古钟表修复组王津先生、亓昊楠先生，信息采编组王赫先生、聂伟先生，书画复制组杨泽华先生、李筱楼先生对本次修复任务的指导与帮助。感谢钟表修复组杨晓晨先生、刘瀛潞女士在新冠疫情期间不辞辛苦，共同前往琉璃厂的付出。感谢其他在本次修复任务中提供帮助的老师。

参考资料

[1] 史风茹. 浅谈纸质文物的保护[J]. 文化产业, 2019, 141, (20): 42-44.

[2] 聂伟. 清人画松鹤图轴的数字复制[J]. 文创世界, 2021, (5): 8-18.

清宫藏广州钟表中金属胎画珐琅复制方式初探——以"彩绘珐琅"为中心

故宫博物院馆员　刘潇雨

关键词：清宫；钟表；复制；彩绘珐琅

概述：多年来，对钟表文物的研究从未间断，我们能从现有的研究成果中了解到钟表的历史传承及文化源流、工艺运用及发展脉络。在实际修复的过程中，会涉及补配缺失部件的问题，以补配缺失部件方法为主题进行研究的文章少之又少，本文通过对珐琅这种装饰工艺手法在清宫收藏钟表中的应用及对实际补配两件广式钟表中缺失铜胎画珐琅柱的过程进行研究总结，找到了复制画珐琅文物的可能性方法——彩绘珐琅。

古钟表文化可被视为记录时间的艺术，是一种宇宙运行规律的艺术性表达，从早期记录时间的工具到钟表出现，其过程展现着人类文明的伟大。宗教则是使钟表走向世界的一条纽带，传教士带入中国宫廷的作为礼品的钟表，不仅带动了中国人计时观念的改变，还带来了装饰工艺在中国的变革。

一、清宫广州钟表的装饰工艺分析

钟表本身是具有功能性的实用类产品，而创意和中西文化的碰撞将钟表的机械功能与其外壳的装饰工艺融合在一起，这个过程可以说是产业集群化发展模式的早期形态。早期的分工式合作模式在广州钟表的生产制造中亦有所体现，广州处于贸易交往的中心地带，通过钟表生意在中国生根是当时来华西方人的选择之一。

宫藏广州钟表可分为两类。一类是木楼钟，最常见，并且制作成本较低。在工艺和创新上都有独到之处的另一类钟表是广州钟表中的上乘之作，这类钟表以铸铜为框架，镶嵌独有的广式珐琅，中大型为主，通常以综合各类装饰工艺为特点。

广州钟表的装饰工艺可以归纳为以

下几种。

其一，机芯夹板上的金属錾刻工艺。机芯的夹板可使齿轮系及动力源固定位置并独立运转，通常夹板两侧的錾刻花纹都是亮点。广州钟表的机芯有原装进口英国机芯和国产机芯两类，英国机芯夹板上的纹样相比国产机芯夹板线条更加流畅，填充满整个夹板，纹样内容多为装饰艺术风格的植物卷曲纹，通常附有产地及品牌名称。

其二，木质钟楼的制作工艺。传统的木作工艺在中国的发展是有历史和传承的，做钟楼的木料有红木和紫檀，但是最多的还是采用普通木料后在表面覆盖黑漆。钟楼的正面通常会镶嵌螺钿及银花点缀。钟楼形态以圆顶或尖顶的欧式建筑为主。

其三，钟盘及装饰物上的珐琅工艺。康乾盛世时期，许多外国传教士及海外手工艺人都任职于宫中，他们把欧洲的绘画技艺及画珐琅工艺带到中国，同时中国的装饰工艺也影响着他们，有中国古典风格的欧洲画珐琅工艺因此产生。

其四，钟壳的失蜡铸造工艺。对金属工艺的运用在新艺术时期的欧洲便达到非凡的水准，制作者运用失蜡铸造工艺将钟表的金属钟楼铸造好，在表面再次錾刻细节、打磨抛光，最外层做镀金处理。

其五，骨头或象牙为材质的雕塑工艺。钟表中有许多可转动表演的小装置，钟体内通过齿轮进行传动的装置连动到小人上，小人便可以随着音乐或转动或弹琴或变魔术，这些小人多由象牙或动物骨头雕刻而成。

二、清宫广州钟表珐琅工艺的几种表现技法

我们对珐琅工艺并不陌生，由于新艺术时期的装饰运动风潮，欧洲对珐琅器物高难度工艺手法的追求达到了空前绝后的程度。许多珐琅器物及钟表都传入了中国，也有西方精通珐琅工艺的匠人来到宫中，融合东方文化制作出传世精品。

珐琅是一种集合可致色的金属氧化物、石英、长石等物质的釉料。将釉料研磨成细致的粉末状附着在金属、瓷器、玻璃器等的表面，通过略低于胎体熔点的高温烧制将釉料融化附着于胎体表面，自然冷却后形成一种具有玻璃光泽的、颜色靓丽的工艺制品。珐琅工艺品有玻璃胎、金属胎、瓷胎，对清宫广州钟表中珐琅的工艺方法分类如下。

（一）掐丝珐琅

有说法认为珐琅就是景泰蓝，其实景泰蓝只是掐丝珐琅的一种表现技法。金属胎体上立起金属细片组成闭合的图案即掐丝部分，功能在于当在金属片丝形成的框架中填入釉料时，釉料不会互相混合导致颜色混淆，烧制后掐丝部分会和釉料部分形成整体的效果。

关于掐丝与金属胎的结合方式，古珐琅用焊接的方式，现代珐琅则用珐琅焊接，即用透明釉料铺垫，将掐丝与胎体牢固结合。比较两种方式的优劣，古珐琅器焊接后，金属上会残留焊药和助溶剂，还有金属加热后的暗色氧化物，给清洗造成影响，填充釉料烧制后比较容易产生气泡、沙眼和杂色，焊接技术的难度也较高，不易掌握。

（二）画珐琅

画珐琅应用更加广泛，对技法和釉料的要求都很高。画珐琅的釉料必须非常细腻，加上调和的中介成分将釉料画在胎体上，烧制后的成品如同绘画，甚至有些珐琅画如油画般细腻。

画珐琅可根据胎体分为金属胎画珐琅、瓷胎画珐琅、玻璃胎画珐琅等，也可根据画法效果分为微绘珐琅和普通画珐琅。清宫钟表文物中，微绘珐琅多体现在欧洲产钟表文物中，常见于小型钟表及怀表。大型钟表中会以瓷胎画珐琅镶嵌于金属外壳上作为装饰。

（三）錾胎珐琅（内填珐琅）

錾胎珐琅有两种技法。一种类似于掐丝珐琅，但是錾刻出的线条更加灵活，手法比掐丝更复杂。另一种技法是在錾刻出的纹样上填上半透明颜色釉料，烧制后釉料下方会隐约显示出錾刻纹。

宫藏的广州钟表精品中，具有特色的錾胎珐琅是比较多的，基本用的是半透明的青金石色或祖母绿色，但两种颜色使用手法略有不同。

青金石色。用錾刻工艺在铜胎上做成鱼鳞纹的形状，将青金石色釉料铺满铜板，烧制冷却后，用金色或银色金属薄片附着在表面，随后在上面附着薄薄的透明釉料再度烧制，抑或在金属片的叶子造型上点缀绿色或其他颜色半透明料重复烧制。

祖母绿色。在胎体上先烧制一层纯黑色珐琅层，将银片或金片附着在其表面，随后用祖母绿色半透明釉料整体均匀烧制。

三、画珐琅文物的几种复制方法探讨

档案中记载古人修复珐琅文物曾用封蜡进行绘制和补配。本文作者归纳了两种对珐琅进行复制的方法——传统工艺复制和彩绘珐琅复制。

（一）传统工艺复制

按照工艺流程复制画珐琅文物是很困难的，这是由于古法的珐琅釉料配比没有被记录下来，而珐琅是通过将釉料均匀加热至800℃左右使釉料熔融在胎体表面而成的，烧制后的物质形态与烧制之前不同，成品研磨下来的粉末与烧制前的釉料粉末是不是同一种配比无法确定。

那么就需要重新配置釉料，传统工艺复制画珐琅文物要对原件上的所有颜色进行烧制色板比对，比对出肉眼可见的相同颜色即可烧制，还要反复试验烧制，才能找到最相近的颜色和工艺效果。

这种方法的优点是材质的相似程度很高，能够获得表面光泽度，珐琅层硬度几乎相似。缺点就是耗费工时很多，投入的成本也较高，同时因烧制过程是无法预测的，所以并不能完全做到在视觉上同原件一模一样。

（二）彩绘珐琅复制

彩绘珐琅复制工艺是通过对颜料的堆叠及对颜色的调制做到形式、颜色、绘制形态都更加贴近画珐琅原件。其不足之处在于本身材质的不同会导致表面光泽度、硬度和柔韧度有别于原件。

四、彩绘珐琅的绘制方法

本文作者通过对两件钟表文物上的画珐琅柱的补配和研究，提出彩绘珐琅可作为画珐琅文物的补配方法之一。

先将需复制的原件拍照存档，具体补配过程如下。

铜材选择。按照原件铜胎体积和尺寸选择，尽可能贴近原件重量，铜棒表面需要保持一定摩擦度，方便釉料附着。

颜料选择。根据原件颜色和颜料自身特点选择颜料，如果原件颜色饱和度高并以极富装饰色彩的纹样点缀，那么可以选择油画颜料；如果原件颜色明度偏高，可以选择丙烯颜料，这两种颜料都具有一定的覆盖能力及胶着感，最适合附着在其他材质的表面。

绘制过程。按照原件的画珐琅烧制步

骤，一步一步进行绘制，根据薄厚程度进行堆叠，可反复绘制达到最佳效果。

封层绘制。在绘制好的珐琅柱表面绘制一层玻璃封层，这样可使其在视觉上更贴近珐琅表面的玻璃质感。

对补配好的珐琅柱拍照存档。

对比补配前后的两根珐琅柱，并拍照记录（如图1所示）。

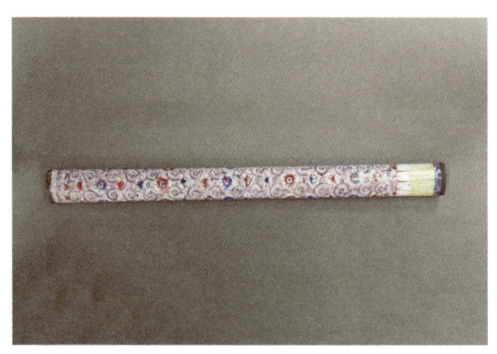

图1 珐琅柱原件（上）和补配件（下）

五、实验方法支持

为进一步了解表面的仿釉料材质的质量和彩绘材料的影响，本文作者对彩绘珐琅最表面一层仿透明釉料进行老化试验。制作两个样本，在一块铜片上左右分隔，左边为颜料绘制，右边最上方喷绘清漆样品；另一块铜片上直接喷涂透仿透明釉料，方便刮下取样。

对以上两件样品进行两项实验和样品红外光谱分析，实验结果如图2所示，样品与硝酸纤维素样品红外光谱分析结果对比如图3所示。结果表明仿釉料的材质含有硝酸纤维素，所以会因时间长导致彩绘变色，而含有丙烯酸成分的仿釉料的耐受力更好，说明清漆对颜料的颜色变化有没有影响是取决于清漆质量的，含有硝酸纤维素的仿釉材质耐光老化能力较差，丙烯酸覆盖力最好，有效成分高，且耐候性好。各项性能更优的丙烯酸类清漆已取代硝酸纤维素类清漆，因此推荐使用丙烯酸类喷绘性材料。

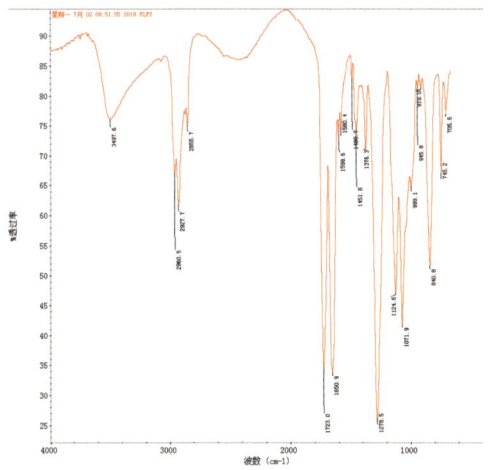

图2 样品红外光谱分析结果

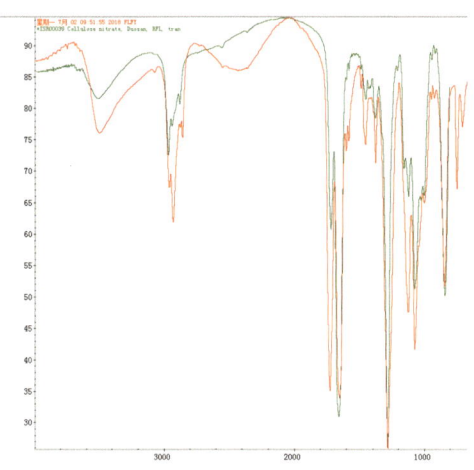

图3 样品与硝酸纤维素样品红外
光谱分析结果对比

六、总结

钟表艺术是结合多种装饰艺术为一体的综合性艺术。广州钟表的装饰工艺包罗万象，其中珐琅是中西文化交融的体现，它在广州钟表上使用很广泛。珐琅工艺的不同手法是不断继承和发展的结果。补配钟表文物中的珐琅时，要注意珐琅配件的具体制作工艺和制作步骤，找到最佳补配方式。彩绘珐琅是本文作者通过实际研究应用于钟表文物的珐琅工艺的制作方法，进行实际补配操作并进行实验方法研究总结出的方法，可以作为画珐琅文物的复制方法之一。

为爱而生的西班牙国王特别定制怀表考

张洪波

关于随身怀表的诞生问题一直存在一些争议，本文也无法给出定论，只是把一些可能性罗列出来请大家参考，作者能力有限，不足之处还请读者提出宝贵意见。

从文献上看，随身怀表最早出现于十五世纪末的意大利北部，但是当时怀表和桌面钟的区分非常模糊（horologio和orloietto），而且现代人在意大利北部曾经进行过不止一次的搜集工作，很遗憾的是都没有发现与文献记录类似的计时装置。因为没有实物佐证，所以对随身怀表是否最早出现于意大利北部目前存在非常大的争议。当然，这种争议不仅是学术层面的，也掺杂了一些国家利益在里面。

目前大部分学者认为，十四世纪末，由于信仰伊斯兰教的奥斯曼帝国的入侵，东罗马（拜占庭）帝国的许多学者，带着大批古希腊和古罗马的艺术珍品及文学、历史、哲学等书籍，逃往西欧避难，最终来到意大利定居。该说法被史学界广泛认同。也有人说，是十字军三次东征（尽管第三次半途而废）带回了这些书籍并将之藏在教堂的地下室，后人发现了它们，并惊叹于其成就，就开始极力传播。1295年，威尼斯商人出身的马可·波罗出版的在当时欧洲社会看来十分荒诞却又充满诱惑的《东方见闻录》引发了欧洲人对高度文明、富饶的东方世界强烈的探索欲望。1405年到1434年，明朝郑和七下西洋，进一步促进东西方文化的交流。

达·芬奇（da Vinci）是意大利文艺复兴时期最负盛名的画家、雕塑家、建筑家、工程师、科学家、文艺理论家、哲学家、诗人、音乐家和发明家，他遗留的手稿里有很多关于复杂机械结构的设计图，也阐述了一些基本几何学应用于机械设计的原理。

目前被怀表研究界公认并引用最多的早期文字记载来自1512年约翰尼斯·库克留斯（Johannes Cocleu）的 *Cosmographia Pomponii Melae* 一书。书中提到一个叫皮特·黑尔（Peter Hele）的年轻人制造了一个由众多齿轮组成的可以持续工作40个小时的计时器。但是由于描述问题，我们很难分辨书中所说的到底是桌面钟还是怀表。在很长时间内，由于没有更早或者更翔实的文字记录，皮特·黑尔也就一直被当作怀表的发明人。约翰·纽多佛（Johann Neudorfer）在1546年发表的文章里记述了纽伦堡地区一位艺术家兼工匠（锁匠）安德里亚·亨雷（Andreas Henlein），他可以制作一种放置在麝香囊（Bisam Kopf）中的计时装置。但是当时麝香囊分为很多种，最常见的是悬挂于马车中的，主要功能是祛除马匹身上的味道。于是有人把安德里亚·亨雷当作马车皮套钟的最初发明人。另外一种常用的麝香囊是当时贵族携带在身上祛除体味用的。因为约翰·纽多佛并未在文章中说明是哪一种麝香囊，所以对安德里亚·亨雷制作的到底是马车皮套钟还是随身香囊怀表一直存在争议。

目前可以见到的最早的实物球形怀表（也可以称桌面钟）收藏在巴尔的摩的沃尔特艺术廊（Walters Art Gallery）。此表的球形的外壳上刻有"PHIL·MELA·GOTT·ALEIN·DIE·EHK·1530"字样。

16世纪初德国的奥格斯堡、纽伦堡、慕尼黑等大城市云集了当时众多的手工艺人，其中也不乏著名的数学家等。加之德国当时政策环境宽松，1564年在奥格斯堡和纽伦堡成立了世界上最早的钟表制作者协会，1565年成立了手表制作者协会（此时的手表其实就是怀表），确立了最早的钟表行业规则。

怀表的产生有非常多的历史原因，目前学术界公认的是技术衍生学说和定制学说。技术衍生学说相对比较好理解，因为当时很多怀表制作工匠都是锁匠，锁头的制作工艺当时已经日趋完善，并且出现了非常复杂的密码齿轮配合锁，为制表奠定了技术基础。一些不满足于用桌面钟计时的锁匠在闲暇时利用已有的工具研发制作更小更便于携带的怀表，工匠间的交流加上技术的不断进步，怀表的产生就顺理成章了。定制学说认为，一些不满当时计时器状况的商人或官员向工匠们提出自己的设想，并资助工匠进行研发。由于有足够的时间和物质保障，所以当时的工匠在技术上更愿意不断探索和试错，积累下大量经验和蓝本，为怀表产生提供了条件。

一些特殊定制怀表显得尤为珍贵，尤其是皇室成员、国家政要、宗教领袖的定制怀表在怀表收藏界一直是佼佼者，市场上出现的更是凤毛麟角。

在中国，清王朝统治时期，皇帝所得到的各种怀表均为大臣或者国外使节的进贡礼品，皇帝根本没有定制的必要。加上中国皇室的审美也与外国差异巨大，尤其是很多中国皇家的禁忌外国制表公司也很难把控。目前没有任何历史证据显示清朝皇帝向欧洲定制过怀表。已经发现的从欧洲定制的怀表大多属于一些富裕商人或官员。民国时期确实出现了以孙中山先生头像为主题的定制怀表，基本上都是当时高官或资本家定制的。目前发现最早的订单是1911年有人向百达翡丽公司（Patek Pilippe）定制了一款带有孙中山先生微雕头像的18K金怀表。当时中华民国尚未成立，因而推测这只金表是当时旅居海外的富商为支持孙中山先生定制的。之所以不直接以现金资助，可能是因为当时清政府还没有灭亡，公然资助革命要承担很大风险。目前没有任何证据显示孙中山先生亲自定制过怀表。（如图1所示）

中华人民共和国成立后，国家百废待兴，制造国产手表在第一个五年计划中被提上日程，向国外定制怀表或者手表的情形在很长一段时期便未出现。

图1　发现最早的有孙中山先生头像的怀表

欧洲及公国早期王室众多，加之欧洲是早期钟表的主要产地，所以产生了很多经典的定制怀表，并留存至今。

1492年西班牙光复运动胜利后，建立统一的西班牙王国。十六世纪起，西班牙成为大航海时代重要的海上强国，在美洲、亚洲和非洲建立起大量殖民地，逐步成为当时欧洲最强大的国家和影响全球的日不落帝国。三十年战争后，西班牙开始衰落。西班牙曾经为欧洲大陆创造了辉煌的文明，在航海、军事、艺术、科技等领域都卓有建树。我有幸在中国怀表收藏圈一位朋友手里欣赏到一只精美的怀表，是西班牙国王阿方索十二世向代理商E. Mansberger Mardrid（爱德华·曼斯伯格·马德里）特别定制的，赠送给自己第二任妻子Maria Christina（玛丽亚·克里斯蒂娜，她本身就是奥地利的女大公）的18K黄金女士小襟表。欧洲女士一般把怀表佩戴于胸前，在怀表分类中把此类怀表细分为襟表。这件小襟表制于1885年，采用特别小的三问积家专利机芯，直径约25.9毫米（11.5法分），成表33毫米，几乎是能见到的当时最小号三问怀表。灰色珐琅表盘，罗马数字标示时间，内绘三只小鸟，代表其一对夫妻及孩子。此时玛丽亚·克里斯蒂娜已经和阿方索十二世育有二女，但当时西班牙王室规定女孩无权继承王位，所以女孩在当时就没有被王室计算在内，推断此表是阿方索十二世送给正在怀孕的妻子的礼物，可能是为求母子平安并得到一个王位继承人。表盘面积小，采用双针设计，更加简洁，没有小秒盘使表盘整体图案看上去更加完整。K金百合花表针也是一种爱的表达。（如图2所示）

上弦把头采用了当时西班牙皇冠的设计理念，立体镂空皇冠造型可以增加上弦时的摩擦力，在任何一个角度都可以看到完整的皇冠形状，显示了皇家独有的地位，恰到好处地结合了实用功能和造型艺术。襟表吊环采用了当时欧洲流行的马蹄铁形状，并间隔镶嵌钻石、红宝石和祖母绿宝石。马蹄铁在欧洲被认为是幸运之物，当时人们出门捡到马蹄铁不亚于今天买彩票中奖。马蹄铁的形状像一个上升的月亮，有好的寓意，另一种解释可以追溯到圣邓斯坦（St. Dunstan）的故事。圣邓斯坦是一个出色的马掌匠，相传他曾在马蹄铁上施加了魔力，并将其套在了魔鬼的脚上，魔鬼求饶，许诺再也不会踏入有马蹄铁的房子，因此人们认为马蹄铁有避邪的作用。这一说法在德国，尤其是在以路德教为主的北方教区尤其流行。按照传统，马蹄铁应开口向下放置，让好运流出。马蹄铁可遇不可求，偶遇就能获得好运。马蹄铁上若还有三个钉，则意味着将行大运。在家中，马蹄铁应安置在房门门槛的上方、门上或者房梁上。还有一个解释，马受驯化的时间较晚，它们发达的后腿、威武的鬃毛、光洁的牙齿，在古人眼中象征着不可控的自然的力量。据记载，北欧人民给主神奥丁献祭马，祭祀仪式后，肉要被吃掉，而马肉在平日里是禁止食用的，希腊人发明马蹄铁之后才驯服了马匹，马在战争、通信和劳作中应用广泛，因此马蹄铁也被视作功能强大的器物，也有好运常伴的寓意。（如图3所示）

图2　珐琅表盘与百合花针

图3　上弦把头与襟表吊环

襟链上方也采用西班牙皇冠造型并配以钻石、红宝石、祖母绿宝石镶嵌，佩戴时可以直观显示皇家标志，是一种身份和地位体现。皇冠下方依然是百合花图案，钻石、红宝石、祖母绿宝石对称镶嵌，显得工整高贵，将宝石利用到了极致。这种襟链设计精美，既彰显了身份地位又寓意深厚，同时对应表针的设计，使得表的内外设计完全呼应。（如图4所示）

表正面壳面由钻石、红宝石、祖母绿宝石镶嵌花体"MC"造型（Maria Christina首字母缩写），表达个人专属性质（如图5所示）。表背面壳面为红色珐琅加钻石、红宝石、祖母绿宝石镶嵌而成的西班牙国王徽章（如图6所示）。这种把人名字母缩写置于正面，皇家徽章置于背面的做法并不多见，可见当时阿方索十二世对于妻子的爱意。佩戴时人名缩写刚好与襟链上皇冠完美契合，当然也可以把襟表反戴，同时展现两个皇冠。

此表设计本身就是三问表，所以打开前盖，拉动鲨鱼鳍听报时声音即可获得准确时间。表内部防尘盖上有金属影雕阿方索十二世本人画像，应希望他的爱人把自己永远装在心中。这种金属影雕工艺在十九世纪颇为流行，在保证画面完整性的同时又不会损失贵金属重量，相较于浮雕等工艺方式更加细腻，表现力也更好，可以说雕刻的精细程度不亚于当时的照相技术。（如图7所示）

金属防尘盖下方是一层玻璃防尘盖，也称为将官底，既可保护机芯也便于欣赏机芯。

图4　襟链造型

图5　表正面MC字母镶嵌

图6　表背面西班牙国王徽章

图7　影雕阿方索十二世头像

阿方索十二世十六岁继承皇位，1885年11月25日病逝，在位十一年，遗腹子于1886年5月17日出生，即阿方索十三世。阿方索十三世十六岁前一直由母亲玛丽亚·克里斯蒂娜摄政，她实际就是西班牙的掌权者。（如图8、图9和图10所示）

阿方索十二世的定制怀表目前仅发现此一只，由于其在位时间较短，很可能这也是孤品。

1931年西班牙爆发革命，阿方索十三世被迫退位并逃亡，1941年他在流亡中逝世于意大利罗马。

阿方索十二世为爱人定制高端且寓意深刻的怀表是爱的体现。这只襟表不仅代表正统皇家身份，更体现了一个温情男人对家庭和爱人的眷恋。

图8 玛丽亚·克里斯蒂娜像　　图9 阿方索十二世戎装像　　图10 阿方索十三世像

关于陶瓷珐琅彩、洋彩、粉彩名称的文献学简析

故宫博物院副研究馆员　　杨玉洁

关键词：珐琅彩；粉彩；洋彩；文献

摘要：通过对清代宫廷及民间文献中珐琅彩、洋彩、粉彩相关记录的整理，发现宫中档册在不同时期或情况下对珐琅瓷的记述与所指并非一成不变，康、雍、乾时期多指最后彩绘步骤完成于清宫造办处的瓷胎画珐琅产品；嘉、道时期珐琅瓷与洋彩并用，指景德镇御窑所产一类彩绘瓷器；光绪时期珐琅瓷笼统指那些工艺相对繁复的彩绘瓷器。洋彩、粉彩则是不同知识结构的主体在不同时空条件下对景德镇出现彩绘颜料技术革新后的陶瓷作品，基于工艺、外观不同侧重面的命名。

一、清宫档案中的珐琅彩

珐琅彩的名称，来源于清宫档案记录。该词在乾隆三年《清宫内务府造办处各作成做活计清档》中便已出现："七月初五日，太监毛团交珐琅彩、宣窑青花、白地釉里红、龙泉釉、汝釉、霁红、洋红等瓷器十二种，传旨瓶、觚、尊等配座事"，"九月二十日，太监胡世杰交珐琅彩瓷器六种，传旨按对配匣盛装"。[1] 但是，"珐琅彩"一词在清宫活计档中出现的频率并不高，雍正朝多有"瓷胎烧金珐琅""瓷胎珐琅""珐琅瓷器""瓷胎画珐琅"等名称混用，[2] 在雍正后期至乾隆时期使用最多的是"瓷胎画珐琅"一词。

然而，珐琅彩作为一种陶瓷釉上彩绘的品类名称固定使用始于晚清民国时期。郭葆昌的《瓷器概说》中说："考此类彩瓷，肇端于康熙二十年（1681年）后，臧应选督造之时。器之彩色、绘画、款识，悉照康熙御制铜胎珐琅彩器作法，颜料亦用西来之品，故定名为珐琅彩，又名瓷胎珐琅，宫中档册，则书'瓷胎画珐琅'，乾隆八年改书'瓷胎洋彩'。雍

正六年以后，乾隆十八年（1753年）以前，唐英督造时，此类彩器益加精进。沿用其法而加以运化，变板滞为生动。更参以我国赭墨等色，补所不足。彩色亲托，亦觉鲜明，英卒后遂成绝响。"[3] 其文将"铜胎画珐琅"称为"铜胎珐琅彩器"，认为瓷胎画珐琅在工艺和原料上皆仿照了铜胎画珐琅，因此称为珐琅彩瓷。1936年，故宫博物院部分文物赴伦敦中国艺术国际展览会时，主要以材质分类，主办方采纳郭葆昌先生对文物名称的设定，将原名为瓷胎画珐琅的瓷器定名为珐琅彩瓷，如"瓷胎画珐琅黄地梅竹六寸盘"更名为"珐琅彩黄地梅竹先春盘"[4]。由此，"珐琅彩瓷"开始代指宫中档册中书"瓷胎画珐琅"类彩瓷。

其实，"瓷胎画珐琅"的名称是较为直白客观且带有一点西方科学意味的，"珐琅"一词本身便为舶来词，在西方指金属表面上的一层约在800℃熔融的玻璃状物质，在无色透明珐琅料中加入不同金属的氧化物可制成各种颜色[5]。在金、银、铜等主体材料上采用这种成分复杂的玻璃彩色物质进行绘画，便是画珐琅。可以说，画珐琅工艺品跟随传教士进奉宫廷的同时，其名称亦准确无误地传播进来。

这种命名，确实与中国传统陶瓷行业多以生产地域、外观效果等命名的传统或习惯有所不同。

值得注意的是，宫中档册在不同时期或情况下对珐琅瓷的记述与所指并非一成不变。从清宫造办处活计档看，画珐琅瓷器，在康、雍、乾时期多指最后彩绘步骤完成于清宫造办处的瓷胎画珐琅产品；但从"道光二年四月二十九日。九江关监督常兴进脆地洋彩百子龙舟观音瓶、珐琅洋彩连喜和合瓶、洋彩天中丽景茶盖碗等瓷器及其他物品"和"道光元年十二月，收得九江新到道光款珐琅瓷器十五种三百四十件，收得道光款瓷器三十一种一千六百四十件"的记录看，"珐琅瓷器"所指已经相对宽泛，代指一类彩绘瓷器；再从《瓷库进费蓝册》中"瓷库光绪元年份旧存珐琅瓷、粗瓷、惊纹破边各色瓷祭器，乾隆年款瓷、嘉庆年款瓷、道光年款瓷、咸丰年款瓷、同治年款瓷、光绪年款瓷及其他物品"以珐琅瓷、粗瓷、惊纹破边瓷为品级代指进行分类来看，珐琅瓷应当更加笼统代指那些工艺相对繁复的彩绘瓷器。因此，"珐琅瓷器"随着陶瓷彩绘技术的进步与发展，由试制到普及，从康熙发生之初的技术所指逐渐外延为一种品类所指，并非宫中所生产的画珐琅产品的代指。

二、宫廷及民间文献中的洋彩

洋彩的名称虽在清宫档案中使用，但洋彩的产品并非宫廷造办处所制，而为江西景德镇所产，因此得名应来源于民间。通过对官方、民间文献描述的对比，会发现即便在同一时代，由于信息掌握度和关注点的不同，生产者与使用者、观赏者对同一概念的理解也有不同。

第一，洋彩一词在文献中频繁出现始于乾隆朝的宫中档案，如乾隆二年《贡档进单》"八月初十日唐英进洋彩花盆十件及其他物品"和"管理淮安关务唐英进洋彩瓷灯四对"[6]的记述。从雍正十三年唐英所撰《陶务叙略碑记》中对洋彩瓷器各工艺步骤的细致描述来看，其时技术已经相对成熟，并非新创，因此洋彩瓷器在景德镇的生产当非始于乾隆时期。而这种唐英进奉宫中的彩绘瓷器，为何不见于雍正朝记录，具体原因待考，但与雍正朝宫中瓷胎画珐琅产品的兴盛以及皇帝好"内廷恭造"式样、斥"外造之气"的审美好恶不无关系。例如：雍正七年四月十一日"郎中海望持出洋瓷小圆盒一件，奉旨交年希尧照此盒釉水烧造几件，其盒盖上的花纹不甚好，着他另改画花样"，雍正十年十一月十一日"太监刘沧州交宜兴壶四件，外画洋金花纹，传旨改做得好花样烧瓷器事"。另，故宫博物院所藏以黄地洋花装饰的雍正款镂空团寿盖盒与乾隆二年屡次提到的"洋彩黄地洋花宫碗甚好，再烧造些；再照洋彩黄地洋花宫碗上花样将小盒亦烧造些"[7]中的洋彩装饰特点颇为相似，从雍正朝活计档中屡次要求修改纹样的记录以及与乾隆器物名称的对比可推知一种可能：与乾隆洋彩装饰相同的器皿早在雍正朝已经进奉宫中，但出于迎合皇帝好恶的原因未以"洋彩"命名。

其实，皇帝作为御用造作体系的最终服务对象，不仅是享有者，更是参与者，尤其对相对喜好且重视的艺术品制作其主动参与性更高，对工艺的来龙去脉等信息掌握相对全面。从乾隆皇帝将景德镇生产的"洋彩"瓷器有意识地列入乾清宫珐琅器中，[8]并于乾隆八年停止江西进贡白瓷胎，进而宫中珐琅作瓷胎画珐琅的进档数量逐年减少的情况来看，乾隆皇帝对于瓷胎画珐琅与洋彩的认识应是相对客观、全面的，在其看来，洋彩瓷器在基本工艺上与宫中画珐琅产品并无本质不同，而且在技法和装饰上有了新的进步，所以挑选优秀的得意之作与康、雍时期的宫中画珐琅产品共同配匣珍藏以示本朝的特色与成就。正因如此，后朝嘉庆、道光的宫中档案皆出现"洋彩黄地珐琅""珐琅洋彩"等器物名称，例如嘉庆二十一年九月二十四日"小太监得意交嘉庆款万寿无疆洋彩黄地珐琅瓷碗二十件"，道光二年四月二十九日"九江关监督常兴进脆地洋彩百子龙舟观音瓶、珐琅洋彩连喜和合瓶、洋彩天中丽景茶盖碗等瓷器及其他物品"，从这些名称的使用来看，洋彩与珐琅彩在清后期已无明确划分。

第二，生产参与者记录下的"洋彩"则更多关注技术本质。曾供职于宫廷造办处的唐英在雍正后期到乾隆中期，赴江西景德镇先后任协造官与督陶官，长期参与督造甚至是亲自设计、生产的经验使其对景德镇各项陶瓷工艺的了解极为深入和细致。其所编《陶冶图册》中提到洋彩。

第十七条："圆琢白器，五彩绘画，模仿西洋，故曰洋彩。须选素习绘事高手，将各种颜料研细调和，以白瓷片画染烧试，必熟谙颜料、火候之性，始可由粗及细，熟中生巧，总以眼明、心细、手准为佳。所用颜色与珐琅色同，其调法有三，一用芸香油；一用胶水；一用清水。盖油色便于渲染；胶水便于揭抹；而清水之色便于堆填也。"

第十八条："白胎瓷器于窑内烧成始施彩画，彩画后复需烧炼以固颜色。为由明暗炉之设，小件则用明炉，炉类珐琅所用口门向外，周围炭火，器置铁轮其下托以铁，又将瓷器送入炉中，傍以铁钩拨轮令其旋转，以匀火气，以画料光亮为度；大件则用暗炉……"

以上从生产者的角度简明记录了洋彩所使用的颜料、调和介质、绘制技法、烧成窑炉等信息。同时，也在颜料与窑炉方面提及与宫中珐琅制品类同，颜料调和介质由景德镇传统彩绘工艺中的水、胶水扩增为水、胶水、油三种；窑炉不仅有暗炉，另有烧珐琅所用之明炉。相比景德镇传统陶瓷彩绘与宫中珐琅作画珐琅，洋彩使用的颜料调和介质与窑炉更加丰富。

另继唐英之后，曾于江西治政多年的张九钺在多次调查景德镇制瓷工艺后，于乾隆四十二年撰陶瓷工艺专著《南窑笔记》，[9] 对景德镇制瓷原料、工艺及分工有较为详细的记述，彩色条中有记："今之洋色，则有胭脂红、羌水红皆用赤金与水晶料配成，价甚贵。其洋绿、洋黄、洋白、翡翠等色，俱人言硝粉、石末、硼砂各项练就，其鲜明娇艳、迥异常色，使名手仿绘古人，可供洗染点缀之妙。"

该记录涉及民间洋色配料的部分原料组成，从中可发现"洋色"配料相对于景德镇传统陶瓷颜料在发色原料和溶剂上皆有改变。这进一步说明"洋彩"生产的最初动因或目的或是模仿西洋画面，但实质上促成了中国陶瓷彩绘技术对西方画珐琅技术的吸收与利用，颜料配制技术的改变进一步促成了"洗染"绘画工艺技法的实现，绘制纹饰则相对传统陶瓷绘画更加娇艳生动。因此，洋彩的内涵，从生产者的角度来看，绝不仅是模仿，而是西洋技术被景德镇本地陶瓷彩绘技术吸收、利用后的工艺进步，这种进步表面是绘画技法的丰富，背后是颜料配炼及溶剂材料革新的技术支持。

第三，民间鉴藏者对"洋彩"也有自己的认识。从乾隆年开始，留心于陶瓷历史的专著渐出，多为有雅玩之好的文人基于鉴赏角度考证前人文献记述，结合撰者本人见闻及经验进行总结论述。首刊于乾隆三十九年的《陶说》[10]中记述洋彩："陶器彩画盛于明，其大半取样于锦缎、写生、仿古十之三四，今瓷画样十分之，则洋彩得四，写生得三，仿古得二，锦缎一也……圆琢白器，五彩绘画，仿西洋曰洋彩，选画作高手调和各种颜色，先化白瓷片，试烧以验色性、火候……"这里关于洋彩的定义应当是参考了唐英的著述，但其将洋彩更多理解为区别于以往锦缎、仿古、写生之类的新仿西洋题材的画样。至清末民初，文玩好古之风日盛，总结明清陶瓷名品特征的应用性读本中，成书于光绪三十二年的《陶雅》记："乾窑瓷品，不但画碧睛棕鬈之人，其于楼台花木，亦颇参用界算法，命曰洋彩……铜地而瓷画者，洋瓷也。瓷地而界画者，洋彩也。"这里认为洋彩多为采用西洋界算法绘制画面。民国时期《饮流斋说瓷》记："洋彩，雍乾之间，洋彩逐渐流入，且有泰西人士郎世宁辈供奉内廷，故雍乾两代有以本国瓷皿模仿洋瓷花彩者是曰洋彩，画笔均以西洋界算法行之，尤以开光中绘泰西妇孺者为至精之品，至于花鸟亦喜开光，又不开光者颜色纯似洋瓷……"[11]这强调洋彩是我国使用瓷胎来模仿西方铜胎画珐琅画样的产品。文人著述相对于皇宫档案、专业技术札记更简明扼要、方便易得，更具传播性和普及性，民间对于

"洋彩"的认识多受此引导，在辨识上相对片面，依赖画面纹样。

三、清末文人记述中的粉彩

粉彩这一名称暂未见于宫廷档案或其他官方文献记录，目前可考始见于清末陈浏所著关于清瓷鉴定方面的汇考，即刊于宣统二年的《陶雅》一书，书中记有："康熙彩硬，雍正彩软（沿用厂人通行之名称）。软彩者粉彩也，彩之有粉者，红为淡红，绿为淡绿，缘故曰软彩也，惟蓝黄亦然。"《陶雅》初名《瓷学》，是清末文物鉴藏者心得笔记。此处以硬彩、软彩来区分康熙彩与雍正彩，并言软彩即粉彩。

粉彩是清末鉴藏家（或群体）基于长期鉴藏经验对前古陶瓷艺术作品之视觉效果、物理特性、保存耐久度等方面进行类型对比后的总结概括。其中软彩、硬彩之别基于物理特性，涉及彩绘层的牢固度和耐久性，粉彩这一概念的形成当是基于装饰效果。

但是，对"粉彩"一词的释义以及该文献中"彩之有粉"的解读，有着不同的观点。有认为"粉"可以解释为粉红，因为雍正彩中红色多为以金为着色剂的粉红，且由于砷白颜料的使用，其他黄绿等色彩皆有粉化效果，这与康熙彩大红大绿的画面视觉截然不同。本人更加倾向于认为此处的"粉"来源于中国画术语体系中施粉上样的释读，因为雍正彩画样的洗染之处多先施乳浊白色作为基底，其上进行浓淡渲染，红为粉红、绿为淡绿的效果便是源自砷白基底上的渲染，这可能源于当时爱好文玩雅物之士对中国画中"粉本"的认知经验。

但不论粉彩名称如何由来，该名称的出现确实基于一定量作品的视觉效果对比与集体认知经验及习惯。粉彩这一名称并非像"画珐琅"与"洋彩"一样基于工艺采用何种材料，使用何种技术，也并非像"洋彩"一样涉及来源或装饰题材，而是从鉴赏者的角度出发得出的。粉彩作品与康熙彩的大红大绿不同，整体带有清雅粉调子。粉彩是基于外观特征差异得出的通称，这对不同认知经验的传播群体都相对直观明了，更易理解、传播和普及。粉彩成为沿用至今且被大众熟知的重要陶瓷彩绘品类名称，近现代彩绘颜料技术即使产生新的发展和更替，依旧以粉彩统称。

但是，我们不得不了解导致"康熙

彩"与"雍正彩"也就是硬彩和软彩的物理特性与表面色彩截然不同的因由。

康熙时期，绘制釉上彩绘的颜料通过将矿石直接混合研磨而成，主要将含铁、铜、钴、锰等金属元素的天然矿石研磨成粉与作为助熔剂的铅混合后直接绘制画面，这种颜料属于生料，需要较高的烧成温度才能充分熔融并均匀显色（约800℃~850℃）。由于温度烧成较高又与釉面同属于铅釉配方，所以颜料自身硬度与釉面的黏和度都相对较高，不容易剥蚀，但矿石粉末颜色在绘画操作时与烧成后颜色会有变化，即使工匠根据经验填色，烧成后也往往会有意料之外的效果。而且，多以胶水或水调和的红色或是黑色来勾勒线条，色彩的表现多用黄、绿、蓝等色以铺盖的装饰方法进行，所以色彩铺陈呈现出大红大绿的感受。

到雍正时期，景德镇的釉上彩绘技术得到进一步突破并且受到西方画珐琅技术的影响，着色矿物、颜料炼制方法、颜料调和介质更加丰富。第一，开始使用金、锡、锑等金属矿物进行颜料炼制，进一步丰富了颜料的色相，并且引入砷作为乳浊剂，使颜料呈现粉化效果，尤其是以金为发色元素的金红与传统彩绘以铁为发色元素的朱红有所不同，呈现出玫瑰红色相，粉化渲染便于实现中国花鸟画清雅的写实表达。第二，颜料炼制增加了高温预发色步骤，将着色矿石进行高温预熔处理后水淬成为熔块，研磨成粉用于绘画。高温预发色后的颜料已成为熟料，熟料突破了"盲画"的局限，颜料在绘画中与烧成后的显色差距和不确定性都相对较小，即时可视的绘画体验方便精细操作。第三，颜料调和介质增加了油料，使画面的描摹能够如同中国画一般表现浓淡渲染，相比清水调和后的大色块铺陈，油料的延展性和黏合性便于表现渐变层次与描摹精致实物，使画面更加立体、生动。然而，使用熟料釉上绘画后二次烧成温度相对较低（约750℃），尽管完成的彩绘画面呈现出比传统材料更加娇艳的色彩，但自身硬度与釉面黏和度相对较差，比较容易剥蚀。

四、结语

珐琅瓷器的概念随着陶瓷彩绘技术的进步与发展，由试制到普及，从康熙发生之初的技术所指逐渐外延为一种品类所指，并非宫中所生产的画珐琅产品的代指。康、雍、乾时期多指最后彩绘步骤完成于清宫造办处的瓷胎画珐琅产品，至嘉、道时期，珐琅瓷器与洋彩并用，代指景德镇御窑所产一类彩绘瓷器。光绪时珐琅瓷笼统代指工艺相对繁复的彩绘瓷器。

洋彩产品，早在雍正朝便已进贡于宫廷，但并未以洋彩命名。民间文献对洋彩的认知与记录更侧重于对西方纹样的模仿，甚至将之记述为使用瓷胎模仿西方铜胎画珐琅画样的产品。从工艺的角度来看，洋彩绝不仅是在画样上模仿西洋，而是西洋技术被景德镇本地陶瓷彩绘技术吸收、利用后的工艺进步，这种进步表面是绘画技法的丰富，背后却有颜料配炼及溶剂材料革新的技术支持。因此，清代宫廷和民间文献对洋彩的认识有所不同，是一项新事物产生后不同群体基于自身认知经验的理解不同，新事物逐渐被认知或深入理解后将得到更为全面、客观的定义。

粉彩是清末鉴藏家（或群体）基于长期鉴藏经验对前古陶瓷艺术作品之视觉效果、物理特性、保存耐久度等方面进行类型对比后的总结概括。软彩与硬彩之别，康熙彩与雍正彩之差，正是中国釉上彩绘颜料技术革新前后的对比，颜料技术的进步支持了更为精细的画面描绘，使瓷器上的绘画表达能够更大限度地描摹纸本书画效果。

珐琅彩、洋彩、粉彩的名称，实际上是陶瓷彩绘技术发展进步过程中不同空间、时间的不同群体基于各自认知经验，对关注信息的不同侧重的命名。

参考资料

[1] 中国第一历史档案馆，香港中文大学文物馆. 清宫内务府造办处档案总汇（4）.[M]. 北京：人民出版社，2005.

[2] 朱家溍，朱传荣. 养心殿造办处史料辑览（第一辑）[M]. 北京：紫禁城出版社，2013：35，59，310，375.

[3] 郭葆昌. 瓷器概说. 民国二十四年（1935）石印本，故宫博物院藏.

[4] 参加伦敦中国艺术国际展览会出品图说 第二册 瓷器[M]. 上海：商务印书馆，1936.

[5] 哈森诺尔. 珐琅[M]. 黄照柏，译. 北京：轻工业出版社，1959：7.

[6] 铁源，李国荣. 清宫瓷器档案全集（卷2）[M]. 北京：中国画报出版社，2008.

[7] 中国第一历史档案馆，香港中文大学文物馆. 清宫内务府造办处档案总汇（4）.[M]. 北京：人民出版社，2005.

[8] 铁源，李国荣. 清宫瓷器档案全集（卷2）[M].

北京：中国画报出版社，2008.

[9] 陈宁.《南窑笔记》著者之谜探析[N]. 中国文化报，2017，11（006）.

[10] 朱琰，傅振伦. 陶说译注[M]. 北京：轻工业出版社，1985.

[11] 黄宾虹，邓实. 饮流斋说瓷[M]. 上海：神舟国光社，1936.

三维数字化技术在文物保护修复中的应用
——以养心殿紫檀木七层八角无量寿佛宝塔为例

故宫博物院馆员　蔡雨龙

关键词：三维扫描技术；文物数字化；文物保护

摘要：本文围绕养心殿研究性保护项目中紫檀木七层八角无量寿佛宝塔保护修复数字化工作，梳理介绍三维数字化技术在文物保护修复领域的应用类型，并根据不同应用类型的技术特征，总结适用于文物保护修复的数字化工作流程，为后续文物保护修复工作提供策略支撑。

2018年，随着养心殿研究性保护项目的推进，故宫博物院文保科技部修复人员正式开启对紫檀木七层八角无量寿佛宝塔的保护修复工作。

在此文物保护修复工作初期，为了更好地保留佛塔原状陈列，有效记录佛塔在修复前整体的客观属性，修复人员应用三维数字化技术对修复前的佛塔进行了全面的扫描，为后续修复过程提供了有效的数据支撑。

总体看来，三维数字化技术利用其信息采集的全面性和后期的可编辑性，为佛塔的修复及预防性保护提供了可靠的帮助。

一、三维数字化技术在文物保护修复领域的应用

随着数字技术的革新与发展，三维数字化技术已经逐渐应用于各个行业领域，如逆向工程、三维动画、艺术品数据采集等，可见，三维数字化技术已被市场认可并接纳。我国文化遗产保护工作逐步进入信息化时代，三维数字化采集技术、数据处理技术、3D打印技术等现代化数字技术顺应博物馆数字化趋势，也逐步广泛应用于文物保护修复、博物馆展陈、数字博物馆等业务工作中。

文物相关的三维数字化技术应用即通过数字化采集的方式，借助扫描、拍摄等设备对文物表面以及实体信息进行采集，并应用计算机软件对所采集的信息进行处理与加工，最终实现文物的数字化，为文物保护修复工作提供相应的支撑。文物三维数字化技术的采集方式大致分为四种类型，即三维激光扫描技术、光栅投影扫描技术、摄影近点测量技术和断层扫描技术。

三维激光扫描技术（Terrestrial Laser Scanning, TLS）是二十世纪九十年代中期出现的一种高新技术，主要是通过高速激光扫描测量，大面积、高分辨率地快速获取被测对象表面的三维坐标数据，同时可以通过专业软件和测量数据建立物体的三维实体模型。三维激光扫描技术的原理是利用激光三角测距技术，通过激光发射器将可见激光发射向物体表面，经物体反射的激光再通过接收元件接收，设备中的数字信号处理器根据不同的角度计算出相关的距离，接收元件通过模拟数字电路的处理，将实物的立体信息转换为计算机能直接处理的数字信号，最终完成物体三维立体信息的采集工作。

光栅投影扫描技术是二十世纪九十年代后期兴起的一种简捷的、全场测量的三维测量技术。该技术的原理是将计算机设备产生的正弦条纹投影至被测物体表面，利用CCD相机拍摄条纹受物体形态影响形成的弯曲度条纹，解析该弯曲度条纹得出相位，再将相位转换为全场的高度，最终得到物体三维立体数字信息。

摄影近点测量技术是由地质测绘领域的倾斜摄影技术发展而来的一种快速、便捷的三维影像采集技术，是基于数字影像和摄影技术而产生的一种三维重建技术。摄影近点测量技术是使用数码相机的感光元件采集图像，再通过计算机识别图像并对图像进行处理，利用软件自动识别相位点的功能解析物体的三维空间坐标，构建物体三维模型的成像方法。其优势是能够快速、准确地获得文物表面纹理的色彩信息。

断层扫描技术是一种利用工业计算机对物体进行分层扫描的技术，又被称为工业CT技术，自二十世纪中期一直用于文物的检测分析。CT技术是依靠X射线（或其他类型射线）照射被建模对象，对被测对象进行射线投影以获取其内部信息的成像技术。由于不同物体受材质、密度、尺寸等影响会造成阻射率不同，故可以依靠三维技术重建物体。在众多的三维数据采集技术中，

CT技术以其能够无损获取文物内部信息的特点，为被测对象的内部信息数字化建模提供了有力的支撑，因此在文物的保护和研究工作中得到广泛应用。

根据工作中使用设备的情况，对比各项技术数据，可以初步总结出各种采集方式的适用范围以及优缺点（如表1所示）。三维激光扫描技术更适用于如木器家具、壁画、青铜器以及大型佛造像等中大型文物信息的采集工作。其优势是精度高，采集速度较快。但由于数据量较大，采集中会分段处理，导致后期拼接难度增大，同时传统的激光扫描仪无法采集纹理材质信息，很难独立完成文物的采集工作。光栅投影扫描技术适用于较小的文物，模型采集精度高，同时纹理色彩信息也能够保存完整，但对高反光材质的采集完整度较差。摄影近点测量技术几乎对所有类型文物都适用，但由于其采集的模型精度较低，一般作为色彩纹理贴图使用。断层扫描技术的空间局限性使其适用于小型器物，能够采集光学技术无法穿透的内部结构信息，但数据量极大，后期处理极其困难，目前更多应用于文物截面信息的采集。

表1　文物三维采集技术对比

适用范围	优点	缺点
三维激光扫描技术		
中大型器物、古建筑等	精度高、速度快	数据量大、后期拼接误差大、无纹理色彩信息
光栅投影扫描技术		
小型器物	精度高、模型准确度高	扫描范围小、高反光材质采集完整度差
摄影近点测量技术		
所有类别文物	纹理色彩还原度高、成本低	模型精度低、细节还原度差
断层扫描技术		
小型器物	精度极高、可以获取内部结构信息	数据量极大、处理难度高、成本高

各种采集方式有各自的优势，同时也都存在一定的局限性，在文物保护修复工作实际应用时会发现，对体量巨大、结构复杂、纹理信息复杂且具有高反光材质的文物很难使用单一技术完成信息采集。因此，在文物保护修复过程中应尝试应用多种三维采集技术，发挥其各自的优势，再通过后期对三维数据的整合分析、拼接处理，方能得到较完整、准确的文物三维模型。

二、紫檀木七层八角无量寿佛宝塔的扫描与研究

紫檀木七层八角无量寿佛宝塔塔身高近四米，七层八角阁楼式，安设于养心殿西暖阁佛堂内（如图1所示）。随着养心殿研究性保护项目的推进，故宫博物院文保科技部的修复人员启动对佛塔的全面保护修复工作。此件佛塔体量巨大，但陈设地空间狭小，难以在陈设现场直接开展保护修复工作，因此必须将其搬至别处。在拆除搬运前，为了保证能够建立完整的三维数字病害系统，同时能够修复后还原陈列，修复人员须更全面地记录佛塔修前的数据和面貌，二维影像采集方式无法全面地记录和展示所需数据内容，因此修复人员综合评估决定尝试使用三维采集技术。

养心殿西暖阁空间狭小，光线受阻严重，给前期采集工作增加了难度。为了解决这些问题，修复人员尝试了不同的采集手段相结合的方式。此座佛塔整体形制为阁楼式，整体分为三个部分：顶层为塔刹，中间为七层塔身，底部为须弥座。最终根据佛塔结构的不同，将三维激光扫描技术、光栅投影扫描技术、摄影近点测量技术和断层扫描技术四种技术手段相结合，完成了佛塔拆除搬运前的三维扫描工作。（如图2所示）

顶部塔刹材质以琉璃为主，反光严重。因此在顶部使用摄影近点测量技术进行采集。通过柔光罩对光源进行柔化，尽量减少直射光对琉璃的照射。数码相机镜头覆盖偏振镜，尽量减少光晕的影响，最终完成采集工作。（如图3所示）

中间塔身部分为七层仿阁楼式结构，每层有八扇玻璃门，每扇门内供奉梵铜利玛无量寿佛。同时，屋脊上有跑兽、套兽、饕兽以及围脊兽，这四类为一套，每层八套。此外还有走廊护栏，每层中心放置一个八角金丝楠木经盒。如此复杂的结构导致扫描难度极大，单一设备很难完成全部工作。因此，修复人员结合使用了三维激光扫描技术与光栅投影扫描技术。便携式手持激光扫描仪可以应对这种复杂的环境，快速的采集模式可以在很短的时间内完成任务，同时可以相对准确地采集到结构和色彩信息，对复杂结构可以初步保留数据信息。美中不足的是受设备采集精度的限制，所采集的信息只能作为后期数据整理与拼接的参考。配合光栅投影扫描设备对取出的无量寿佛佛像进行补充扫描，才得以完成中间塔身部分的采集工作。（如图4所示）

图1　养心殿佛塔拆除前

图2　扫描工作现场

底部须弥座表面结构缺失严重，摄影近点测量技术可以完整地采集纹理信息。在搬运该部分的过程中，由于木塔中间底板松动，发现其内部藏有经卷，打开松动的盖板，底层基座中间有一金丝楠木方盒，方盒外贴有封条，不能贸然开启。通过断层扫描技术对其内部结构进行扫描，为后期文物保护修复工作提供了可靠的数据支撑。（如图5所示）

养心殿研究性保护项目最为重要的一个目标就是最终还原养心殿的原状陈列，因此，对佛塔位置的标注也是修复工作初期非常关键的一步，三维数字化技术的介入为后期的还原提供了一定的数据支撑。为了记录养心殿西暖阁佛堂的原状，修复人员使用了空间三维激光扫描仪。此激光扫描仪能够快速捕捉大型建筑内部所有物体的数据信息，但该设备的采集精度有限，对细节的扫描还原度较低，所采集的三维数据只能作为后期坐标定位使用。

在后期合成环节中，修复人员分别处理了用不同方式采集而来的素材。首先是激光扫描仪的素材，在后期软件中处理扫描数据生成点云数据，转成白模。其次是批量处理相机拍摄的贴图素材，在合成软件中导入白模，再导入贴图素材，纹理映射后不可避免出现冗余数据，须再次进行数据处理，调整色差。最后根据手持扫描仪所采集的数据精确定位，完成佛塔三维数字模型构建。（如图6所示）

图3　佛塔塔顶塔刹示意图

图4　佛塔塔身示意图

图5　佛塔塔底须弥座示意图

图6　佛塔三维模型示意图

三、结语

三维激光扫描技术、光栅投影扫描技术、摄影近点测量技术和断层扫描技术在文物三维数字化采集中各有所长，也各有限制。经过对紫檀木七层八角无量寿佛宝塔保护修复数字化的实践，可梳理总结出一套多技术结合的文物三维数据采集方案，可以很好地完成具备体量巨大、结构复杂、高反光等复杂因素文物的数据信息采集工作，为后续相同特征的文物保护修复工作提供了可靠的策略支撑。

参考资料

［1］谷立鹏. 三维数字化技术在文物保护中应用与作用［J］. 文物鉴定与鉴赏，2020，173（02）：74-76.

［2］谢扬帆. 佛光秘塔，匠艺之承，养心殿佛堂木塔的修复纪实［J］. 紫禁城，2019，299（12）：82-99+81.

［3］王子林. 佛堂伴君侧，闻清净妙香——养心殿仙楼佛堂的原状陈设［J］. 紫禁城，2006，（07）：54-57.

浅析绢本画心补缀方法的选择和运用
——以烟台市博物馆馆藏《明代无款青绿山水图轴》的修复过程为例

故宫博物院馆员　　许腾

一、虽有补天之神，必先炼五色之石
——补绢及其做旧方法

"洗、揭、补、全"是书画修复的四大环节，中国古代修复理论著述中，对于前两个环节尤为重视，而对"补"的描述则常常数笔带过，认为"揭""补"不分家，"补"是"揭"的顺带环节。唐代张彦远《法书要录》载"梁中书侍郎虞和论书表"里，记述了梁朝所收集的王羲之少年之时墨迹破损的修补方式，"先将墨迹做揭本，然后用揭本上下对准字迹进行托裱，然后剪裁整齐。这样既补接了残字，不失体势，而且墨色更重。"这是有关书画修补之事的最早记录。"补"在现代书画修复中是一个被重新认识和重视的环节，因为它在整个书画修复过程中有着承前启后的作用。尤其是对于绢本画心，补缀环节前接画心的衬固和命纸、褙纸的揭取，之后又关乎接笔、全色的顺利与否。

《装潢志》言："补缀，须得书画本身纸绢料一同者。色不相当，尚可染配；绢之粗细、纸之厚薄，稍不相侔，视即两异。固虽有补天之神，必先炼五色之石。绢须丝缕相对，纸必补处莫分。"这一段对补缀的专门论述，实则是强调修复绢本画心时，寻觅合适的补绢以及补绢本身的重要性。这就要求修复时揭旧裱的过程中注意积累"素材"，将废弃的旧料收集并标记好出处和来历，在将来的修复中便可信手拈来，变废为宝。"判明原画所用古纸古绢的朝代出处……贡绢、粗绢、单丝、双丝……行话叫作'三相近'，即纸绢类型相近、自然葆光相近、颜色深浅相近。"当然，"三相近"原则中的"颜色深浅相近"实则指颜色倾向上相近，补绢的颜色要浅于画心绢色，否则补后会透出"黑圈"。如若找不到葆光色泽一致的补绢，可选择绢丝经纬密度、粗细接近的材料进行处理。补料是颜色较深的旧古绢

时，可用漂白粉水将其浸透，再以清水淋洗，去其"火气"，色泽变淡，平贴于案上并用宣纸吸水，如有命纸托衬一并揭去。补绢为新料时，先对其进行做旧处理，做旧的方法可以分为自然老化与传统技艺结合做旧、借助现代科学设备的人工做旧。

补绢的自然老化与传统技艺结合做旧的方法：多备常用的几种绢料置于强光下曝晒，最好能置于室外经风吹日晒，使其显得陈旧老化；调配色调与画心一致的色汤并混入浆水，将补绢平于案上染色并使之平挺，补绢有胶光和浆光；将补绢反复舒卷，经过若干次摩擦盘弄，使补绢产生"包浆"，葆光色泽如同古绢。如画心的绢料为扁丝绢，可对补绢进行捶砸，使绢丝平扁细密，质同画绢。古法捶绢"先以水喷绢，匀遍，用白布三尺卷作心，外包绢，不可太紧。用捣衣槌于光石上捶打……捶四五百，则丝扁而匀细矣。"

借助现代科学设备的人工做旧方法，其中日本东京国立文化财产研究所为代表开发出了电子束老化法、臭氧老化法、紫外线长波老化法，对比这几种工作方法的原理和各自优劣，发现紫外线长波老化法操作相对简易，对工作室环境要求不高，设备要求简单，且老化后的补绢综合性能最佳。

二、烟台市博物馆馆藏《明代无款青绿山水图轴》的修复

文物编号为0593的一件明代无款识青绿山水画，为烟台市博物馆藏书画作品，装裱形式为两色式立轴，天头、地头①和圈档②材料均为花绫，绢本设色。裱件全幅尺寸为322.2厘米×122.2厘米，画心尺寸为194.2厘米×103.8厘米，天头尺寸为122.2厘米×62.2厘米，地头尺寸为122.2厘米×33厘米，圈档尺寸为227厘米×122.2厘米。

画面布置较为舒朗，大体为S型构图，画面整体以淡墨勾勒线条，以披麻皴手法表现山石肌理，再施以青绿，设色风格有古意，或仿赵孟𫖯笔意。右下角以坡石起势，坡岸横亘至左侧，岸上点景人物为传统的高士策杖与童子负卷形象。中景将视觉中心点拉回右侧，以面积较大的山

---

① 立轴裱件的上端镶料称"天头"，下端镶料称"地头"。
② 镶贴于画心周围四边的镶料称圈档，其中，画心上下的镶料称"上隔水、下隔水"，画心左右的镶料称"边"。

石和丛树布置（此一重空间左侧以淡墨虚出的远山略显突兀，首先从构图角度而言，该山头使画面的整体布局显得平均，无益于构图的取势；从笔墨处理角度而言，淡墨的画法更适宜远山而非画面中景，况再推后一层空间的中远景山头尚且为细笔勾勒设色，远山亦是淡墨染就，作者将一个本应处于远景的山头放置于中景，从位置经营与画理画法的角度而言均不构成合理性，故此处笔者推测应为他人补就）。中远景山头布于左侧，间以杂树。远景主山再次将重心拉回右侧，使整个画面山石呈蜿蜒之势，远山再以淡墨虚出，使画面更增加一重空间。

伤况及病害方面，整体污染严重，天头、地头及圈档均有大面积水渍，通体色泽深暗，画意不清晰且局部缺失，目测画绢偏薄，磨损较严重，通体折伤，轴头缺失。修复前须拍透光照观察伤况，通过视频显微镜观察材料，打点测试分析颜料等完成一系列工作。

拍摄局部伤况照、侧光照（如图1所示）和透光照（如图2所示），通过透光照可发现画心命纸背后贴有大量折条。肉眼观察，原画绢色深，整体呈深褐色，缺损处较多，出现多而密、繁而碎的"露白"处，呈浅米色。原认为是文物年久磨损，绢丝磨损后泛白或破损后露出命纸颜色。用放大镜观察，原画绢绢丝较为稀薄，破损处周围的绢丝经纬排布扭曲或散碎，缺损口下也就是所谓"露白"处为补绢，其绢丝呈扁平状且经纬排布细密，保存完整。通过三维视频显微镜放大观察（如图3和图4所示），多处补绢绢丝均为同一种绢丝纹理，原画绢绢丝和补绢绢丝对比，形态、密度均有所不同，为两种类型的绢料。更加关键的是，综合透光照中未发现"碎补"绢块的迹象，加之上文画面分析中的大面积补笔痕迹，可进一步推断此画曾经前人修复，并用整绢托补破碎的画心。由此可推断"露白"出现的原因是此画经过一次修复后保存不当，画绢被反复舒卷摩擦而损伤，加之年久失修，原画绢与补绢老化导致空鼓剥落，从而露出整托的补绢。

图1 修前侧光照

图2 修前透光照

图3 三维视频显微镜50倍放大画心局部

图4 三维视频显微镜100倍放大画心局部

用微焦点X射线荧光光谱仪对画心中的绿色、白色、红色和底色分别进行抽样检测，检测分析后可确认，苔点及山头的绿色均为石绿，人物服装的白色为钙，长、圆夹叶的红色为赭石和朱砂，背景底色无论是原绢还是整托绢都含有赭石。

画面色质趋于稳定，但对局部重彩部分还应妥善处理。先刷淡胶水进行固色。大面积清洗画心，使用50℃~70℃的温热水淋洗。用传统方法"翻水油纸"[3]进行揭前加固和保护，唐张彦远《历代名画记》"论装背裱轴"中载"补缀抬策，油绢衬之，直其边际，密其隙缝，端其经纬，就其形制，拾其遗脱，厚薄均调，润洁平稳。"这其中强调了油绢是揭裱前加固画心的关键所在，油绢即今水油纸的前身。（如图5所示）

鉴于原画心曾经过整绢托补，一番历史岁月的洗礼后，整托绢一层已与画心有机合成一体，即形成画心的一个层体，且有大面积的画意经前人补笔于整托绢之上。一旦将其揭去，画意会遭到严重破坏，因此在此次修复过程中不可去除原有的整托绢，应保留整托绢且保持其位置不变，不可破坏前人的修复痕迹。为了防止后期整托绢与原画绢之间粘接的部分出现分离现象，也防止整托绢与其命纸之间因年久老化造成浆性不牢而空鼓，因此决定揭掉整托绢的旧命纸并重新上浆更换新命纸。由于旧命纸颜色较深，呈浅咖色，因此须准备相应尺寸的单宣提前染色做旧作为新命纸。托新命纸前，须调配稠度适宜的浆水，太稠则使画心僵硬蠢拙，太稀则恐日后浆性减弱导致整托绢与原绢心空鼓分离，须让稠度适宜的浆水充分渗透整托绢与原画心。由于画心有多处折裂和破损口，所以选择韧性较好的皮纸或夹宣，在画心背后更换好的新命纸上进行隐补[4]和贴折条[5]。（如图6所示）

此件文物在修补环节有特殊之处，画心材质为绢，曾经整绢托补，画心绢与整托绢形成一个整体的画心，画心虽有破损口，露出的是曾经的整托绢，即整个画心没有任何真正意义上的破洞，因此此件文物的修复过程中未涉及绢心的任何补缀方法。

---

③ 元书纸刷熟桐油制成水油纸，光滑、透水、有韧性，刷薄糨糊后贴覆于画心正面，将画心翻面时可加固画心，保持画心丝缕不动、重彩颜色不致脱落，此过程称"翻水油纸"。

④ 故宫博物院修复厂裱画组编《书画的装裱与修复》："在托纸的后面用白纸垫在破洞处衬平，这叫隐补。"

⑤ 将宣纸裁成细窄条，贴补于画心裂缝、断口背面的托纸上，起加固作用，即贴折条。

图5　水油纸衬固画心

图6　隐补和贴折条

但是通过梳理绢本画心的几种补法和对比其优劣，可更加透彻地理解此件文物曾整绢托补的原因和动机。常见的绢补方法大致可以分为碎补、细补法，整托法，镶补法，日式嵌补法等。

碎补是一个笼统的称呼，对于绢本画心，无论在破口和补绢边缘磨口与否，均用大小不一的碎绢料贴补画心破口，磨口细补法便相当于碎补方法中更加精细讲究的工艺。南裱常用磨口细补法来修补，它是广为业界认可和使用的方法。修补画心前先"做口"，即用马蹄刀在画心的破口边缘刮出斜坡；用毛笔蘸薄糨糊涂于破口周围；寻觅质地接近且颜色浅于画心的补绢，根据画心破口的形状裁剪形状相近且略大补绢贴补于画心背面；要注意对准画心绢丝缕的经纬，并在补绢上再次涂抹稀薄糨糊进行加固；补绢干透后将补绢边缘多余的部分同样刮出斜坡，使补口周围薄厚一致，防止出现凹凸不平的现象。遇破口细碎、芝麻小洞时，用普通意义上的碎补法直接贴补小块细薄绢即可。对于不少书画修复而言则是磨口细补、碎补法并用的。使用破口此补法的前提是画心破损程度相对低，且破口面积相对小，即使数量繁多，破口之间有一定距离。此法可使画心整体平挺柔软且耐得住反复舒卷，修补处不易发生断裂，最易于书画的长期保存和收藏。

整托法也称整绢托补法、整托心补法，顾名思义，即用与画心尺寸基本一致的整绢进行托补。在修补画心前，先将补绢整绢用宣纸托好，所选用的补绢和托纸要尽量薄，如托纸可选用棉连纸。补绢不但要求绢丝的粗细、密度和画心绢基本一致，也要求将整托补绢做旧的色调与画心色调相协调。补绢质地宁薄勿厚，色泽宁浅勿深，以达到薄、软、平的效果。在补整托绢前，须在画心上涂刷较厚浆水且不止一遍，每次涂刷的浆水都要充分渗透到画心背面，方能使整托绢与画心绢粘接牢固。整托法是一种有待商榷和慎用的补法，当今不少专家学者认为整托法存在大量弊端和补后隐患，甚至有强烈反对者。杜子熊曾列举了用整托绢修补的三大缺点："一、绢托要用厚浆，转使心子蠢拙不堪。二、绢托的心子日久，浆性脱落，托绢与心子分离，心子容易碎缺散失。三、绢托的心子，受外层逼迫，无处伸展，弹性僵死……容易先起夹绉，后来断裂。"与此类似的观点来自修复专家华启明，他认为整托法对画心伤害极大，是慢性毁画，绝不可使用。但是，冯鹏生、故宫博物院修复专家徐建华等指出整托法并非完全不可取，认为应根据不同书画的具体境况选择不同的修补方式，在选配补料薄软适宜、黏合剂——浆水薄厚调配得当、操作手法稳妥的情况下运用整托法，对千疮百口、糟朽不堪的书画作品进行抢救性的修复和保护是可行的。笔者认为，绝非万不得已，一般不用整托绢补法，除非画心有多处大面积缺损用碎补法无法撑起整个画面。

镶补法亦称斩补法、挖补法、嵌补法，常用于画心内容中款识的挖取、更换。此法也适用于如冷金笺、珊瑚笺、粉笺一类较厚且带有颜色，边缘不可刮口作坡的材料。把洞的边口切割整齐形成一个方口，镶嵌上一块与方口同样大小的补料，也称"铡啄"。对绢本画心，此方法是将备好的补绢衬垫于破口下面并对准丝缕经纬，同时用尖薄快刀在画心破洞周围斩裁出一个方口；去除画心破口上裁下的碎渣，此时透过画心在补绢上一并被裁挖下的小"方块"刚好严丝合缝填补在画心的方口之中，方块和方口的边缘不离不叠、相互碰撞；最后在背面用裁好的细绢条将"方块"的四个边口贴补加固。此法可将补绢顺丝顺缕地沿绢丝经纬隐匿于画心之中，如果手法得当，几乎看不出修补的痕迹。但是画心破口经裁挖后小口变大口，在一定程度上破坏了画绢甚至画意，加大了后期接笔、全色的工作量和难度，在书画的长期保存中也有镶口再次发生断裂的风险。

日式嵌补法所用的补绢一般经过人

工做旧且老化程度高于画心绢，强度上更弱，目的是随着画心日后的进一步老化，补绢更先一步老化，从而一定程度上保护画心。修补方法是，画心先托好不补，贴墙下壁后平整，从而方便接下来的修补工作；补绢覆盖于画心上，使两者的丝缕经纬相对，透过补绢用细笔沿着洞口的边缘在补绢上精准勾勒，用刻刀随形刻裁而下；洞口形状的补绢背面施浆，并填补于画心洞口之上，再隔化纤纸压实补绢使其粘接牢固；在补口的背面即命纸上，沿边口的缝隙贴补折条加固。日式嵌补法的特点是，与中国传统的镶补法类似，画心破洞口与补绢的边缘不离不叠、相互碰撞，于是画心平整一致，相比传统的镶补法，很大程度上实现了古人所云"补缀破画，法备前人，无可增损"。但是，此法只适用于相对大的破洞，操作精细度要求较高，且极费工费时，虽未使小口变大口，其补后隐患与镶补法无异，因而有事倍功半之嫌。

今人对绢本画心补缀的方法各抒己见，碎补法、整绢托补法、挖补法、嵌补法等无一是天衣无缝、完美无缺者。综合种种补法之利弊，应因地制宜，具体问题具体分析，审视画面气色，根据画面具体伤况、色调气息定夺补法。从未有最完美的补法，只有最合适之补缀。

上文中所提的"露白"处在整幅画面里细密繁多，且格外显眼，于是需要在这些露出的整托绢上填补原画绢的底色（如图7所示）。画面中主体人物策杖高仕及周围背景有多段折痕，并导致颜色脱落。经打点测试，人物服饰的白色主要成分为钙，因此可判断此白色为蛤粉。蛤粉、铅粉、白垩、高岭土等是中国传统绘画中白色颜料的主要原料，其中蛤粉来自贝壳类物质，经锻炼为石灰质。这些传统白色均覆盖性强，画家往往将此类白色用背托的方法涂制。"背托"即将蛤粉、铅粉或白垩一类白色颜料涂于刻画形象的背面，尤其是绢这类材质使得背托效果极好。这种背托方法在绘画中既可防止颜色在画心正面堆积带来的闷堵不透之感，且颜色堆积易将墨线覆盖，也使得绘画形象的色彩在画面中凸显而不跳跃、厚重而不闷堵，并融入画面的整体气息当中。人物服饰的白色在画心正面涂制要薄而通透（如图8所示）。全色时选用材料一致的蛤粉，"蛤粉又叫'珍珠粉'……制法是：拣选海中的文蛤，蛤壳坚厚，壳口微带紫红色的，用微火煅成石灰质，研到极细,即成白粉……兑胶使用,永久不变"。人物的白色被笼罩在画面的"包浆色"之下,因此全色时,白颜色(即蛤粉)要稀薄,并混入适量包浆色,干笔上色且不可厚涂。

图7 画心局部的"露白"处实际是整托绢

图8 画心局部——策仗高士

包浆色即画绢原有的旧米色或浅褐底色经时光岁月的洗礼变成了深褐色,在画面整体的全色过程中须大范围运用包浆色。以赭石或朱䃌为主,藤黄、稍许墨或花青等颜色调配,某些局部呈暗红色,色汤中可微量混入胭脂色以调整。经多次实践发现,用朱䃌代替赭石调配画面底色往往较明亮通透,全色效果更佳。

三、古酿易新装——修后重装

由于原装裱材料状况不佳,有大面积污垢、水渍和部分残破,因此无法原用。鉴于原裱材料有一定研究价值,故裁下后保存。新的装裱设计应尊重历史原貌,尽量追求原裱格调。

根据文物画心原配的天头、地头、圈档的材料、尺寸,选配新的材料并裁出相应的尺寸进行托裱。托料时值得注意的是浆糊厚度和量的把握,浆糊既有一定厚度又有光润水透、滑糯黏腻的状态最佳。若浆糊过厚过多,则极易导致接下来染料染花,原因是浆糊过多过厚容易在绫子上分布不均,再染色后,由于浆糊的局部堆积,会使颜色局部过深,颜色深浅不一便是"花"了。新配的天头、地头的材料选用鸾凤纹样的绫料，圈档用绢料。由于原画心整体气息深沉，色彩暗重，托料后"天、地"染为旧湖色或旧橄榄色[6]，圈档染为旧米色或浅咖色[7]。惊燕[8]须与"天、地"同料，与圈档同色。包首同用绢料，颜色要浅于圈档，染为米色即可。总而言之，料子的配色应尽量有古旧沉着之气，与画心的气息匹配。

镶覆与砑装即镶活[9]、覆活[10]和砑活[11]、装杆[12]，是装裱的最后两大步骤。清代周二学《赏延素心录》中云："唯有经裱多次，上下边际为恶手滥割，必须觅一色纸绢揭阔一分，纔（才）不逼画位。"这则记载强调原画心不能有任何剪裁之处，并道出在镶活时镶料"不逼画位"的要点。在画心更换新命纸时就注意要接阔出一段局条[13]并裁留出一分的宽度，以供圈档料镶贴，这样方能保证画心在镶活时不被镶料"侵占"。对修补过的绢本画心而言，尤其是经历了碎补和贴补折条的画心，要求砑活过程中画心下必须衬垫宣纸，否则经过砑石的一番摩擦和挤压，碎补补绢和折条不经过刮口处理，本身的厚度形成了"坎"，容易导致补绢、折条的外轮廓"顶"到画心正面，这种凸起轮廓部分的颜色也会随之有一定程度的丢失。因此画心下衬垫的宣纸以事先托好三至五层为佳，产生一定的厚度方可起到良好的缓冲作用。

最后，选用沙木装配天杆、地杆，此种木料的特点是材质轻软、细致，纹理直，易加工，成杆日久不易变形。材质本身虽相对轻软，但地杆有一定的粗度，可达到分量适宜。再配以花梨木或檀木轴头，古铜色签条回帖原用完成装裱。

这幅藏于烟台市博物馆的《明代无款青绿山水图轴》经过修复和重新装潢后呈现为：天头纵一尺九寸、横三尺七寸，地头纵一尺、横三尺七寸，天地俱湖色鸾

---

⑥ 以调配的圈档旧米色色汤为基底，加入适量花青色即可变为湖色，再加入适量藤黄可呈橄榄色，原色汤中的赭石与墨可带来些许陈旧感。
⑦ 用赭石或朱膘、藤黄、淡墨相配，其中，墨与赭石或朱膘量相对多且色汤整体较浓时即浅咖色，若追求古旧之气，色汤中则加入微量花青，花青与赭石或朱膘是互补色，可降低配色的明度，提高灰度。
⑧ 惊燕也作"绶带"，源于宋代宣和装，起初为天头上两根活动的飘带，后演变为固定粘贴，作装饰用。
⑨ 镶活指画心四周镶接镶料的过程。
⑩ 覆活指画心经过镶活后，背面覆贴包首、褙纸的过程。
⑪ 砑活指画心的褙纸上打蜡，双手握砑石在褙纸上反复推压出现光泽，可使裱件舒卷时柔软且不易磨损画心。
⑫ 装杆指裱件装配天杆与地杆。

---

⑬ 局条指镶贴于画心周围的纸牙，以其将画心和镶料接在一起，防止镶料直接镶贴于画心上，以此为画心"让局"，对画心起保护作用。

凤纹绫，圈档上、下隔水分别纵六寸、三寸九分，边宽两寸八分[14]，绢料旧米色，整体长九尺八寸、宽三尺七寸，为两色式立轴作品。

参考资料

[1] 王以坤. 书画装潢沿革考［M］. 北京：紫禁城出版社，1991：51.

[2] 周嘉胄，马斯定. 装潢志·外三种［M］. 杭州：浙江人民美术出版社，2016：6.

[3] 杜子熊. 书画装潢学［M］. 上海：上海书画出版社，1986：48.

[4] 杜秉庄，杜子熊. 书画装裱技艺辑释—小山画谱［M］. 上海：上海书画出版社，1993：361.

[5] 王雪迎. 绢本书画补缀技法研究［D］. 北京：中央美术学院，2016：26-27.

[6] 张彦远. 历代名画记（卷三）［M］. 北京：人民美术出版社，2016：48.

[7] 杜子熊. 书画装潢学［M］. 上海：上海书画出版社，1986：52-53.

[8] 华启明. 谈谈装裱旧绢本书画中的几个技术问题［A］. 文物保护技术（1981—1991）会议论文［C］.

[9] 于非闇. 我怎样画工笔花鸟画［M］. 南宁：广西美术出版社，2010：119.

[10] 杜秉庄，杜子熊. 书画装裱技艺辑释—赏延素心录［M］. 上海：上海书画出版社，1993：157-158.

---

[14] 1尺=10寸≈33厘米；1寸=10分≈3.3厘米。

故宫钟表类文物的数字化文物修复档案

故宫博物院馆员　　葛聪

一、钟表类文物为何适合数字化修复档案

一直以来，文物修复保护档案的记录与生成是文物修复过程中一项不可或缺的重要工作，备受广大文物修复师和文物保护工作者的重视。就像病例之于病人，修复档案伴随着每一件文物从"住院"到"出院"，贯穿修复保护流程始终。通过一份翔实的文物修复保护档案，人们不仅可以了解文物的年代、编号、体量等基本信息，还能获取综合肉眼观察及高科技检测手段的文物伤况信息，最重要的是可以了解文物的整个修复过程、修复工艺，以及未来的保护方案。文物"病"在哪里，怎么"病"的，如何"治疗"，都一目了然。

故宫博物院收藏有各类文物186万余件（套），其中许多珍贵文物亟待修复与保护。文保科技部作为故宫博物院专门负责文物修复、保护与复制的部门，半个多世纪以来修复了大量故宫内外的文物藏品。伴随着这些文物被修复产生了海量的文物修复档案与资料。

以往，文物修复档案均以文字配图片的形式进行记录，所有信息的载体均为静态的文本。尽可能详尽的文字描述和足够生动、丰富的图片也可基本满足绝大多数种类文物修复档案的记录需求。但有一类文物例外，那就是古钟表类文物。习近平总书记曾指出，"让收藏在博物馆里的文物、陈列在广阔大地上的遗产、书写在古籍里的文字都活起来"。相比其他种类的文物，"活起来"是古钟表类文物修复的基本要求。对古钟表的修复，不仅要修复外观，还要恢复其走时、打点甚至表演等复杂的机能。古钟表这种"动态"的属性恰恰符合多媒体影像的特性。同时，钟表文物报时、打点以及表演奏乐时发出的响声都使其成为独一无二的有声文物。采用视频影像这种声画结合的媒介完成古钟表修复档案的记录再合适不过了。

二、钟表类文物多媒体修复档案的记录设备及标准

多媒体文物修复档案，首先要满足对画面和声音的基本记录要求，其次要满足文物修复记录的特殊要求——安全、高效。

（一）影像方面

影像记录设备须满足以下三点要求。

第一，便携性。考虑到对钟表类文物进行修复记录时机位需要随时调整，拍摄场景多变，可能受到文物库房空间相对狭小等条件限制，记录主机的便携性对提升现场记录的应变能力有很大帮助。使用体型庞大的电影摄影机在修复室内进行拍摄，过于醒目的外形会对修复师造成较大的心理压力，不利于记录修复过程中的"真情实感"。

第二，优秀的高感素质。记录主机应首选采用全画幅CMOS传感器的设备。面积不小的传感器搭配并不巨大的像素数才是获得优秀高感光度素质最高效的解决方案。如此低的像素密度意味着单个像素的面积极为巨大，这也就使得画面记录设备能够接收到更多的光，随之拥有优秀的高感素质。另外，尽量选择搭载HLG曲线的机型，可以使得记录主机获得较大的动态范围。在宫殿室内、钟表木楼内部等低光照条件下拍摄时，记录主机可依靠其优秀的高感素质获得较为纯净的噪点低、色彩正常的素材画面。

第三，可靠的对焦素质。尽可能多的相位检测自动对焦点及对比检测自动对焦点可保证画面记录的主机具备强大的对焦速度和准确度。同时，人眼识别对焦、触摸对焦、对焦区域锁定等辅助功能的完善更能提升整套系统的可靠性，使得后期素材的可用度大大提高。修复中许多不可重复的关键瞬间可以被完美记录下来供未来的修复师查阅。

在选择多媒体修复档案的记录镜头时，应尽可能配备覆盖全焦段的镜头组，并配以适当焦距的微距镜头及转接环。选择一到两个成像素质优越的变焦镜头作为主力镜头，例如24~105毫米或24~70毫米焦段的镜头。自动对焦模式下通过对侧边对焦锁定快捷键的灵活应用可以极大提升记录对焦的效率。例如，在记录钟表夹板中错综复杂的齿轮时，可利用对焦锁定键进行前后景转换。拍摄钟表文物中细小的零件时，通过转接环将微距镜头转接到适当的记录相机上是当前最稳定的解决方

案。俗称"百微"的微距镜头是图片、视频工作者心中最"靠谱"的微距记录设备，其出色的防抖功能极大补偿了拍摄时垂直于光轴方向的抖动，在通常的拍摄距离下实现了相当于约4档快门速度的补偿效果为拍摄到钟表修复过程中一些微小甚至近似微观层面的变化提供了可能，极大提升了画面的质感。

灯光照明设备的选择是多媒体文物修复档案记录中重要的一环，对材质复杂的古钟表文物更是如此。没有好的灯光，镜头就无法呈现文物准确的颜色，更无法准确表达修复材料施用后的性状变化，对未来修复的借鉴意义便无从谈起。选择色温固定在5500K的灯光作为拍摄记录的主光源最为高效。搭配菲涅尔变焦透镜使用后，其照度在0.5m的距离上须高于10000勒克斯（Lux）。光的质量方面，光源的CRI值须高于95，TLCI须高于96，才可为高质量还原文物的颜色与材质提供有利条件。

配备一盏便携的可变色温柔光平板灯也同样重要，虽然在亮度上无法与固定色温的主光源相媲美，但它在保证高显色准确度的前提下从3500K到5600K的可变色温调节功能为刻画古钟表文物的金属质感提供了更多可能。经过试验，4000K到4500K偏暖的色温更能表现钟表机芯以铜为主要材质散发出的金属质感。灵活小巧的小型手持可变色温LED矩阵灯也是必不可少的光源，主要为一些狭小空间或阴影区域补光提供稳定的高质量光源。

（二）拾音方面

在钟表文物的多媒体文物修复档案的记录中，应选择一款超心型指向的立体声麦克风作为主要的拾音设备。超心形指向相较于心型指向来说，拾音区域更窄，但同时也抵消了更多来自麦克风侧面方向的"噪声"干扰，在能收录高品质立体声的同时，还能减少不必要方向的拾音。这种指向类型的麦克风常被用于乐器演奏、访谈等场合的拾音工作。对钟表类文物多媒体修复档案的记录，超心型指向的立体声麦克风可以安装在相机顶部的冷靴接口上，通过3.5毫米音频线与相机连接，钟表文物打点、报时、奏乐的声音便能被清晰地录制下来。通过对钟表调试过程进行记录拍摄，机芯齿轮咬合的声音也能被完整拾取，极大增强了后期回看钟表运行画面的临场感，为日后通过声音判断齿轮之间的咬合状况提供了可能。另外，还需配备一款高稳定性的无线领夹麦克风用于修复师访谈、独白的人声拾取工作。

（三）记录标准

随着多媒体和互联网技术的飞速发展，为了使拍摄的文物修复影像不会过早落后于时代标准，多媒体文物修复档案影像记录的分辨率应为H.264编码下的4K（3840×2160）视频，帧速率为29.97fps，音频应为采样率48000Hz的16位立体声音频。

三、钟表类文物多媒体修复档案的记录流程

钟表修复的数字影像档案记录可分为两部分，一是对机芯修复的记录，二是对外观修复的记录。记录前应与修复师进行前期沟通。相比于机芯的修复，外观的修复过程中重复性流程较多，所以可仅对其中几个关键性的步骤进行记录拍摄，为同步进行的机芯修复记录留出时间。

修复师在对本楼式钟表进行简单的除尘后，将机芯从钟表外部的木楼中取出。取出的过程通常需要多人合作完成，因此记录的景别主要以全景为主，着重对钟表的姿态以及钟表的支撑方法进行记录。钟表机芯与外部木楼除了会用螺丝等金属零件固定外，奏乐换套、钟摆启动、打点调节等功能也会有把手、棉绳等零件显露在木楼外。因此，还需通过众多特写镜头记录这些零件从木楼上取下的过程。有些机芯还需提前将表盘甚至风旗、转花等零件取下才能从外壳中取出，因而对取出方法及路径的拍摄记录将直接影响后期的安装与调试。

机芯取出后，修复师会对机芯伤况进行查验，此时正是记录钟表木楼修复的时机。受多年温度、湿度等环境变化影响，木质主体难免出现变形甚至开裂，需要修复师对其进行整形、粘接，恢复其原始的形态。经过对湿敷、加压找平、阴干等重要节点的拍摄记录，即可得到一段木质钟楼整形的完整影像。木楼修复过程的等待时段，拍摄重心可回归到机芯修复上。

将机芯拆解后，不难发现，机芯的夹板、揭板后暴露出的螺丝齿轮，甚至是表盘的背面有大量钟表制作者及前人修复留下的记号。有的是为了方便后期安装零件时对位，有的则是记录下当时的维修情况。这些细节都需要用微距镜头记录下来，为后人的维修保养提供参考。

经过清洗、补配、调试后的机芯最终会安装回木楼内，与外部的转花、水法等装饰件联动进行整体调试。这也是整个

修复中最重要的流程，关乎整件钟表能否恢复机能，正常运转。总装调试过程极为复杂的钟表文物，如四面钟的调试，牵一发而动全身，因此对这类钟表的保护修复进行拍摄的过程中，要时刻关注轴向问题，避免因越轴导致方位混淆，影响回看的准确性。

每个修复流程结束后，都须记录修复师对当时修复进展的讲解。这种口述的形式，可补全影像画面记录之外的更多修复技艺细节信息。钟表修复完成后，还要对相应的钟表修复师进行完整采访，从修复技艺、非遗传承等方面对钟表修复项目进行全面总结。

四、结语

每一件钟表文物多媒体影像修复档案记录工作的完成，都为故宫博物院的钟表修复提供了一份珍贵的数字化档案资料，也为宫廷钟表文物的修复提供了重要的研究依据。在未来，依托三维扫描、增强现实（AR）等技术的不断发展，古钟表文物修复数字化影像档案的记录媒介将更加多元，涵盖的信息也将更加全面。本文通过对钟表类数字影像修复档案记录的设备、标准、流程进行梳理，为今后其他门类文物修复的多媒体数字影像修复档案的应用提供了一套可行的解决方案。

可持续保护前沿技术综述

故宫博物院　　秦达然

关键词：可持续保护；可持续预防性保护；环境控制；暖通空调；饱和盐溶液

摘要：十几年来，随着全球环境问题不断加剧，各行各业都加入到保护环境的行动中，文物保护行业也积极探讨并践行"可持续保护"的理念。从藏品所处展厅或仓库的环境条件控制，到藏品运输过程中包装材料的选择，再到文物修复中试剂的选用，文保领域的从业者正努力寻找和使用更可持续的方式方法保护修复文物。本文简要介绍近几年国际上文保社群对可持续保护的关注与研究，重点介绍停用或少用暖通空调，再辅以一些曾经广泛使用的被动控制方法（如饱和盐溶液法），从主动环境控制恢复到被动环境控制，以节约能源并为文物提供更好的保护。希望本文能够引起文保从业者对这一话题的注意及进一步的讨论和实践。

一、引言

随着全球能源危机日益严重、温室气体浓度持续升高、气候灾害频发，人们愈加认识到可持续发展的重要性。减少能源浪费、降低碳排放成为全球重要议题。第26届、27届联合国气候变化大会（《联合国气候变化框架公约》第26届、第27届缔约方会议）相继提出，各国继续减少温室气体排放，帮助受气候变化影响的国家和地区，为相关的项目和研究提供资金支持，等等。

在国际上，博物馆行业也积极参与到"可持续发展"这一议题中来，国际文物修护学会（IIC）代表文物保护行业参加了2021年11月在英国格拉斯哥举办的第26届联合国气候变化大会，并组织了全球范围的百科编辑活动，展现了文物保护行业从业者对环保议题的广泛关注和切实行动。2022年，英国环保激进分子在英国国家美术馆等博物馆中用泼番茄汤、涂抹胶水等方式袭击名画，以宣扬"停止使用化石燃料"等主张。全球92个博物馆的馆长签名谴责袭击行为。国际博物馆协会（ICOM）表示，博物馆是推动气候行动的重要因素。

十几年来，文物保护领域的从业者开始自查能源浪费情况，反思已成为惯例的文物保护方法，开发新的更节能的保护修复方式，提出了"可持续保护"的口号。IIC在参加第26届联合国气候变化大会时，应用从世界各地的文保专家手中收集的视频和图片，制作了一个视频在展台循环播放。该视频展现了从偏远的考古遗址到大都市中的博物馆，全球各地的文保专家在气候变化的情况下面临的新挑战，包括洪水冲击遗址和博物馆仓库导致古建筑和文物受损、温度升高导致虫害加剧、极端天气增多导致霉菌生长等问题。该视频从文保领域的角度，充分说明了应对气候变化的紧迫性。与此同时，IIC承诺将与国际博物馆协会藏品保护委员会（ICOM-CC）和国际文化遗产保护修复研究中心（ICCROM）一起寻求更环保的措施和方法，以应对当下的气候危机。

从文物保护可以分为预防性保护和干预性保护的角度看，可持续保护可以从这两方面入手。在干预性保护方面，文物修复师提出循坏使用耗材（如手套等），尽可能使用绿色有机溶剂（如用相对更绿色的有机溶剂代替有毒有害的有机溶剂）等方法。在预防性保护方面，藏品保管者提出减少长途运输藏品（降低碳排放），用更环保的材料制作藏品包装，使用新的环境控制等方法。由于预防性保护针对的是所有藏品而非单一文物，气候灾害对其影响更直接更严重，在预防性保护中使用可持续保护方法所带来的环保收益也会更大，因此本文主要对预防性保护中的可持续方法进行讨论。

二、预防性保护和可持续预防性保护，风险评估与风险管理

国际博物馆协会藏品保护委员会（ICOM-CC）对预防性保护的定义为："预防性保护是以避免未来的老化或损失以及使老化或损失最小化为目标的所有措施和行为。这些措施和行为都在一件文物的情境下或在其周围环境中进行，更多情况下措施和行为是针对一组文物，无论它们的年代和状况如何。这些措施

和行为都是间接的——措施和行为都不干预文物的材料和结构，不改变文物的外观。"（Preventive Conservation：All measures and actions aimed at avoiding and minimizing future deterioration or loss. They are carried out within the context or on the surroundings of an item, but more often a group of items, whatever their age and condition. These measures and actions are indirect—they do not interfere with the materials and structures of the items. They do not modify their appearance.）在这一定义下，很多文保团队倾向于为文物提供"最好的"保护。例如，从二十世纪七十年代中期起，尽管没有任何一个专业机构标准支撑，很多博物馆都坚持把温度和相对湿度设定在20℃±2℃和50%±3%这一很窄的范围内。直到近些年，人们才逐渐发现没有必要做到"最好的"保护，因此逐步转向对环境和经济都更具有可持续性的保护方法。

美国特拉华大学艺术保护项目的副主管、助理教授Joelle Wickens提出，在降低文化遗产可能面临的风险的同时，不应该增加对人、地球或财政的风险。这就是可持续预防性保护概念背后的观点。因此，可持续预防性保护的核心是在文物保护与可持续之间保持平衡，在保护好文物的基础上，尽可能选择使用可持续性的保护措施和方法。

首先，要认识到会威胁文物安全的因素。国际上公认十个主要因素可能导致文物老化或受到损害，它们分别是：物理作用力，偷盗和蓄意破坏，火灾，水灾，虫害，污染物，光照、紫外线和红外线，错误的温度，错误的相对湿度，分离（指藏品与环境分离，如文物标签掉落导致文物信息丢失）。这十个因素并非单独存在，而是共同作用于文物，它们的影响相互促进或相互抵消，最终给文物带来某种程度的损害。

其次，对收藏整体进行风险评估和风险管理，目的是为收藏提供最具针对性的保护，优先处置最大风险，也可以尽可能节约资源。风险评估指识别文物可能面临的所有风险，评估每一项风险发生的可能性大小及其发生后对文物造成的损害的类型和程度。风险管理的核心是一个决策过程，即通过认识到风险发生的可能后果，决定采取何种措施尽可能避免或减轻那些后果。

在此基础上，一些专门为文化遗

产保护开发的计算工具和模型可以帮助文保专家在风险评估和风险管理上做出更有利于可持续保护的决策。比如STiCH（Sustainability Tools in Cultural Heritage）、帮助博物馆行业计算碳排放量的GCC（Gallery Climate Coalition）和Julie's Bicycle等。

笔者认为，在进行风险评估和风险管理的过程中，文保从业者可以发现我们司空见惯的环境控制方法中有很多是非必要的，比如不必把温度和相对湿度控制在非常严格的小范围内，对大部分文物来说，一定程度的波动是可以接受的，只有某些更脆弱的文物需要更严格的环境管理。因此，可以给予特定文物更好的环境控制，而对其他文物换用可持续性的预防性保护方式，比如把主动控制换为被动控制以节约能源。

三、环境控制：从被动到主动再到被动

无论是展厅还是藏品仓库，文物所在环境都可以从大到小分为三层：大环境、小环境、微环境。大环境即博物馆或仓库建筑本身，小环境指文物库房、陈列展厅等单个房间或空间，微环境指展柜、储藏柜、囊匣等直接容纳或包裹文物的微小空间。根据导致文物老化或受到损害的因素对藏品所在环境进行控制，可以有效降低风险以保护文物。

环境控制经历了一个从被动到主动再到被动的发展过程。主动环境控制指使用暖通空调（Heating, Ventilation and Air Conditioning，HVAC）设备，主动、直接地调控环境的温度、相对湿度等条件。被动环境控制指在环境中放置吸附剂等材料，根据环境条件的变化这些材料会相应吸收或释放水分，发挥调节环境条件的作用。在没有暖通空调设备的时候，博物馆只能使用被动环境控制的方式。后来，随着暖通空调设备引入博物馆，出现了指导藏品库房设计建造的原则，比如1971年的科隆原则（Cologne Principle），那时主动环境控制就已经很流行了。[11] 科隆原则出现之后，德国、荷兰、瑞士、澳大利亚等国相继利用该原则建造了几座档案馆，都对该原则进行了不同程度的修改。但是后来该原则的应用失败了，人们意识到需要使用更节能的方式控制馆内环境。[11]

文保专家逐渐发现，一方面，暖通空调的偶尔失效会给收藏整体带来巨大损

害；另一方面，很多暖通空调的使用可能是非必需的。比如，一些古建筑本就处于全年气候宜人的地理区域，再加上古建筑厚砖墙等的遮挡和温湿度自调节功能，古建筑内部的温度和相对湿度都可以控制在适宜且波动很小的范围内。[11] 即使在潮湿多雨的英国，很多古建筑也只需要通过供暖将冬天的室内相对湿度控制在65%以下，不需要额外的主动控制。因此，在尽力发展可持续保护的大背景下，有些博物馆开始尝试停用暖通空调，恢复被动环境控制。

停用暖通空调这一操作也可以用前述风险评估和风险管理的方式方法分析优点和缺点。很明显，停用暖通空调的优点包括节约大量能源、使机械控制变简单、对环境条件的影响可以降到最小，其缺点包括对隔热差的建筑物会造成巨大的温度和相对湿度波动和可能的机械故障，如果出现问题，环境条件可能不易很快恢复到原来的水平。

很多博物馆根据其所处地理位置的气候条件及藏品类型特征，先试行部分关停、在特定时间段关停等方式，同时监测关停的展厅或库房的环境变化、文物状况，若判定关停不会对文物造成损害，则进一步实行关停操作，减少暖通空调使用，以在保护好文物的基础上节约能源。

四、暖通空调：尝试关闭和可能产生的问题

暖通空调是由供暖（也可能包括制冷）、通风及空气调节等系统组成的调节室内环境的设备。在公共场所和商业建筑中，在没有人的时间段（如夜间）停用暖通空调是常见的节能做法。在古建筑和博物馆中安装和使用暖通空调或能够调节湿度的环境控制系统，主要目的是使参观者或工作人员处于适宜的温湿条件，以及使文物和建筑处于合适的环境以延缓其老化。在藏品仓库中，不太需要考虑人的舒适度，因此能否停用暖通空调主要取决于空间内部能否在没有暖通空调介入的情况下保持适合文物保护的环境条件。如果仓库建筑物的隔热能力足够好，甚至可以尝试在白天停用。但是在尝试关闭暖通空调之前，一定要了解、查验博物馆或藏品仓库所在的建筑物本身。处在被动气候控制中的建筑物必须要修缮得很好，没有漏水等问题，且不会从地面吸入潮气。建筑物要有良好的气密性，以缓解外部天气波动

带来的影响。

美国图像永久性研究所（IPI）发布了一份详尽的指南，介绍了暖通空调设备的基础机械知识，以及如何评估及尝试使用更可持续更节能的方式运行这些机械设备。该指南对于希望减少暖通空调使用或关停暖通空调的博物馆很有参考价值。

按照该指南所述，尝试停用暖通空调，需要一系列的准备工作。

第一，完整地收集和记录有暖通空调情况下的环境条件数据和暖通空调本身的机械系统数据，对这些数据进行分析，根据一定标准评估该空间是否适合暖通空调关闭测试。

第二，在空间的不同位置布置停用测试过程中的数据监测记录仪器，包括空间内的常规位置，环境条件变化较大的位置（如门口、窗边等容易被进入的外界空气直接影响的地方），比较脆弱的文物所处的微环境内部；安排读取和分析仪器数据的频率（指南建议每天至少有一名团队成员巡视一次被测试空间和暖通空调设备区域，检查监测仪器的运转情况、被测空间和设备情况等）。

第三，确定测试的时间段（如夜间的某几个小时、整个夜间或节假日期间）和时间长度（指南建议初次测试应持续大致两周，这个时长既可以尽量避免外界天气条件变化的影响以获得有代表性的数据，又可以控制长期测试对文物的潜在风险）。

第四，关注暖通空调重新启用后恢复到原环境条件所需时间和耗能。

第五，在整个测试结束之后和博物馆藏品保护团队、暖通空调设备维护人员一起交流、复盘并决定下一步怎样做，比如扩大测试时间或范围，或修改测试条件重新测试。

该指南建议，若暖通空调关闭期间，环境条件满足一定标准则可以视为测试成功。比如温度波动不大于关闭前的温度波动、持续关闭没有导致温度持续上升、相对湿度变化没有超出文物安全区域等。要特别注意，相对湿度保持不变不等同于文物安全，有可能是因为文物随周围温度变化吸收或释放了水分而使环境相对湿度不变。此外，该指南提出，除了关闭暖通空调，还有其他方式可以既节约能源又将对文物环境的影响降到最低，如降低风扇转速、季节性地调整温度和相对湿度的设定。

五、被动环境控制：优点和方式

很多时候关闭或调节暖通空调不足以让仓库或展厅环境保持对文物和参观者来说适宜的状态，此时可以利用一些被动环境控制方式替代主动控制方式，以达到所需环境条件并节约能源。相较于暖通空调只能调控大环境，被动环境控制方式可以对微小环境进行调控，在同一个大环境内创造出数个微小环境，使构成材质不同的文物都能够处在适宜的环境状态下。

可供选择的被动环境控制方式有很多，比如使用吸附剂（如硅胶），吸附剂可以根据环境条件吸收或释放水分，对环境中相对湿度的变化起到缓冲作用。吸附剂可以放置在微小环境如展柜、储藏柜、囊匣等中，能够把相对湿度控制在一个相对稳定的状态。由于有机质文物，尤其是多孔的有机质文物自身能吸收和释放水分，起到调节环境相对湿度的作用，因此，微小环境中的吸附剂一定要比有机质文物本身调节水分的能力更强，才能够有效保护文物。并且，需要根据所需的环境条件准确选择吸附剂的种类并精确计算需要的剂量。

除了常见的硅胶外，文保行业还曾广泛使用饱和盐溶液作为吸附剂，其使用可以追溯至二十世纪五十年代，但二十世纪九十年代后就几乎不再使用了。德国斯图加特国立造型与设计学院文保科学学院的Gerhard Eggert教授于2022年在Heritage Science上发表了一篇文章，探讨了饱和盐溶液作为一种可持续且被动的环境控制方式在当下的可能应用。Gerhard Eggert教授通过总结整理过往文献、进行Oddy测试法、研究吸收表现等回顾了使用饱和盐溶液方法的优点和缺点，并呼吁对这一被动控制方法进行更多的实验和研究。

饱和盐溶液方法的原理为：溶解的盐降低了溶液里水的活动性，溶液里的水与环境中的水是保持平衡状态的，因此相应地降低了水蒸气气压，即实际上降低了相对湿度。因此，根据空气的相对湿度，饱和溶液加上固态盐能使周围环境变得更干燥或更潮湿，并将环境湿度保持在盐的特殊潮解相对湿度（Deliquescence Relative Humidity, DRH）。相比硅胶，饱和盐溶液方法不需要进行预处理和用后处理，只需要在较炎热的时候适当往溶液中加入一些蒸馏水，因此更加方便、快捷。并且，饱和盐溶液在调节相对湿度的同时，还可以吸收展柜中产生的气态污染物，减少文物受到气态污染物的腐蚀。但也有一些缺点，如液体可能洒出；盐在干燥的情况下会从溶液中析出并沉淀在容器壁上；温度变化会引起盐的溶解度变化，可能导致盐的潮解相对湿度发生变化；盐溶液可能不稳定，产生气态污染物并腐蚀文物等。Gerhard Eggert教授在文中指出，这些问题都有相应的解决办法。比如使用适配容器的透水薄膜覆盖容器口防止液体洒出；使用疏水容器防止盐在器壁上沉积；使用受温度影响较小的，远低于5%相对湿度波动的盐（如镁盐）；使用Oddy测试法筛选出不会产生影响文物的腐蚀酸性气体的饱和盐溶液并在其应用过程中进行监测等。

Gerhard Eggert教授也提出，在使用饱和盐溶液方法之前，还需对其进行一些研究，包括盐的潮解相对湿度与文物所需的相对湿度的适配性、如何根据气温变化调整溶液浓度使其仍发生作用且避免盐结晶、盐溶液的容器需要满足什么要求等，尤其是其在展柜中能否以及怎样用作酸性或碱性气体污染物的吸收剂，起到"净化"展柜内空气的作用的研究仍为空白。Gerhard Eggert教授研究发现，硝酸镁和碳酸钾可能是两种适用于饱和盐溶液方法进行被动环境控制的盐。硝酸镁（DRH为54%）和碳酸钾（DRH为43%）的DRH几乎不受外界温度影响，且其溶液都通过了Oddy测试。硝酸盐溶液产生的硝酸的蒸汽气压非常低，不会对文物造成威胁。在甲醛吸收实验中，二者都迅速吸收了大量甲醛，只不过碳酸钾比硝酸镁的吸收速度更快。碳酸钾的碱性溶液不止能吸收，还能中和酸性污染物、与醛发生反应。这些化学性质都有必要进一步探究。

六、结论

文物保护与环境保护息息相关，既相辅相成又互惠互利。随着IIC，ICOM-CC和ICCROM等国际文保组织参与联合国气候大会，向全世界宣传文保行业在应对气候变化方面面临的挑战和做出的努力，可持续保护这一概念在文化遗产保护从业者中掀起了一股热潮。作为中国的文物保护工作者，我们也同样面临着气候灾害影响文物安全的问题，我们也应该在实际工作中为保护环境尽一分力量，这也有助于我们在未来更好地保护文化遗产。笔者希望通过此文，简要介绍近几年国际上文保社群对可持续保护的关注与研究，引起国内文保从业者对这一话题的注意及进一步的讨论和实践。

参考资料

［1］UKCOP26. The Glasgow Climate Pact［EB/DL］. https：//ukcop26.wpenginepowered.com/wp-content/uploads/2021/11/COP26-Presidency-Outcomes-The-Climate-Pact.pdf.

［2］第27届联合国气候变化大会特别报道［EB/DL］. https：//news.un.org/zh/events/cop27.

［3］G K Adams. Icom Says it Shares Climate Activists' Concerns but Condemns Art Attacks［EB/DL］. https：//www.museumsassociation.org/museums-journal/news/2022/11/icom-says-it-shares-climate-activists-concerns-but-condemns-art-attacks/.

［4］K Smith. IIC Report from the Green Zone at COP26 - Plus a Global Update［EB/DL］. https：//www.iiconservation.org/content/iic-report-green-zone-cop26-plus-global-update.

［5］G R Fife. Greener Solvents in Conservation - An Introductory Guide［M］. London：Archetype Publications Ltd in association with Sustainability in Conservation, 2021.

［6］ICOM-CC. Terminology for Conservation［EB/DL］. https：//www.icom-cc.org/en/terminology-for-conservation.

［7］The Getty Conservation Institute. Managing Collection Environments Initiative［EB/DL］. https：//www.getty.edu/conservation/our_projects/education/managing/overview.html.

［8］A Cosaert, V L Beltran, G Bauwens, et al. Tools for the Analysis of Collection Environments - Lessons Learned and Future Development - Research Report［J］. Los Angeles：Getty Conservation Institute, 2022.

［9］D Saunders. Risk Management for Collections［J］. Hague：Cultural Heritage Agency of the Netherlands, 2017.

［10］国家文物局. 万年永宝——中国馆藏文物保护成果.［M］北京：科学出版社，2021.

［11］S C Park. Heating, Ventilating, and Cooling Historic Buildings: Problems and Recocmended Approaches［EB/DL］. www.nps.gov/history/hps/TPS/briefs/brief24.htm.

[12] S Staniforth. Sustainability and Collections [EB/DL]. https://www.getty.edu/conservation/publications_resources/newsletters/26_1/sustainability.html.

[13] Image Permanence Institute, Rochester Institute of Technology. IPI's Methodology for: Implementing Sustainable Energy-Saving Strategies in Collections Environments [EB/DL]. https://s3.cad.rit.edu/ipi-assets/publications/methodology_guidebook/methodology_guidebook_all.pdf.

[14] U S. National Park Service. Using Silica Gel in Microenvironments [EB/DL]. https://www.nps.gov/museum/publications/conserveogram/01-08.pdf.

[15] T Padfield. The Control of Relative Humidity and Air Pollution in Showcases and Picture Frames [J]. Studies in Conservation, 1966, (1): 8-30.

[16] G. Eggert. Saturated Salt Solutions in Showcases: Humidity Control and Pollutant Absorption [EB/DL]. https://doi.org/10.1186/s40494-022-00689-3.

思想空间与物的探究

故宫博物院　陈宗佑

法国的神学家Pierre于1925年提出了思想空间（Noosphere）这个概念，他曾说过"由于人们得以在世界范围内联系交流，于是世界开始出现思想空间"。他将思想空间描述成多种形式，例如巨大的机器，充满纤维与网络的外壳等，由此，思想空间在被提出的时候就已经物化，所以当我在最初选择这个概念作为一系列作品的支柱时，就已经有了对作品大体的规划，但总有些不切实际。Pierre认为是思想的力量促成了思想空间以网络纤维的形式呈现，但是我觉得这样的说法有些牵强，虽然我已经将这个概念物化，但是仍然需要让作品本身展现物化的过程，也就是说，思想在形成空间的时候是由物的反应支持的。

以物为导向的本体论（Object Oriented Ontology）可以帮助我解决这一困境，在过去几年中有很大一部分艺术家转向了对物的研究：实在的、物质性的、冷漠的物。这些思潮经常被笼统地归类为"新物质主义"，但"物"其实并不是它们看起来的那样，我们的世界是一个现象的世界，充满了我们所体验的无数的物和事件。同时，构成这个世界的还有一些我们无法体验的"本体"（Noumena），还有那些同样数目无限的事物和不断消散的过程，却从未进入过我们的意识。这两个领域之间存在着根本性的差异，却无法避免地紧密相关，因为本体构成了现象的基础。这种本体论看似是认为构成的，却昭示了多元宇宙中的真理，其实每一个事物都可以被视为为一个"物"，一个实实在在的物确实要比诸如三界说这样虚无的论述要好理解得多，那思想空间又当如何作为一个物而存在，又或者物是如何转化为思想空间的呢？

本体有规律的运行成为存在，而本体自身也是一种存在，所以它也是由自身有规律的运行而成为的。虽然本体本身是不可知的，但它在成为其自身时所遵循的规律确实可以大致感知到。我们对本体的认知并不是意识对本体本身的认知，所以，当我们对本体在成为其自身时遵循的规律做出符合一切存在的外在表现的猜测，就知道了本体，并认识了本体。其实对本体的认知在每一个人的思想空间中都早已存在，只是我们不知道哪一个是真实的，或者说思想空间就是人类所认知的第一个物，存在于大脑皮层的最深处的简易的二维平面化但又显而易见的。

但什么是"以物为导向的本体论"？也许是对"作为物的物"的一种回归，从这种意义上来说，所有的实践都是"以物为导向的"。以物为导向的本体论首先是一种本体论，这也就意味着它本身就包含了一系列对于"即是如此"的说法，这就印证了思想空间作为第一个被认知的物的概念。第一，所有的一切都是物，包括所有生物的所思所想。第二，相应地，没有任何一个物与其他的物有关系，因为宇宙中不存在关系，因为物切断了自身与其他物的关系，并且撤回到自身，成为自足的、自主的存在，每一个物都是孤独的，与其说撤回到自身，不如说是每一个物将自身覆盖了一层保护膜，拒绝与外界的联系。尽管人类也是物，但是以物为导向的本体论是不可能以人类为中心的，"以人类为中心的以物为导向的本体论"在概念上会产生悖论，因为物并不是为我们服务的，无论我们能否感知，它们都自有意义。人类其实算是一种存在于本体论之外的物，因为人类不会像其他的物一样包裹自身，我们始终处于向外探索的状态。这样说来，我的作品就基本被锁定在以二维平面为基底的范围内，作品本身也将会以一种作为物的物而回归最原始的状态。

以物为导向的本体论的创始人 Graham Harman，将物区分为拥有不同的质（Quality）的各种模型，而质是一切表象的载体，是客观实在的，纵使我们看不到质，也不能否认它的存在，质也是人们的意识之外独立存在又能为人的意识所反映的客观实在。康德把它看成形成与经验材料相符合。其实在无穷无尽的宇宙中，那无穷多的物只分为两种：一种是与任何体验无关的真正的物，另一种是仅存在于经验中的感官的物。于是相应地，我们也拥有两种质：一种是存在于经验中的感官质，另一种是只能通过理性而非感官本能才能接触到的真正的质。于是出现了真正的物和感官的物的区分。前者是向内的、自主的、脱离一切关系而独立存在的，后者则有赖于我们的感知。Pierre 说过的"将思想空间看作巨大的覆盖纤维和网络的外壳"就显得不那么荒谬了。

弄清楚这一点对于我的创作是很重要的,我一直苦于不知道如何将此转化为架上绘画,由于拥有不同质的存在,如何定义思想空间便会变得有些困难,但是通过以物为导向的本体论便可以将思想空间理解为真正的物,无须任何经验的支撑。思想空间自从有了这个世界开始便存在于所有活体之中,大到多元宇宙中未知的巨型生物,小到细菌,思想空间无处不在地充满所有空间。由此我们便可得出结论,真正的物的大小取决于感官物,也就是载体的大小,这样理解思想空间就简单了很多。这里就要提到物质这个概念,物质指在人们的意识之外独立存在又能为人的意识所反映的客观实在,世界上的一切事物有着无限多样的形态、无穷的变化发展,但归根结底都是客观实在的外在表象。运动和变化是物质的根本属性,运动产生时间,变化产生空间,宇宙创生于物质,所以将思想空间看作物的根本属性也就说得通了。既然物的大小取决于载体的大小,那么物可以被表示为不同的载体。于我个人而言,思想空间作为一个真正的物可以被表现为不同形状和大小的被分割的二维色块,物最初始的形态就是二维的。有些人会说原子才是一个物最基本的状态,这个说法其实并没有问题,但原子只能说是物的组成部分,并不能算作真正的物。组成过后形成的存在于不同维度之间,才能被叫作物,二维是最基础的、最根本的,这也是我选择架上绘画的原因。其实二维的平面也只是作为一个载体而存在,而且我们并不能笼统地称之为平面,在以前的文章中我曾提到过二维也可以被看作空间,是一个没有高度的空间,是一个单一的空间,那么发生于这个空间里的任何事都将被简化,也只有用最简化的方法才能在这个简单的空间里表达超脱最复杂的事物。

以物为导向的本体论的内容远不止这些,无论是哪种类型的物,我们都可以以同样的方式对其进行抽象,也就是说每一个物都会有一个大概的模版:所有的物都有内在和外观、深度和表面,以及本质和意外。当然其实并非所有的物都会遵循这一规律,思想空间作为一个真正的物是超脱了这一规律的,思想空间在越高的维度中,会展现得越具体,但在越低的维度中,思想空间本身所具有的信息需要比在无限小维度中还要多。也就是说,从某种程度来讲，比无限小还要小的就是无限大。

　　这与菲利克斯·克莱因在1882年提出的"克莱因瓶"这个概念有很多相通之处。克莱因瓶是一种无定向性的平面，并没有内部和外部之分，即使它看起来很像一个封闭的空间，是一个不可定向的拓扑空间。克莱因瓶的瓶颈和瓶身是相交的，也就是说瓶颈上的某些点和瓶壁上的某些点占据了三维空间上的同一个位置，所以克莱因瓶和思想空间一样，在越高的维度中表现得越具体。马克·罗斯科对艺术的表达注重精神内涵，他力图通过有限的色彩和极少的形状来反映深刻的象征意义。这也是我极为推崇他的原因，他认为人与自然、个体与群体之间的冲突，正是人的基本生存状态的写照。他曾说，"我唯一感兴趣的是表达人的基本情绪，悲剧的、狂喜的、毁灭的，等等。"这证实了马克·罗斯科所想表达的也是真正的物，去表达这些原始的、狂野的、原本就存在的物，他的作品常见巨大的彩色方块配以朦胧柔和的边缘，简洁单纯地悬浮在画布上，找不到有深度的空间，然而这种很浅的空间在画面上显得忽远忽近，不可捉摸，反而造成一种有节奏的脉动感，柔和的交界处隐约藏着很多耐人寻味的东西，使得作品本身超脱了空间，变得没有尽头。其中最具代表性的作品，如《绿色与栗色》，色块在极其大的画布上展开，显得极具张力。

　　我对物的理解其实与马克·罗斯科相近但又有别，正如之前我提到过的，我将宇宙里所有存在的事物都简化成色块，色块的大小以及颜色的不同体现了本体论中所描述的感官的物和真正的物的区别，有些画作中看似占据主导地位的大面积色块，也许还不如勾勒出它形状的黑色、褐色以及灰白色的线条有力量感。这也是拥有不同质的物在同一空间所表达的内容的不同，线条与色块的碰撞能够产生那种最原始的狂野的冲击，但表面又显得平淡，正如思想空间所包容的，无尽的宇宙之下所存在的无尽的物。这样的绘画方式很适合表达我的想法，但久而久之会让人产生一种厌烦感，近似千篇一律的表达很容易使画面变得平庸，尽管我对此的新鲜感还没有衰退，可是我曾担心创作的过程会遇到瓶颈。在成功地画出了几幅作品之后，我逐渐感觉到紧促，每一张新作的画面都会比上一张显得更有趣味性，但是支撑整个画面的理论却没有得到实质性的进展，也就是画面语言的缺乏。画面有些一成不变，都处于一种灰色调中，从视觉效果来说画面整体很柔和但是并不会给予观众那种压迫感。而同为色域画，马克·罗斯科和我的作品呈现出不同的效果。我曾经用喷漆与丙烯颜料在一张50厘米×50厘米的画布上尝试思想空间作为色域的展现，作品完成后的效果还不错，可以接受。于是我又在一张更大的100厘米×150厘米的画布上用相同的方式画了一遍，然而这一次画面的效果不如人意。当然，罗斯科是著名的艺术家，我的作品自然不能和他的相提并论，但如果回归到单纯的画面语言的表达，罗斯科却能用更少的色块展现更丰富的绘画语言，纯洁的色块以及模糊的边缘线无一不表达出了人最基本的情绪作为"物"时的那种柔和的细腻，我的作品中虽然不缺乏大尺寸画作，但是在以类似手段创作的前提下罗斯科的作品更具有力量。

综上所述，从之前的以三界说的角度研究思想空间，到现在将思想空间融于以物为导向的本体论以及更多相关理论中进行探究，我对思想空间在二维平面上的展现的探讨只是一个开始。多元的理论以及来自不同艺术家的作品会更好地支撑我的创作，包括技法以及作品本身的意义。但再多的研究也不一定会得到我想要的结果，也可能我从一开始就处于一个错误的角度，思想空间也许到最后会以另一种方式呈现，也许到最后并没有任何结果，或者也许它并不存在于我们的认知当中……

含商咀徵——古代器乐之美

故宫博物院出版部　　强梦月

据《周礼·礼记》记载，音乐起源于"物感说"。在中国古代传统美学思想中，"物感说"涵盖了社会与自然，是一切艺术的起源。[1] 世间万物，由心所感，化而为乐音，又超然于万物。而器乐，作为音乐中不可或缺的表达形式，以其独特、多样等特征，将音乐蕴含的美学思想体现得淋漓尽致。

我国最早的诗歌总集《诗经》中记述了各种雅乐，其所蕴含的"美"内化于文字，徜徉于广阔天地，为时人传颂慨叹，又穿透时间与空间，构筑独特的场域，绵延千年，如幽谷之绝响，令人神往。

《诗经·关雎》云："参差荇菜，左右采之。窈窕淑女，琴瑟友之。参差荇菜，左右芼之。窈窕淑女，钟鼓乐之。"琴瑟钟鼓齐鸣，声音婉转悠扬，似是在水畔搭建了音墙，隔断外界的喧嚷，唯留小舟独行其间，有清风拂过，日月流转，君子赤心，尽在琴瑟钟鼓间，率真而自由。

《诗经·鼓钟》云："鼓钟将将，淮水汤汤，忧心且伤。淑人君子，怀允不忘。鼓钟喈喈，淮水湝湝，忧心且悲。淑人君子，其德不回。鼓钟伐鼛，淮有三洲，忧心且妯。淑人君子，其德不犹。鼓钟钦钦，鼓瑟鼓琴，笙磬同音。以雅以南，以籥不僭。"诗中描写了钟、鼓、琴、瑟、笙、磬、雅、南、籥等多种乐器共同演奏的场面。淮水之畔，钟鼓齐鸣，琴瑟相和，其声浩浩，其音悠悠，君子德行，心向往之。借乐器齐奏之音韵美颂扬君子品性，波澜壮阔，却又沉雄悲壮。

《礼记·乐记》有云："凡音者，生人心者也。情动于中，故形于声。声成文，谓之音。"即言音乐与心相通，而器乐作为一种独特的音乐艺术，将"天人合一"的哲学思想融会其中，追求多样性、天然性和个性化的音色观念，[2] 除了表达个体生命的喜、怒、忧、思、悲、恐、惊等丰富情感外，还关联着社会制度、家国天下与时代更迭。器乐中的美学色彩既体现在形制、音韵、意蕴等特点中，更融贯于我国古代丰厚的文化内涵和精神品质中，时而轻盈、雅静，时而沉重、滚烫，个人情感与天地之美相糅合，透过器乐，亦可窥见世间万事万物之美。

一、器乐形意承载美学特征

乐器的外形特征与其用途意蕴有着密不可分的关联，一为帝王将相教化社会，传达中和、雅正之品性美；[3] 二为文人君子表达志向，喻自身高洁、温润的德行。器乐形制所含寓意保罗万象，将中华文明传统思想精髓与天地寰宇、日月轮转的自然哲理巧妙结合，折射出艺术的不同侧面，构建成立体、生动、真挚的美学世界，屹立在历史的尘嚣之上，又超脱于流俗的喧嚷，不染一丝尘埃。

《帝王世纪》云："伏牺氏作瑟，三十六弦，长八尺一寸。"《世本》记："女娲作笙簧"，"随作笙，长四寸，十二簧，象凤之身，正月之音也"。此可谓对远古时代器乐形制的记载，带有神秘的色彩，又在人们的耕耘中流传，颇具原始、纯粹的想象美。

夏商周之际，器乐演奏多在宫廷，常在征战、朝见、祭祀等场合。颇为常见的，当属打击乐，其外观较为庞大，形制威严肃穆，如鼓、编钟、编磬等。编钟上通常有人、兽、龙等花纹装饰，源于对生命与天地的敬畏，表达时人雅正通达的审美追求。《诗经·有瞽》云："应田县鼓，鞉磬柷圉。既备乃奏，箫管备举。喤喤厥声，肃雍和鸣，先祖是听。我客戾止，永观厥成。"这描摹的正是祭祀活动中器乐演奏的形制及特征。

魏晋南北朝时期，文化趋于多元化、个性化。佛教文化传入中国，儒、释、道三家思想逐步融合，文人理念不断发生变化。文人对人生价值的追问及对生活意义的思考达到前所未有的高度。清雅、恬淡、隐逸的人生态度促使他们透过艺术问鼎"美"。器乐演奏成为士大夫排解心中郁结，抒发质朴、高雅志趣的重要方式之一。嵇康《琴赞》有云："惟彼雅器，载璞灵山；体具德真，清和自然。澡以春雪，澹若洞泉；温乎其仁，玉润外鲜。"琴这一雅器，恬淡朗逸，与文人雅士的清谈玄学最是契合。

器乐的演奏形式由礼乐制度之下的工整、拘束转向洒脱、自由。因此，乐器的形制和意蕴也在不断发生变化。极富雅韵的古琴，成为文人的最爱，其形意所体现的清、逸、玄、远之美将庄子式的理想世界囊括其中。古琴，亦称瑶琴、玉琴等，形制特征蕴含天地大美。其长度约为三尺六寸五，象征着一年中有三百六十五日；圆面扁底，则暗指天地四合。此外，道家的五行相生相克之理也蕴藏于古琴的琴弦中，最初，宫、商、角、徵、羽五弦，分别寓意金、木、水、火、土五行，周代文王、武王又添文、武二弦，意在感念君臣相合。琴身与凤身一一对应，以此显示古琴典雅、古朴的特征。

隋唐之际，商贸盛行，文人庶士阶层兴起，异域文化涌入，皆为器乐的种类、形制增添了多样化的风采。礼乐机构的创办与市井音乐场所的发展促使《霓裳羽衣舞》《凌波仙》等雅乐流传于宫廷、市井。器乐的用途愈加广泛，承载了传递民族情感与理想抱负之责，乐器中亦被注入文化精髓和历史使命。[4] 士大夫所追求的淳朴、隽秀、超脱、雅致美悉数流淌在乐器里。琵琶，作为唐代文人志士的挚爱，被赋予了不同层面的美学色彩。譬如王昌龄《从军行七首（其二）》"琵琶起舞换新声，总是关山旧别情"和王翰《凉州词二首（其一）》"葡萄美酒夜光杯，欲饮琵琶马上催"，前者以琵琶诉怀乡之情，后者则吐尽酒酣宴饮之乐。杜甫"千载琵琶作胡语，分明怨恨曲中论"《咏怀古迹五首（其三）》则借琵琶抒昭君怨、家国情。

宋元明清时期，民间器乐兴起，器乐的表演功能在商贸场所更加突出，乐器合奏的形式随之出现。弓弦乐器在市井中流传甚广，其形制也更加多样化。譬如胡琴，琴筒为木制，筒一端蒙以蟒皮，张两根金属弦，形制极其古朴，音色深沉，仿佛将听者带入辽远而凄美的无人之境。

二、器乐音色蕴含审美尺度

中国古代传统的定音方法称作"五音十二律"，《孟子·离娄上》有云："不以六律，不能正五音。"五音即宫、商、角、徵、羽，十二律则是将八度音程划分为十二个半音的律制。《管子·地员》以数学运算之法将音色分为五音，"凡听徵，如负猪豕觉而骇；凡听羽，如鸣马在野；凡听宫，如牛鸣窌中；凡听商，如离群羊；凡听角，如雉登木以鸣。"宫、商、角、徵、羽五音分别与牛、羊、雉、猪、马的声音相对应，此为"禽畜说"。五音又暗含古代天文学的审美意趣，与二十八星宿相对应，譬如"宫"对应星宿中的四目星君，此为"天文说"。五音蕴含的君臣观念见于《礼记·乐记》："宫为君，商为臣，角为民，徵为事，羽为物。"传统器乐音色观念以五音为标准，糅合"禽畜说""天文观""君臣道"等不同角度的审美认知，以音达意，器乐的审美尺度便由此沿袭。乐音的声色有别，传递的情感也因之有异，譬如雅正的音乐具有治德之用。

古琴，有三种音色：泛音飘渺朗逸，悠远空灵，有如天籁，称作"天音"；散音声色雄浑辽远，如广阔大地，载众生万物，称作"地音"；按音细腻柔和，忧愁静美，称作"人声"。君子遵从天地之法，如古琴般雅正澹泊，是传统文化宇宙观与哲学观的重要体现。

洞箫，音色净、悠、润、逸，亦是君子德行的重要体现。宋代辛弃疾《青玉案·元夕》"凤箫声动，玉壶光转，一夜鱼龙舞"写尽了箫声的孤高与清逸。洞箫声起，宛若形成一片天然的清雅虚空之境。

器乐声色有别，以其音色不同，审美尺度与分类方法亦不相同。《周礼·春官》记，古人将乐器按材制分为八音，又作"八音分类法"，分为金、石、土、革、丝、竹、匏、木。此分类法自西周沿用至清初。金音嘹亮而清脆，多为钟类乐器所发，常用于宫中朝聘、祭祀、仪典、宴饮。石音以磬为主，音色铿锵宏亮。土类乐器主要包括缶、埙，声音哀婉而幽深。革音以鼓为主，音色坚定有力，战时有鼓舞士气之用。丝音乐器包括各类弦乐，如箜篌、古琴、琵琶、古瑟，丝音的音色种类多样，雄浑壮阔与柔美飘逸相得益彰。竹音乐器以笛、箫为主，前者音色清脆明快，后者则飘渺空灵。匏音乐器包括笙、竽等，音质清雅怡人。木音乐器已经很少见，曾用于历代宫廷雅乐。

八音分类法不仅按乐器的音色分类，为后世提供了器乐美学层面的分类方法，还体现了我国古代的等级制度与礼乐观念。乐器音色各异，演奏顺序和分工亦各有不同。《虞书·舜典》曰："八音克谐，无相夺伦，神人以和。"意谓八类器乐一同演奏时，按照各自的顺序和分工，声色要达到和谐、统一的审美境界。唯有各乐器相互协调，音色有序，方能正心明性，恪守礼制。

三、器乐意蕴融合美学理想

何为器乐之意蕴？

一曰，乐源于心。二曰，乐以济礼。三曰，天地之和。

"乐源于心"的美学理论堪为儒家经典，其中深意一则自然万物本就蕴含天然之美，由物至心，情动于中；二则器乐模仿自然之声，本质便是回归初心，问鼎万物。至此，方可抵达更高的境界——超越世间一切有形的物质，化之为无形，乐音所传递的真挚情感在时间长河里绵延不绝。

欧阳修在《赠无为军李道士》中曾云："弹虽在指声在意，听不以耳而以心。心意既得形骸忘，不觉天地白日愁云阴。"唐代琴家薛易简也提出类似的观点："志士弹琴，声韵皆有所主也。"人心，为产生音乐的根本，器乐声色并非外物，而来自抚琴者的内心世界，旋律、声色又通过乐音注入听者的内心。黄龙山在《新刊发明琴谱》中提出："夫琴音之所由生，其本则吾心之出也。"心既为乐音之根本，器乐自然源于演奏者与欣赏者的真实情感表达，器乐的本质暗藏着演奏者的道德操行和审美志趣。

《韩诗外传》记载，孔子学习琴曲时能通过乐曲感知作者的品性与良知。[5] 由此可见，演奏者将情感注入乐器中，再透过乐声传递，其德行也悉数蕴藏于乐曲中，当欣赏者聆听乐音时，亦可通过音符的波动和情绪的流转，捕捉到演奏者的情感和德行。

北宋文学家苏轼对音乐美学的领悟继承了传统的儒学思想，又有自身独特的理解。他强调"乐由心生"，强调乐音源自主体的音乐审美与品行修养，而非客体本身。"琴上遗声久不弹，琴中古意本长存。苦心欲记常迷旧，信指如归自着痕。"（《次韵子由以诗见报编礼公，借雷琴，记旧曲》）词中所表达的正是此意，古琴之美不在其作为静物时的状态，而在于演奏者赋予的灵性，演奏者德行高尚，胸怀抱负，将情感注入器乐中，光风霁月般的美感便油然而生。器乐的美学理想不仅源于演奏者的高尚品行，更源自我国古代传统"礼"制的影响。

"乐以济礼"最早见于春秋时期，"礼"意在维护社会秩序，"乐"则有辅"礼"之用，[6] 孔子倡导"礼乐相济"正是希望通过乐器的积极影响维护社会的安稳与秩序。荀子云："夫乐者，乐也，人情之所必不免也。故人不能无乐，乐则必发于声音，形于动静；而人之道，声音动静，性术之变尽是矣。故人不能不乐，乐则不能无形，形而不为道，则不能无乱。""乐"本是人的重要情感之一，乐音与情感相连，源自人心，又有治愈人心的功效，统治者制乐意在教人向善，雅乐满载灵气，对人心有着潜移默化的正向影响，亦可对社会安稳起到积极作用。

唐代诗人白居易在《论礼乐》《策林》等文章中也论述了"礼乐相济"的重要性："序人伦，安国家，莫先于礼；和人神，移风俗，莫尚于乐。二者所以并天地、参阴阳，废一不可也。何则？礼者，纳人于别而不能和也；乐者，致人于和而不能别也。必待礼以济乐，乐以济礼。"礼乐的功用，在于维护家国安稳，确立统一的秩序，亦在寻求情感的平衡。"礼"与"乐"相辅相成，以乐音的和谐意趣推动礼制社会的安定，可谓古人审美理想的至高境界。

《礼记·乐记》云："地气上齐，天气下降，阴阳相摩，天地相荡，鼓之以雷霆，奋之以风雨，动之以四时，暖之以日月，而百化兴焉，如此，则乐者天地之和也。"古人将天地以阴阳划分，天地同合，以乐音和天地万物，则四时兴旺，海晏河清，万象升平。故而"天地之和"强调乐音源自天地，模仿自然之声，又遵循天地法则，乐声往往吐纳天地之美，并承载传统的儒学与道家思想。演奏者将自身对天地的敬畏与至高的家国情思、理想抱负赋予器乐，聆听乐音者又加以不同程度的鉴赏和解悟，如此，乐音与天地"合"而为"一"，尽显古代器乐的雅趣和精妙。

"和"是儒家思想对待事物的准则和尺度，因此，"以和为美""心平德和"是器乐演奏的重要特征。"天地之和"不仅将天地大美作为器乐的审美的本质要求，更是把"和而不同"的礼学思想糅合在器乐中。

以器乐养心性、正德行、安家国、顺天地，正是古代器乐的美学精髓所在。将世间万物融于器乐，再由乐音入耳、入心，由此，方能通过乐音，解悟天地众生之灵气。

参考资料

[1] 方志红. 中国古代音乐美学研究述评[J]. 西南民族大学学报（人文社科版），2003，(06)：294-296.

[2] 匡君, 彭岁枫."天人合一"与传统器乐中的音色观念[J]. 中国音乐，2008

（02）：136-138+170.

[3] 杨和平, 杨九华. 中国古代器乐演奏经典文献研究 [J]. 交响（西安音乐学院学报），2021, 40 (03)：48-59.

[4] 黄莉丽. 中国古代器乐的演变与发展 [J]. 乐器，2009，(07)：46-49.

[5] 杨和平, 杨九华. 中国古代器乐演奏经典文献研究 [J]. 交响（西安音乐学院学报），2021，40，(03)：48-59.

[6] 孙野波. 中国古代器乐美学思想撮要 [J]. 剧作家，2014，(02)：160.

浅谈中西方钟表修复技艺中行话的翻译
——从清宫做钟处到故宫博物院文保科技部钟表修复组

故宫博物院馆员　崔明元

关键字：术语翻译；钟表修复；文化交流

摘要：故宫博物院院藏大量钟表文物。清宫钟表最初由做钟处负责保管和维护，三百年来，做钟处的钟匠将技艺代代相传，在技艺传承的过程中逐渐形成一套独特的习惯用语——行话。行话承载了做钟处发展过程中的文化和语言信息，具有一定的历史独特性和语言传播价值，应该予以重视并记录整理。2014年，古代钟表修复技艺被评为国家级非物质文化遗产代表性项目，钟表修复也成为中西方文物保护交流中最具代表性的类别之一。近年，故宫博物院文保科技部钟表修复组与英国、瑞士、俄罗斯、荷兰等国的专家进行了多次技术交流，在沟通的过程中，如何更准确地翻译"行话"仍是一个尚待解决的问题。对译员来讲，因缺乏足够的钟表修复知识和经验，无法准确传递行话信息，会在一定程度上影响翻译质量和沟通效率。笔者基于自身翻译专业背景，以纽马克的交际翻译理论和相应翻译策略为指导，给合钟表修复组专业人员的经验支持，通过采访和口述的方式收集、整理和解读行话，总结行话翻译规律，希望能为中西方在钟表修复技术领域的交流提供参考。

一、历史脉络

故宫博物院现藏钟表1500余件，钟表生产年代从十七世纪至二十世纪初。古钟表是故宫博物院藏品中较为特殊的一类，是反映清代宫廷中西文化交流盛况的重要文物。这些钟表按照制造地主要分为四类：西方制造、中国苏州制造、中国杭州制造和清宫造办处制造。其中来自英国、瑞士、法国、荷兰等国的钟表有近千件，它们造型精美，独具匠心，极具赏玩价值。

清宫造办处的做钟处是皇家的御用作坊，负责清宫钟表的制作。故宫博物院文保科技部的钟表修复组的古钟表修复技艺传承自做钟处。做钟处前身为自鸣钟处，设立于康熙年间，隶属养心殿造办处，其职能包括学习西洋钟表的机械原理和保养修理技术、设计和制作钟表。乾隆时期，做钟处肩负起宫中制造钟表的职责。做钟处会按照皇帝的旨意设计、生产和修理御用钟表及其配件。做钟处有完善的组织架构和技术精湛的钟匠，钟匠分南匠（又称广匠）、北匠和由首领与太监负责带领的外匠（由于工作繁忙，临时从北京招募的钟匠），其中由广东督抚挑选的广匠最为优秀。乾隆时期是做钟处的鼎盛时期，当时人员过百，制作出来的钟表无论是数量还是质量，均为其他时期无法比拟。除钟匠外，做钟处还有做钟太监和欧洲传教士，后者负责设计、加工等技术指导，是御制钟制作过程中的主心骨。这些传教士给做钟处带来了先进的设计理念、技术和工具，还推动钟表制作走向繁荣，使做钟处最终成为汇集精通东西方钟表制作和修复技术人才的国际化专业团队。1911年，溥仪退位，但做钟处并未撤销。溥仪出宫前，做钟处共维护钟表、机械玩具3638件（次）。虽然之后做钟处解散，但钟匠依然留守宫中从事古钟表的保养与修复，其中就有非遗第一代传人徐文磷老前辈（如图1所示）。

图1　徐文磷老前辈及钟表室老照片

2014年，古代钟表修复技艺经国务院批准列入第四批国家级非物质文化遗产名录。现在，钟表修复组已开始第五代传人的培养。（如图2和图3所示）

图2　国家级非物质文化遗产代表性项目获授牌

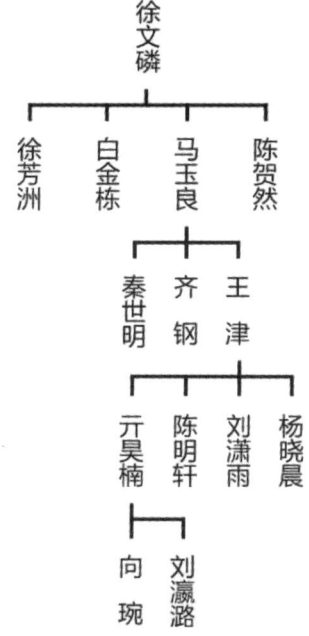

图3　故宫博物院古代钟表修复技艺传承谱系

二、行话翻译及其意义

现今，故宫博物院文保科技部的钟表修复组负责修复和研究这些奇珍异宝。在一代代工匠将技艺心口相传的过程中，形成了一类随着年代不断发展并被沿用至今的行业术语——行话，它是几代钟匠留下来的习惯用语，是见证历史的活化石。

行话必须依靠特定语境存在，具有专业性、修辞中性、约定俗成和口口相传的特点，其中一些也在书面语中使用。行话属于术语。术语具有称名与定义的功能，总是与专业概念的命名相联系，这直接决定其最主要的特点是语义上的单义性和运用上的体系性。单义性指术语代表特定概念，指向特定对象，比普通词语的意义更精确、更稳定。系统性指术语在应用时受所属学科或领域体系的制约。术语受到单义性与系统性的限制，不能在各领域或专业中随意使用。

术语翻译指从源语术语到译入语术语的转换过程，这一过程并非机械的术语转换，而是要根据具体文本语境进行选择，并尽量保持语义上的等值。有学者强调术语翻译应"尽可能兼顾准确性、可读性和透明性三者，但准确性是第一位的"。根据符号学的观点，同一对象可以使用不同符号加以指称，那么即使有语境的限制，译者在译入语中也能找到多个对应的术语选项。因此，术语翻译中的对等并非绝对意义上的一一对等，译入语中对等的实际上是一个术语聚合体，而译者的工作就是要从聚合体中选取特定术语来形成最终译名。因此，翻译时必须将术语置身于特定语境，借助语言和非语言因素来准确理解其意义。

行话承载做钟处发展过程中的语言和文化信息，具有一定的历史独特性和语言传播价值。保留和翻译行话不仅能促进中西方专家在钟表修复领域的沟通，还能更好地传播中国的非物质文化遗产技艺。行话还可被视为文化负载词，后者指"用来表达某种文化中特有事物的词、词组或习语，是历史长河中每个民族逐渐积累的、不同于其他民族的独一无二的活动方式"。文化负载词又被称为词汇空缺，指源语词汇所包含的文化信息无法在译入语中找到对应的词。由此看来，有的行话能在译入语中找到对应的词，有的则不能，所以需要借助一定的策略和方法翻译。术语翻译即本文中的行话翻译对译者提出较高要求，不仅要懂翻译，还要懂特定的学科。

三、翻译理论和策略的选用

英国当代翻译理论家彼得·纽马克（Peter Newmark）在西方翻译界颇具影响力，他将文体论、话语分析、符号学、功能语法和跨文化交际理论应用于翻译理论和研究，对翻译理论和技巧都有精辟的见解。在《翻译教程》一书中，他提出语义翻译（Semantic Translation）与交际翻译（Communicative Translation）的概念并进行了解释说明。1981年，他在《翻译问题探讨》中将语义翻译和交际翻译分别定义为"在译入语的语义和句法结构容许的范围内，尽量译出原文确切的语境意义"和"为译文读者尽量制造近似于原文读者阐述所达到的效果"。语义翻译和交际翻译往往相辅相成，并非彼此孤立，只是两者侧重点不同，语义翻译要求译者在传达原文意义时尽力保留原文形式，交际翻译更注重译文读者的理解。纽马克在《翻译教程》中又对文体和文本进行分类，分为表达型文本（Expressive Function）、信息型文本（Informative Function）和呼唤型文本（Vocative Function）。以介绍源语文化为目的的表达型文本主要是一些具有文学价值、语言特色和个人风格的文本，如小说、诗歌等文学作品，翻译这类文本须力求传达原文的语义内容，保持作者的感情色彩、文学风格、结构形式。信息型文本注重内容的真实性（Authenticity），翻译这类文本时应遵循"真实性第一"原则，要求信息传达准确，语言通顺易懂，但同样不能忽视读者感受，即译入语应符合译语读者的语言认知体系。典型的信息型文本几乎涵盖所有知识领域，如科学、技术、经济、工业。呼唤型文本多为广告、旅游宣传手册等旨在说服或引导读者的文本，因而对之应多采用交际翻译方法。纽马克指出，表达型文本的翻译应以语义翻译为主，信息型文本和呼唤型文本则以交际翻译为主。但文本划分并非绝对，大多数文本都有三种功能，只是其中一或两种占主导地位。（如表1所示）

在传播学中，翻译被定义为达到高层次文化交流的一种跨文化交际活动，其效果体现在译文传递原文文化信息的信息度和有效度。本文所述行话翻译的首要目的是促进中西方专家在钟表修复领域的沟通，并更好地传播中国的非物质文化遗产技艺。基于上述理论和分析可知，行话主要出现在信息型文本中，首先强调信息准确专业，其次注重沟通效果，因此在翻译的过程中，译者需要具备一定的术语意识，有借助其他资源辅助解决问题的能力。翻译时要尽可能兼顾准确性和可读性，对一些约定俗成的术语翻译，应借助专业字典、网站资源或平行文本来确定译名，保证译名统一。考虑到上述翻译理论和行话的自身属性，笔者决定采用直译和意译相结合并加注释说明的翻译策略。

表1　彼得·纽马克的文本类型和翻译要求

适用内容	侧重点	翻译要求
表达型文本		
小说、诗歌等具有强烈语言风格、文学价值的文本	强调美学和形式，注重文学价值的表现	表现文本形式
信息型文本		
通用教材、新闻报道、科学技术等专业性文本	强调内容真实，信息准确	准确传达信息
呼唤型文本		
广告、旅游宣传手册等说服和引导性文本	强调感召作用	表达号召力

笔者总结了术语翻译的方法，包括使用专业字典和网上词典、借助可信度高的网络资源查找平行文本、利用平行文本进行翻译检索和反复查证、询问专家进行解读和确认等。（一些参考网站和论坛如表2所示）

表2　翻译参考的网络资源

序号	网站
1	http://www.chinahorologe.com/ 中国钟表协会
2	https://www.american-time.com/ 美国钟表网站
3	https://mb.nawcc.org/categories/clock-repair-restoration-design.387/ 钟表论坛
4	https://wiki.mbalib.com/ MBA智库·百科
5	http://bowerswatchandclockrepair.com/home.html 钟表维修网站

四、翻译案例

通过采访钟表修复组的专家前辈，笔者梳理出一些行话，并将这些有代表性的行话分为四类：钟表零件、修复工具、修复过程和方法、功能演示。通过查找和参考相关文献和国内外钟表修复的专业资料，笔者将这些行话从术语翻译的角度分为三种类型：第一类为在译入语中有对等术语；第二类为在译入语中缺乏对等术语；第三类为具有相似但不完全匹配的对等术语。

钟表起源于西方，因此零件和修复工具的行话翻译首先要以参考专业的英文钟表修复网站、百科全书和BBS查找平行文本（对等术语）为主，之后通过逻辑分析得到合适的译名。科学术语的翻译方法，除了传统的音译法、意译法、音意兼译法、形译法，还有约定俗成法、正序翻译法、既成事实法、创造发明法、模仿再造法、简短缩略法、概念转换法、同类比喻法等。考虑到钟表修复过程和方法、功能演示的行话存在较多的第二类、第三类情况，需要综合考量术语所在语境、词义内容和译入语的语言习惯，选择灵活的翻译方法。

为确保翻译质量，译中和译后都需要专业人员审核。由于身处同一工作环境，笔者可以同至少一名专业修复人员进行探讨，这能有效弥补译者缺乏专业经验的不足，尤其是在翻译的最后阶段，译者必须进行更为细致的检查和核对。

对钟表零件的行话翻译，多遵循专业网站上的平行文本的译法，保证译名的通用连贯和约定俗成性。行话多为口头用语，所以理解其含义是首要任务，如"钢肠""钟穰""马轮""卡子"和"千斤"均为钟表零件，在咨询专业人员和查询有关机械钟表内部构造的知识后，发现它们分别代表"主发条""机芯""擒纵器""擒纵叉"和"棘爪"。值得注意的是，必须要在确认行话所指后，才能开始参考它们在国外专业领域中对应的称谓，最后得出平行文本，即译名。

对缺乏平行文本的情况，如"芝麻链""活计"等，则采用直译和意译相结合并加注释说明的方法。举例来说，笔者在采访中发现"活计"指参与钟表演示功能所有能活动零件的统称，包括转花、水法、跑人和升降塔等，因此"活计"的翻译采用了加注释说明的方法。（如图4、图5和表3所示）

 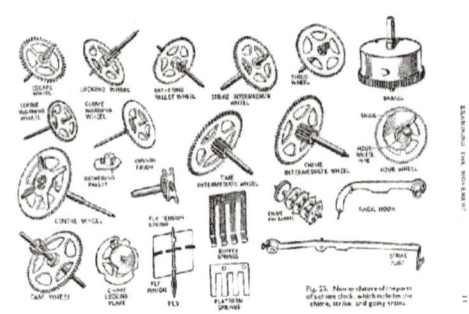

图4　部分钟表零件及其参考译名

 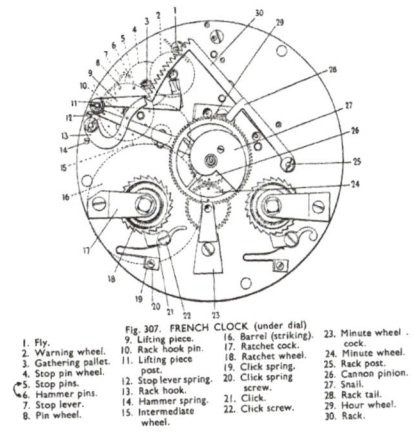

图5　钟表内部结构及其参考译名

表3 部分钟表零件的行话翻译

行话	翻译
千斤	click
钢肠	mainspring
钟穰	movement
马轮	escapement
水法	glass pillar
转花	rotating flower
时山子	snail
风旗	fly
夹板	movement plates
卡子	pallets
跑人	moving figure
芝麻链	fusee chain
活计	automated decorations（a general description of moving figure, rotating flower, glass pillar, lifting tower, etc.）
三套钟	three-train chime

关于钟表修复工具的行话翻译，由于中西方工具的使用具有一定的共通性，因此还是以查询和参考平行文本为主，对于缺乏平行文本的术语，采取直译和意译相结合的方法。（如表4和图6所示）

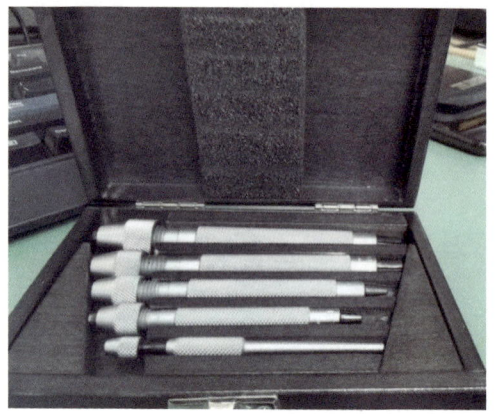

图6 钟表修复工具

表4 部分钟表修复工具的行话翻译

行话	翻译
拿子（手捻儿）	pin vise
冲子	punch
板牙	tap and die set

对涉及修复过程和方法、功能演示的行话翻译，主要采取直译和意译相结合，必要时加注释说明的方法，因为这类行话在译入语中具有相似但不完全匹配的对等术语或找不到匹配的对等术语。要结合语境准确理解行话，译名要贴近译入语的语言习惯，最大化地确保准确性和沟通效果。例如，"说话"指两个零件间是否连

接或配合妥当，若脱离语境，很可能被理解为"用语言表述或表态"并翻译成"speak"，最终对源语中的有效信息传递失败。对于这类行话，首先要弄清其含义，比如，"抖抖"指用铜刷给零件除锈；"出条"指将发条拔出以备检查修复；"备劲儿"指为保证钟表正常运行，在发条装好、合板后，用钥匙给发条初始蓄力的过程；"涩劲儿"指两个零件或轴孔间的过盈配合；"套扣"指给螺钉做螺纹；"换套"指换一首表演曲子；"问点"指通过启动或触碰开关让钟表报时或表演。（如表5和表6所示）

表5　部分钟表修复方法的行话翻译

行话	翻译
说话	synchronize
涩劲儿	interference fit
倒齿	synchronize the gear train
抖抖	remove the rust（by using steel brush）
栽尖儿	repivot（replacing a broken pivot with a new one）
合板	set the plates in position
套扣	screw threading
备劲儿	reserve the mainspring energy（after set the plates in position）
出条	pull out the mainspring

表6　部分钟表功能演示的行话翻译

行话	翻译
换套	change the tune
起闸	start the performance
没弦了	the spring ran down
问点	report time through performance
落闸	end the performance

五、结论

近年，由于古钟表的独特性以及外界对文物保护领域的关注，故宫博物院钟表修复组有了更多与外国专家交流修复理念和方式方法的机会，积累了不少文物修复经验。清宫做钟处自成立以来就见证着中西方技术工艺的交汇与融合，今日的钟表修复组更是延续着以古钟表为交际载体的文化交流，促进着文物保护和修复领域的发展，也为世界博物馆之间的技术沟通开辟了新的道路。

钟表修复中的行话是伴随历史发展和文化交流逐步形成的一种语言习惯，应该予以重视，并对之进行记录整理。行话翻译属于术语翻译范畴，"一个合格的专业译者或职业译者，其术语意识对其翻译的质量有着很大的影响"，涉及文化领域的翻译交流更是传播中华优秀传统文化的重要途径。此外，要想更好地保证信息传递的准确度和沟通质量，还应提高对译者的培训，加强译者与专业修复人员的合作。最后，由衷希望本次尝试能进一步推动此类行话翻译工作的发展，提高中外工作者古钟表修复领域的沟通效率。

参考资料

[1] 孟令霞. 从术语学角度看术语翻译 [J]. 中国科技翻译, 2011, 24 (02): 28-30+44.

[2] 姜望琪. 论术语翻译的标准 [J]. 上海翻译, 2005, (S1): 80-84.

[3] 廖七一. 当代西方翻译理论探索 [M]. 南京: 译林出版社, 2000.

[4] 包惠南, 包昂. 中国文化与汉英翻译 [M]. 北京: 外文出版社, 2004.

[5] Newmark P. A Textbook of Translation [M]. Shanghai: Shanghai Foreign Language Education Press, 2001.

[6] Newmark P. Approaches to Translation [M]. Shanghai: Shanghai Foreign Language Education Press, 2001.

[7] 张彦. 科学术语翻译概论 [M]. 杭州: 浙江大学出版社, 2008.

[8] 魏向清, 赵连振. 术语翻译研究导引 [M]. 南京: 南京大学出版社, 2012.

[9] 原虹. 论语义翻译和交际翻译 [J]. 中国科技翻译, 2003, (02): 1-2.

[10] 王颖. 文物翻译与文化传播 [J]. 学理论, 2012, (30): 127-128.

[11] 陈芳蓉. 中国非物质文化遗产英译的难点与对策 [J]. 中国科技翻译, 2011, 24 (02): 41-44.

[12] 刘月芳. 清宫做钟处 [J] 故宫博物院院刊, 1989, (04): 49-54+99.

[13] 郭福祥. 乾隆时期宫廷钟表收藏考述 [J]. 故宫学刊, 2011, (00): 225-252.

[14] 刘月芳. 清宫自鸣钟处非做钟处 [J]. 故宫博物院院刊, 1987, (02): 95-96.

作者介绍

故宫博物院钟表修复组

王津　故宫博物院研究馆员，国家级非物质文化古钟表修复技艺传承人，故宫博物院古钟表研究所副所长，中国文物学会副会长、中国文物学会钟表专业委员会主任委员。从事古钟表修复工作四十余年，修复古钟表数百件，发表专业文章数十篇。

亓昊楠　故宫博物院研究馆员，故宫博物院文保科技部钟表修复组组长，非遗古钟表修复技艺第四代传人，中国文物学会理事、中国文物学会钟表专业委员会副主任委员兼秘书长。从事古钟表修复工作十八年，修复古钟表百余件，发表专业文章数十篇。

杨晓晨　故宫博物院副研究馆员，故宫博物院文保科技部钟表修复组副组长，中国文物学会会员、中国文物学会钟表专业委员会委员兼副秘书长。芬兰拉彭兰塔工业大学机械工程专业理学博士。师从第三代国家级非遗古钟表修复技艺传承人王津，修复古钟二十余件，发表论文十余篇。

刘潇雨　馆员，中国文物学会会员、中国文物学会钟表专业委员会委员。中国地质大学珠宝专业艺术学硕士，师从第三代国家级非遗古钟表修复技艺传承人王津。完成清宫藏钟表装饰件补配工作多次。修复古钟表近十件，发表论文数篇。

向琬 馆员,硕士,中国文物学会会员、中国文物学会钟表专业委员会委员。师从非遗古钟表修复技艺第四代传承人亓昊楠。协助修复古钟表十余件,主要负责外壳修护工作。独立修复古钟表数件,发表论文数篇。

刘瀛潞 馆员,中国文物学会会员、中国文物学会钟表专业委员会委员。清华大学美术学院本科毕业,日本东京艺术大学文物保护专业硕士,师从非遗古钟表修复技艺第四代传承人亓昊楠。协助修复古钟表十余件,主要负责各类材质钟表外壳修护工作。独立修复古钟表数件,发表论文数篇。

颐和园管理处修复团队

秦雷 中国人民大学历史学硕士,研究馆员,现任北京市颐和园管理处党委副书记,北京颐和园学会理事长。长期从事古建筑保护修缮、文物展览展示、文化研究工作,为北京市公园管理中心认定的学术带头人。

隗丽佳 颐和园管理处文物保护科科长,研究生,文物博物专业副研究馆员,从事文物保护与研究工作十九年,主持完成多项颐和园文物保护、展览、修复项目,发表专业论文数十篇。

周尚云 副研究馆员,中国文物学会会员、中国文物学会钟表专业委员会副主任委员。海淀走读大学文物鉴赏与保护专业,武汉大学文学学士,颐和园博物馆常务副馆长,从事文物管理保护工作二十余年,发表专业论文十余篇。

徐莹 馆员,首都师范大学文物鉴定与保护本科学历,颐和园博物馆副馆长,从事文物管理和保护工作十余年,发表论文数篇。

曹慧 馆员，中国人民大学历史学硕士，颐和园博物馆副馆长，从事园林历史文化和文物研究十余年，发表专业论文数篇。

卢侃 馆员，颐和园博物馆副馆长。从事文物保护、保管工作十余年，发表专业文章二十余篇。

崔丽蕊 助理馆员，本科学历，颐和园博物馆文物保管员，从事文物保护工作十年，主要负责钟表、珐琅、洋瓷、玻璃器等杂项类文物保管工作，发表论文数篇。

秦涛 文物修复工艺师（高级），颐和园博物馆古器物修复班班长、中国文物学会会员、中国文物学会钟表专业委员会委员、中国博物馆协会会员，修复文物数百余件，发表论文数篇。

作者介绍

王光苏 本科学历，中国文物学会会员，中国文物学会钟表专业委员会委员。师从王津学习古钟表修复技艺。在颐和园管理处从事古钟表文物修复工作十年，修复古钟表数十件。

寇芳莹 馆员，文物与博物馆学硕士，于颐和园博物馆从事古器物修复，从业以来发表论文十余篇，参与钟表修复的饰件补配工作。

王晓帆 馆员，中央民族大学历史学硕士，从事器物类文物修复工作九年，发表数篇文物研究类论文，参与颐和园古钟表修复工作。

特约作者团队

马先民 中国文物学会会员,自幼随父辈学习传统铜铸雕刻技艺,擅长美术、雕刻、珐琅、彩绘、古钟表外观设计,现已被评为铜铸雕刻技艺传承人。

马先明 中国钟表协会理事会员,中国文物学会钟表专业委员会理事会员,山东朗奇罗工艺品有限公司总经理,省级非物质物化遗产铜铸雕刻技艺七代传承人。从事铜铸雕刻、古钟表修复、古典艺术钟表设计制作工作,专注于铜雕錾刻、鎏金鎏银、金属材料、机械传动研究。